동물 인문학

동물 인문학

지은이 박병상

표지 그림 최병국 **본문 그림** 박성곤

초판 1쇄 인쇄 2015년 12월 9일 ㅣ **초판 1쇄 발행** 2015년 12월 21일

펴낸이 송성호 ㅣ **펴낸곳** 이상북스

표지디자인 정은경디자인 ㅣ **인쇄** 미르인쇄

출판등록 제313-2009-7호(2009년 1월 13일) ㅣ **주소** 서울특별시 마포구 성산동 245-9 102호

이메일 beditor@hanmail.net ㅣ **전화** 02-6082-2562 ㅣ **팩스** 02-3144-2562

ISBN 978-89-93690-34-7 03300

*이 도서의 국립중앙도서관 출판예정도서목록(CIP)은 서지정보유통지원시스템 홈페이지(http://seoji.
nl.go.kr)와 국가자료공동목록시스템(http://www.nl.go.kr/kolisnet)에서 이용하실 수 있습니다.
(CIP제어번호: CIP2015031860)

동물 인문학

○ 인간과 더불어 사는 생명체에 대한 새로운 성찰

◎ 박병상 지음

이상
북스

생명체에 대한 인문적 성찰을 통해
자연과 화해해야 하는 당위의 물음을 던지는 책!

인간은 때론 참 오만하다. 그리 견고하지 않은 지성과 일관되지 않은 감성, 그리고 어설픈 영성으로 편의에 따라 합리화하면서, 때론 인지부조화에 빠지기도 한다.

송나라의 곽희郭熙는 인간이 자연과 하나 될 때 가장 아름답고 이상적이라고 하면서, 집 안에 산수화를 걸어두는 것은 조정에 나가 있거나 일 때문에 대처에 나가 사느라 자연과 떨어져서도 정신으로는 늘 자연 안에 머물며 생명을 느끼고 겸손하게 자연의 일부로 살아가야 하는 뜻이라고 했다.

모든 생명은 나름대로 가치와 의미가 있다. 우리는 동화를 읽으면서 토끼와 양을 잡아먹는 늑대를 증오하지만 그건 자연의 삶의 방식일 뿐 아니라 결코 필요 이상 잡아먹지 않는, 즉 불필요한 낭비는 없다는 자연의 질서를 실천하는 것이다. 그러면서 우리는 그렇게 증오하는 늑대를 잡는 것에는 아무런 죄책감도 느끼지 않았고 결국 늑대는 멸종의 위기에 내몰렸다.

위대한 자연을 파괴하는 주범은 바로 인간이다. 자연을 그저 재화의 대상으로만 여기며 마음대로 유린했다. 그리고 그 결과를 이제 조금씩 체감한다. 환경 문제에 눈을 뜨게 된 것도 분노한 자연의 역습을 느끼면서부터다.

최근 환경(environments)이라는 말보다 생태(ecology)라는 용어가 등장하는 것은 다행스러운 일이다. 환경은 여전히 인간을 중심에 두지만 생태는 공존의 개념을 담고 있기 때문이다.

《동물 인문학》은 우리가 미처 생각하지 못했거나 유심히 바라보지 못한, 그러나 결코 간과해서는 안 되는 중요한 문제를 다양한 생명체들의 관점에서 파헤치고 있다. 갯벌의 연체동물에 이르기까지 생태계의 모든 동물들을 만나면서 우리는 과연 우주가, 자연이, 그리고 궁극적으로 생명이 무엇인가에 대한 근원적 물음에 직면한다.

그러나 이 책은 단순한 생태 보고서가 아니다. 생명체에 대한 인문적 성찰을 통해 우리의 삶과 태도를 돌아보게 하고 자연 전체와 화해해야 하는 당위의 물음을 던진다. 지은이는 심지어 해충조차 좁은 눈으로 바라보지 말고 너른 시선으로 바라보면 그것이 자연 안에서 어떤 존재인지, 어떤 역할을 하고 있는지 성찰하게 된다는 것을 '자연스럽게' 보여준다.

지금까지 자연과 환경, 생태에 관한 많은 책을 만났다. 그러나 때론 거대 담론이어서 나와 무관한 듯 보이거나 자칫 관념적 동의에 머물게 되는 경우도 많았고 때론 너무나 소소해서 그까짓 것, 하며 뭉치고 넘어가게 되는 경우도 많았다.

그러나 이 책은 보다 깊은 성찰을 통해 바라보면 모든 생명이 전부 소중할 뿐 아니라 그들이 우리 삶의 가장 우주적인 배경이고 우리의 탐욕과 무지가 사실 얼마나 반생명적이고 반인격적인 것인지 돌아보게 한다.

생태에 대한 지식과 인문적 통찰이 함께 어우러진 책을 이렇게 만나는 것은 고맙고 반가운 일이다.

김경집(인문학자,《인문학은 밥이다》《생각의 융합》저자)

동물과 사람이 공존하는 세계의 복원만이
모든 생물과 평화롭게 사는 방법!

《동물 인문학》 원고를 받자마자 단숨에 읽어 내려갔다. 원고를 읽기 전에는 책 제목이 의아하게 생각되었지만, 원고를 끝까지 읽고 난 뒤에는 아주 적당하다고 여겨졌다.

박병상 선생은 이제 이순시대耳順時代에 접어들면서 문장이 매우 부드러워졌다. 또한 현장 경험이 매 단원마다 녹아 들어가 생물, 특히 각종 동물과 이 동물들에 의존해 살았던 조상들의 생활을 아주 쉽게 풀어 써 내려갔다. 정말 달문이다.

지금부터 20여 년 전, 영동 민주지산 물한리 계곡 산 중턱에 건설할 100만 평 규모의 리조트 건설 예정지의 환경영향평가서 진위 여부를 확인하기 위해 박 선생은 계곡에서 물고기 등을, 나는 숲을 조사했다. 박 선생이 계곡에서 당시는 법적 보호종이지만 기록 누락종인 '꼬리치레도롱뇽'을 찾아내 '숲으로는 그림이 안 나온다'고 투덜대던 TV 카메라 감독을 만족시켰고, 그것이 전국적으로 화제가 되어 결국 리조트 건설이 취소되기에 이르렀다.

이후 여러 번, 박 선생과 현장과 연구실, 토론회장 등에서 만났다. 그는 말 한 마디, 한 마디에 무게 있고 신뢰 가는 학자로 영글어 갔다. 환경문제로 다툼이 있는 현장에서 신뢰는 학자의 양심이요, 명예다. 이런 정도正道를 걷는 환경학자는 정말 극소수인데, 박 선생은 갖은 유혹에도 불구하고 굳건하게 우리나라 동물계 학자의 양심을 지킨 사람이다. 이 책을 읽으면서 새삼 그가 내게 선생의 존재라는 생각이 들었다.

나도 지난 40년간 생태계의 생산자 분야인 삼림생태학을 공부했지만 가장 취약한 분야는 박 선생이 공부하는 소비자 분야인 동물군이다. 나는 쌍안경까지 들고 산속을 헤맸지만 알았던 동물 이름도 금세 잊고, 나무만 쳐다보고 만다.

생태계를 구성하는 모든 생물이 자기 위치를 깨닫고 욕심을 부리지 않으며 상호 존중하고 겸손하게 어머니 대지를 극진하게 모시고 있건만, 사람만은 생태계에서 빠져나와 자기들만의 세상을 만들고 있다. 게걸스럽게 탐욕을 채우기 위해 인간끼리 경쟁하자 어머니 대지는 병들고, 형제 생물들은 빠르게 떠나고 있다.

사람은 사람끼리의 관계도 설정하지 못하고 매일 전쟁 중이니

다른 생물 형제들이 평화롭게 살 수가 없다. 인간은 생태계에 아무 도움이 되지 않는다. 박 선생은 그 사례들을 12개 항목으로 나누어 해안, 갯벌, 논, 과수원, 골프장, 4대강, 도시개발과 도시 주거지 등 모든 지역에 걸쳐 많은 동물들이 우리 조상들과 어떤 평화 관계를 갖고 있었는지에 대해 이야기를 들려 준다. 그들이 이 대지에 언제쯤 왔는지와 각 동물의 생활 특성, 또 사람에 의해 어떻게 참담하게 이 땅에서 쫓겨나고 있는지 등을 생생하게 들려준다.

박 선생은 40종 이상의 동물의 생활상과 과거 개발 전의 우리 부모세대들과 공생했던 동물들의 모습을 이야기로 전해주면서, 이런 동물과 사람이 공존하는 세계의 복원만이 우리가 이 땅의 모든 생물과 평화롭게 사는 방법이라고 역설한다.

이 책의 백미는 여러 동물들의 생활 특성과, 공생하는 인간의 모습을 그린 내용이다. 도시에 살고 있는 모기, 바퀴, 파리, 여치, 매미, 귀뚜라미, 맹꽁이, 그리고 갯벌이 매립지로 바뀌면서 사라지고 있는 낙지, 백합, 바지락, 꼬막, 또 4대강 개발로 생명이 경각에 달린 흰수마자, 누치, 꾸구리, 꺽지…… 천수답이 사라지면서 보기 힘들어진 무자치, 가물치, 드렁허리, 거머리부터, 현재 복원을 시도하고 있는 황새와 따오기까지. 특히 1915년에서 1916년 일제 강점기 일본 사냥꾼이 사살한 호랑이가 24마리라는 잊혀진 사실까지 알려준다. 읽고 또 읽어야 할 우리 시대의 동물 교과서다.

박 선생은 위의 모든 것을 묵시록이라는 단어로 함축하여 표현

한다. 좁은 국토(10만 제곱킬로미터)에서 우리 사람 한 종이 5400만 명이 살고 있고, 아울러 정확히 모르지만 2만여 종의 생물, 몇천 조나 되는 개체가 함께 살아야 한다. 반도국가라 빠져나갈 수도 없다. 그러나 우리 사람들은 오로지 화폐경제에 매몰되어 시장에서 돈으로 살 수 없는 것은 재산으로 생각지 않는 무지 속에서 이 땅에서 우리 형제 생물들을 쫓아내고 있다.

박 선생은 우리에게 충고한다.

"우선 우리 인간부터 계절을 지키고, 우리 형제 생물들의 생존을 보장해야 한다."

이 책은 우선 생태학을 전공하는 교수부터 읽어야 하고, 모든 정치인, 특히 환경부 책임자, 지자체장, 국회의원 등이 읽고 이해하고 현장에서 실천해야 한다. '불편한 진실'을 외면해서는 안 된다. 머지않은 2100년쯤에는 어머니 대지의 생명을 보장할 수 없다. 이는 절박한 사실이다. 아울러 환경운동가와 교사, 끝으로 모든 국민들이 읽어야 한다. 어머니 대지의 목숨이 정말 위급하다. 언제까지 극복해야 할 '불편한 진실'을 숨길 것인가? 우리의 미래 세대가 지켜보고 있다.

이경재 (환경생태연구재단 이사장)

차례

가슴을 펴고 숨을 크게 들이마셔 보자. 허파로 들어오는 무수한 탄소 중 적어도 하나 이상은 나폴레옹의 몸을 잠시 구성했다고 서양의 한 생태학 교과서는 말한다. 생태계의 탄소 순환 과정을 재미있게 설명한 것이지만, 어디 나폴레옹뿐이랴. 영욕이 얽힌 이 땅의 역사 속에 살다 간 수많은 조상들의 몸을 들고나던 탄소들이 어김없이 내 몸에 들어왔을 것이다.

이번엔 숨을 크게 내쉬어 보자. 조금 전에 먹은 밥 속의 탄소 알갱이가 나가고, 내 근육과 혈액과 신경을 구성했던 탄소 알갱이도 빠져나간다. 두바이 산 원유로 가공한 화학비료 속의 탄소였을지, 티라노사우루스의 발톱이었을지 모르는 그 탄소는 대기를 맴돌다 가로수 줄기가 될지, 다시 쌀 한 톨이 될지, 옆집 강아지의 털이 될지, 지구온난화를 가속하는 천덕꾸러기가 될지 모를 일이다. 중요한 점은 지구의 탄소는 돌고 돈다는 사실인데, 내 것도 언젠간 내 몸으로 다시 돌아오겠지.

지구상의 모든 생명체는 제대로 순환해야 건강하다. 순환이 원활치 못하면 병에 걸리고, 멈추면 죽는다. 38억 년 동안 살아온 생태계도 마찬가지다. 개체의 삶은 짧아도 개체들이 모인 종의 수명은 길듯, 종들이 어우러진 생태계의 수명은 더욱 긴데, 순환되는 생태계는 38억 년 동안 지구를 건강하게 이끌고 있다. 영국의 제임스 러브록James Lovelock은 지구를 하나의 생명체라고 주장한다. 진화와 멸종을 반복하면서 표면의 수많은 생명체들이 숨 쉬고 먹고 배설한 이래, 지구는 자신의 체온을 유지하면서 대기를 구성하는 원소의 균형을 변함없이 유지해 왔다며 그는 지구를 '대지의 여신', 즉 '가이아Gaia'라고 찬미했다.

어느덧 다른 생물 종은 갈수록 위축되는데, 진화해 나타난 이후 대부분을 생태계의 일원으로 생존했던 호모 사피엔스는 어느새 교만해졌다. 자신이 버린 난분해성 쓰레기의 양과 비례하여 개체 수를 늘리는 사람은 생태계의 순환을 전에 없이 저해하는 존재다. 다양한 생물 종이 어우러졌던 생태계는 점차 병목순환하고, 인구는 폭발 직전이다. 에너지를 거의 독점하고, 과소비하며 생태계에 없는 쓰레기를 대량으로 풀어놓는 사람은 가이아의 오랜 균형을 흔들더니 이젠 자신의 허우대마저 생태계에 온전히 제공하길 꺼린다. 독수리에게 죽은

몸을 보시하는 티베트의 예외가 없진 않지만.(조장鳥葬)

사람은 개발이라는 부메랑을 연실 던진다. 산간 계곡에 몸을 숨기던 꼬리치레도롱뇽을 거의 박멸해 놓고 산모기의 출현에 항공 방제를 요구하는데, 천지사방에서 울던 개구리와 새들이 조용하다. 레이첼 카슨Rachel Carson이 일찍이 경고한 '침묵의 봄'이 엄습한 걸까? 산후조리원 밖에는 애 울음소리도 들리지 않는데, 이웃과 생태계의 따스함을 잃은 사람들은 우울증 치료제를 달고 산다. 언제까지 몸과 마음을 건강하게 유지할 수 있을까?

질병이 돌면 양계장의 닭들은 살처분을 면하지 못하지만 자유로운 삶과 휴식이 보장된 마당의 닭들은 큰 피해를 입지 않는다. 약에 의존한 사람의 평균수명이 느는 대신 건강수명은 오히려 후퇴했다. 사람만이 아니다. 사람 주변을 떠나지 못하는 애완동물도 그렇다. 에드워드 윌슨Edward Wilson은 "인간이 지구상에서 사라지면 세상은 그대로 돌아가겠지만, 곤충이 사라지면 인간은 몇 달 못 가 멸종할 것"이라 말했다. 미국 코넬대학교의 존 로지John E. Losey 교수는 2008년, "곤충의 활동을 돈으로 환산하면 최소 연간 570억 달러"라고 주장했다. 그의 말은 곤충산업의 채산성을 말하는 게 아니다. 생태계에서 제 역할을 다할 때, 결과적으로 사람에게 그 정도의 경제적 이익을 제공한다는 것이다.

순환이 원활치 않은 가이아는 현재 중병을 앓고 있다. 더욱 강력해지는 태풍은 지구온난화로 인한 몸살일 텐데, 6500만 년 전 쥐라기를 주름잡던 공룡을 한꺼번에 멸종시켰던 가이아는 균형을 잃어가는 자신을 어떻게 치유하려 할까. 백악기 말, 거대한 운석이 떨어져 발생한 생태계 파괴는 2억 년 가까이 번성했던 공룡들을 사라지게 했는데, 진화한지 얼마 되지 않은 사람은 자신의 의지로, 과학기술이라는 오만함으로, 다음 세대의 몫까지 차지하려는 탐욕으로 생태계를 파괴하며 가이아의 균형을 흔들어댄다. 가이아는 언제까지 교만한 사람을 받아줄까?

도요새가 날아와야 봄을 느끼는 뉴질랜드의 마오리족은 우리나라 정부에 "제발 갯벌을 보전해달라"고 호소했다. 노고지리(종다리)가 울어야 쟁기를 매고 논밭에 나갔던 우리 조상처럼, 그들은 도요새를 만나야 비로소 화가는 화구를 챙기고 시인은 시상에 잠기며 농부는 농구를 들고 들로 나간다는 건데, 근래부터 도요새가 통 보이지 않아 봄이 와도 봄을 느끼지 못하는 모양이다. 해를 거듭할수록 강력해지는 지구온난화의 경고를 귀담아듣지 않는 인간은 남의 유전자는 물론 자신의 유전자마저 조작, 복제하려 든다. 자신의 멸종까지 부추기는 셈이다.

대략 30년 전? 한 세대 전이네. 그 무렵 봄이면 청개구리가 울고 이맘때 흰눈썹황금새가 찾았을 공간에 시방 앉아서 글을 쓴다. 흰눈썹황금새가 찾았을 높은 나무의 숲은 이 자리에 없다. 청개구리가 울었을 습지는 메워졌고 나무는 베어져 거대한 아파트 단지가 되었다. 그

동물 인문학

한가운데 자리잡은 친구의 카페는 계절의 변화를 어느 정도 차단한다. 그 카페의 구석자리는 8월의 무더위를 막아주었다. 8월 한 달 동안 40종에 가까운 우리 땅의 동물을 조명했지만 언급하고 싶은 동물은 많다. 무더위에 새로 쓴 글을 엮은 건 아니다. 전에 썼던 글을 다듬었다. 표지 그림은 한국화가인 오랜 친구, 최병국 화백이 흔쾌히 그려주었다. 책의 격조를 높인 그에게 고마울 따름이다. 내용을 돋보이게 한 일러스트는 사회에 갓 나온 아들의 데뷔작이다. 부족한 면이 보여도 격려를 청하고 싶다.

인문학은 사람의 이야기지만 사람의 삶과 단절된 동물이 있을까? 사람 때문에 삶이 억압된 동물의 처지에서 더욱. 30년 전 농촌이었던 여기에 비록 모기 이외의 동물은 보기 어렵지만 어려서부터 보고 듣고 잡고 놓쳤던 동물 이야기를 인문학적으로 엮었다.

생물학, 그 중 유전자 변이를 바탕으로 하는 계통분류학을 전공했지만, 이 책에서 전개한 글은 과학적 분석과 거리가 멀다. 이 땅에 사는 동물들이 짊어진 슬픈 이야기들이다. 기쁜 이야기가 없지는 않겠지만 동물의 처지에서 동의하지 않으리라. 이 책의 동물 이야기는 바로 사람 이야기다. 어쩌면 우리 후손의 이야기다. 그래서 '인문학'이다.

1장

◇ ◇

공존이 두려운 해충 삼총사

해충의 대명사는 무엇? 이화명충? 진드기? 주홍날개꽃매미? 농민들을 골치 아프게 만들어 해충인 게 분명하지만, 텃밭이 없는 도시인들은 그 실체를 잘 모른다. 도시인을 괴롭히는 해충은 무엇일까? 무엇이긴, 당연히 파리 모기와 바퀴벌레라 하겠지. 하지만 파리, 모기, 바퀴벌레는 억울하다. 도대체 도시인에게 어떤 피해를 얼마나 주기에 첫 손가락에 꼽는 해충이란 말인가? 질병을 옮기므로? 그런가? 의사에게 물어보자. 하루에도 몇 차례, 비누도 모자라 청정제로 3분 이상 씻어야 한다는 손으로 옮기는 질병과 비교해보자. 파리와 모기 그리고 바퀴벌레가 옮기는 질병 중 어느 쪽이 더 많고 치명적인지를. 독감이나 메르스를 옮기기라도 하나?

1970년대, 동물 울음소리를 정겹게 삽입한 포크송이 사람들 사이에 풍미한 적 있다. "닭장 속에는 암탉이, 꼬끼오~ 꼬끼오, 외양간에는 송아지가, 음메~ 음메~" 닭이나 송아지 울음소리는 물론 개 짖는 소리도 드물어진 요즘의 농촌을 노래한 건 아니다. 최첨단으로 치닫는 닭이나 소는 농촌에 몰려 있어도 대형 축사에 갇혀 일반인의 눈에 거의 보이지 않는다. 붕어빵 속에 붕어는 없지만 크림빵 속에는 크림이 있다. 신발장에 신발은 있고 서랍에 양말이 있다. 하지만 모기장엔 모기가 없어야 하는 법이다. 있으면 난리가 난다. 파리는 방충망 안에 들어오면 안 되고, 바퀴벌레가 집안에 얼씬거리면 엄벌에 처해진다.

모기장? 모기장이 뭐더라? 알루미늄 섀시 창틀에 방충망을 설치하면서 모기장은 어느덧 도시에서 자취를 감췄고 요즘 아이들은 모기장을 구경하지 못한다. 고약한 잠버릇으로 찢거나 화장실에 가려고 크게 들썩이지 않는다면 가장자리를 요 아래 묻으며 펴놓은 모기장 안에서 여름 내내 안심했는데, 이불 깔고 모기장 치는 귀찮은 일에서 해방된 요즘, 모기 등쌀은 잊었나? 천만의 말씀! 여름 한철 극성이던 모기가 이른 여름부터 늦가을까지 활동 시기를 연장하는가 싶더니 요즘은 전천후다. 재수 없으면 한겨울에도 공략당할 수 있다.

어느 늦겨울, 텔레비전 방송국의 한 환경 프로그램은 〈충격 보고, 도시해충이 몰려온다!〉는 섬뜩한 제목을 달아, 모기와 바퀴들이 겨울철에도 도시에 집단 서식하는 모습을 생생하게 보여주었

동물 인문학

다. 실내 기온이 영상 4도인 건물 지하에 위치한 정화조의 온도는 한겨울에도 영상 20도에 달했다. 영양분까지 충분한 정화조에 모기의 유충인 장구벌레가 와글거리고, 계절을 잃은 모기는 한겨울까지 인간의 피부를 노린다. 그런데 방송이 보여준 '지하집모기'는 예전에 없었다. 사람이 만든 환경에 적응한 결과다. 에너지 과소비 문화가 만든 자업자득이다.

열대성 곤충인 바퀴가 아파트 단지를 석권한 까닭은 1년이면 10만 마리로 늘어나는 번식력이 아니다. 무서운 번식력을 지탱해 줄 만큼 음식 찌꺼기가 도처에 널리고 열대지방 못지않은 따뜻한 환경이 보장되는 까닭인데, 바퀴만 그런 환경에 노출된 건 아니다. 뜻하지 않게 도시에 퍼지는 곤충은 많은데, 다른 이유는 없을까? 대형 빌딩이나 음식점에서 일반 가정집까지 방제가 집요해지면서 나타난 역효과는 아닐까? 바퀴 알을 찾아먹는 애집개미도, 위생 상태가 좋은 미국과 유럽의 학교들까지 폐교해야 할 정도로 극성이라는 머릿니도, 방제가 철저해지면서 계절과 관계없이 도시에 확산되는 것인지 모른다고 설득력 있게 해석하는 전문가도 있다. 지나친 방제가 빚은 현상은 지독한 역설이리라.

산사나무 열매에 알을 낳던 미국의 과실파리는 골짜기까지 파고든 과수원으로 인해 먹이를 잃자 새로운 돌파구를 찾았다. 사과와 블루베리에 알을 낳기 시작한 것이다. 이제 과실파리는 3종으로 분화되었다고 곤충학자는 전한다. 분화된 종끼리는 자연에서 만나도 짝짓기를 외면한다고 덧붙인다. 지하집모기의 사례도 그와 같을지 모른다. 연구 대상인데, 여름철에 모기장 밖에서 왱왱거리던 모기의 한 무리가 따뜻해진 겨울 환경에 적응하여 지하집모기로 분화했고, 기존 모기약을 이겨내는 내성을 갖추며 진화한 건 아닐까?

두 세대 만에 농약 저항성을 갖는 곤충, 5년 만에 농약 저항성을 100배나 증가시킨 파리는 더 강력한 농약으로 방제할 수 있는 존재가 아니다. 모기도 마찬가지다. 방제로 극복할 수 없다. 증가하는 항생제 남용은 4세대 항생제까지 무력하게 만드는 장내 세균을 늘린다는데, 세대의 길이가 매우 짧은 세균의 적응 속도에 비해 현저하게 느린 과학기술의 개발 속도는 틀림없이 4세대를 뛰어넘는 항생제를 광고할 터. 하지만 5세대 항생제라고 남용되지 않을 리 없다. 새로운 세균과 곤충의 진화를 촉진할 오만한 과학기술이 내일을 두렵게 한다.

뼈대가 약한 존재, 그대의 이름은 모기

상류에서 밀려온 오니 위를 천천히 흐르던 갈수기의 중랑천을 기억하는가? 걸레 빤 물처럼 지저분한 하천의 바닥을 들여다보면 꼬물거리는 장구벌레를 실컷 볼 수 있었다. 햇살 뜨거운 여름, 먼

동물 인문학

지 풀풀 날리는 공업단지 주변 녹지를 걸어보자. 노출된 피부를 노리고 몰려드는 모기떼는 셔츠와 바지도 마다하지 않을 거고, 이후 적어도 일주일은 피부과 병원을 개근하고 싶을 것이다. 오염된 하천에 장구벌레가 끓고 공단 주변에 모기떼가 특히 극성인 이유는 무엇일까?

오염된 하천 때문일까? 하지만 독극물에 오염되었다면 장구벌레도 외면한다. 생활하수가 스며 악취가 일어도 숨 쉴 수 있는 물이라면 양해한다. 오염되었다기보다 흐름이 막혀 정체된 물에 장구벌레는 오물거린다. 흐름이 더딘 도시 주변의 하천은 물론이고 항아리에 받아놓은 물, 근린공원의 후미진 곳에 물이 고이면 여지없다. 용존산소가 줄어들어 천적인 잠자리 유충이나 장구애비가 사라진 물에 유기물이 많으니 플랑크톤이 늘어날 터. 장구벌레에게 안성맞춤일 테지. 다만 낙엽조차 썩히지 못하는 습지, 다시 말해 가로수에 뿌린 살충제가 섞인 습지는 외면하겠지.

늦은 가을, 우리 아기 밤잠 설치게 하는 모기는 여름철 홑이불도 뚫는 모기와 같은 종류일까? 누가 조사했는지 알 수 없지만 분명한 건, 그 모기의 유충이 바글거리는 정화조에 똑똑한 인간이 미꾸라지를 넣는 현상과 관계없이, 미꾸라지는 장구벌레를 즐겨 먹는다는 사실일 것이다. 하지만 아무리 장구벌레를 즐겨도 그렇지, 미꾸라지가 정화조를 반길 리 없다. 햇빛 없이 암모니아와 메탄가스가 가득한 정화조에 텔레비전 뉴스 카메라 앞에서 들어간 미꾸라지가 명성만큼 장구벌레를 소탕했는지 여부는 밝혀지지 않았는데, 요사이 아파트 단지 정화조는 점점 비어간다. 인근 하수종말처리장으로 분뇨가 직행해 처리되는 까닭이다.

그 작은 모기가 진정 두려운 존재인가? "모기!" 하면 습관적으로 뇌염을 떠올리고, "뇌염!" 하면 벌벌 떨지만, 사람들은 대개 모기가 무서워 모기약을 뿌리거나 집안을 훈증하는 건 아니다. 참기 어렵게 가렵기 때문이다. 가렵지 않다면야 보시하는 셈 치고 왱왱 소리를 무시할 용의가 있지만, 모기에 물려 얻은 가려움은 스님의 참을성도 소용없게 만들지 모른다. 노곤한 몸을 일으켜 전등을 켜고 부신 눈으로 사방을 부라리다 벽에 붙은 녀석을 향해 둘둘 만 신문지로 일격을 가하지 않을 수 없는데, 모기가 빨아들인 피는 사실 얼마 되지 않는다. 발생률이 아주 낮은 뇌염이나 학질도 요즘 의료기술이 대개 치료해준다.

텔레비전 환경 방송은 "도시해충이 몰려와 인간으로서는 큰 공포가 아닐 수 없다"고 주장하는데, 인간이 도시해충이 몰려오는 원인을 제공하고 있다면 인간에게 가장 큰 공포는 결국 인간이다. 모기는 스스로 자신을 해충이라 여기지 않을 텐데, 모기에게 해충

동물 인문학

이라는 별호를 안겨준 인간이야말로 자신에게 가장 지독한 해충이 아닌가? 살충제가 정답이 아니라면 현명하다 자부하는 인간은 어떤 대안을 찾아야 하나?

풍수해를 완충하는 녹지와 습지를 도시에 조성하고자 하면 모기를 염려하는 목소리가 발목을 잡곤 하지만, 햇살이 비추고 수초가 그늘을 만들어주는 습지라면 대안이 없지 않다. 정화조에서 질식사한 뒤 오히려 장구벌레의 먹이가 될지 모르는 미꾸라지를 녹지 중간에 조성한 깨끗한 습지에 풀어 놓으면 된다. 그런 습지에 잘 사는 토종 어류도 많다. 송사리와 각시붕어를 넣는다면 교육 효과도 있을지 모른다. 그래도 물리면? 잠을 좀 설치며 잠시 긁으면 된다. 뼈대가 약한 모기는 신문지 뭉치에 목숨을 잃지만 사람은 잠시 긁어도 별 탈이 없지 않나!

밀가루가 두려운 파리

더러운 곤충의 대명사, 파리. 파리야 관심 없겠지만, 왜 그런 불명예를 뒤집어쓰게 되었을까? 그야 당연하다. 온 동네 개똥, 쇠똥, 사람 똥 가리지 않고 꼬여 앉았다가, 밥상머리의 쌀밥 위에 앉고자 집요하게 다가오지 않던가. 손으로 휘젓다 벌떡 일어나 파리채 불끈 쥐게 만드는데, 누가 더럽다 하지 않으리. 습성을 그리 타고난 파리야 억울하겠지만 사람들은 단정해버린다. 그래서 그런가? 더러운 돈 있는 곳에 모리배 몰리는 현상을 어른들은 '파리 떼 덤비듯 한다'며 눈살 찌푸렸다.

인심 좋은 시골 식당엔 파리가 많다. 인심 때문이라기보다 파리가 좋아하는 환경이 주변에 널린 까닭일 텐데, 그런 식당의 주방은 파리가 덕지덕지 달라붙은 끈끈이와 더불어 물 채운 주방용 비닐장갑을 주렁주렁 매달아 놓는다. 제 모습이 확장돼 보이는 비닐장갑을 보고 파리가 달아난다나 뭐라나. 과학적 근거는 없지만 끈끈이보다 확실히 인간적이다. 파리약을 확 뿌리는 것보다 훨씬 생태친화적이지만 그것도 잠시, 음식 찌꺼기 눌어붙은 식탁에 앉기만 하면 영락없이 내리꽂히는 파리채! 시골 식당의 바닥은 목숨 사라진 파리들이 즐비하다. 그래서 '파리 목숨'이라고 하나?

파리가 날아들어 밥상머리에 손을 자주 휘저으니 할머니께서 그랬다던데. "예야, 파리가 먹어야 얼마나 먹는다고 그러냐!" 누가 그런 우스갯소리를 퍼뜨렸는지 알 수 없는데 파리채 휘두르다 과일가게 접은 동네 할머니는 그 말에 동의하지 않을 것 같다. 노인네 드리라며 숨겨두었던 연시 슬며시 꺼내주던 할머니는 대형 양판점에 손님을 빼앗긴 정든 가게를 내놓을 때까지 이웃을 각별하게 배려했지만 파리 한 마리 보이지 않는 양판점의 식품 매장은 겉보기에 친절해 보여도 이웃을 기억하지 않는다. 값싸게 내놓은 상품을 과소비로 연계하는 양판점은 감시카메라가 번득일 뿐이다.

동물 인문학

파리는 지불능력 없는 고객에게 차가운 양판점을 싫어하는가?

산간 국도 변의 뱀닭집은 성가신 파리를 가끔 반긴다. 사업상 구더기가 필요하기 때문이다. 독사를 때려죽여 배를 갈라놓으면 파리가 달라붙어 알을 넣을 터, 알에서 나온 구더기가 무럭무럭 자

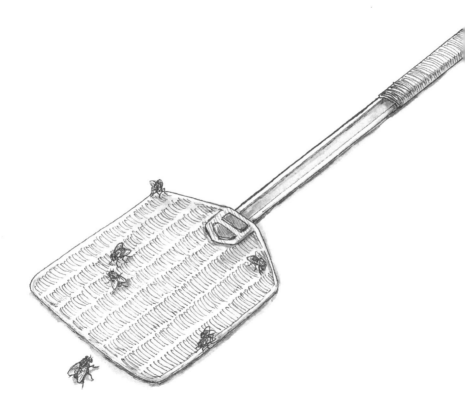

라면 식당 주인은 닭을 풀고, 독에 취한 구더기를 쪼아 털이 벗겨진 닭은 드디어 '뱀닭'의 반열에 올라 주인의 소득을 보장하지 않던가. 뱀닭집은 그렇게 파리와 공생하는데, 독사의 내장에 내려앉길 주저하지 않는 파리는 도시 어린이가 눈 똥은 애써 외면한다. 방부제와 착색제를 두루 함유한 똥에 농약 성분이 뒤섞인 까닭이다. 그뿐인가. 항생제와 환경호르몬까지 골고루 버무려지지 않았나? 적어도 파리는 무엇이 제 새끼의 생명을 위협하는지 잘 안다.

밤샘회의가 깊어져 능률이 오르지 않자 진작 사온 유기농 포도가 모자랐다. 주변 가게에서 사온 포도. 시커먼 게 어딘가 수상쩍다. 발색제를 처리한 듯싶다. 껍질 속 과즙이 가장 맛있는 게 포도라지만, 농약이 두려웠을까? 대부분 뱉어 쌓아놓았는데, 이튿날 아침, 진동하는 포도 냄새를 못 참고 갈라진 방충망 틈으로 파리들이 떼로 들어왔다. 얼굴에 달라붙는 파리의 등쌀을 이기지 못하고 눈을 뜨니, 이런! 유기농 포도 껍질에 새카맣게 달라붙은 파리가 소복이 쌓인 시커먼 포도 껍질을 철저히 외면하는 게 아닌가. 파리는 곤히 잠든 사람을 곁눈으로 보며 뭐라고 생각할까? 우습다고? 아니, 대단하다 여길 것 같다. 진열되는 동안 상하지 않도록 방부 처리된 시커먼 포도는 사람의 장을 거쳐 곧 똥이 되겠지.

파리는 왜 앞발을 비빌까? 유치원에 나비 반은 있어도 파리 반은 없다. 식품 위생을 교육하는 재롱잔치는 파리를 어김없이 등장시키는데, 꼬마 연기자는 꼭 앞발을 비빈다. 왜 비빌까? 참새와 싸우다 들켜 까치의 벌을 받게 된 파리는 싹싹 빌어 벌을 모면했는데, 그때부터 종아리를 맞은 참새는 톡톡 뛰어다니고 파리는 앞발을 비볐다고 구전 설화는 전한다. 사람의 음식을 먼저 시식한 데 따른 괘씸죄를 그렇게 그려낸 것인지 알 수 없지만, 사실 빨판을 비벼 닦는 습성이다. 빨판에 먼지가 끼면 천장이나 유리면에 앉기 어렵고 냄새도 잘 맡을 수 없다. 물론 먹이도 잘 빨리지 않는다. 파리는 위생에 철저한 셈이다.

호주 원주민은 사막을 횡단하다 파리 떼를 만나면 몸을 맡긴다. 손을 아무리 휘둘러도 소용없던 백인 의사 말로 모건^{Marlo Morgan}은 달려드는 파리 떼로 괴로웠는데 몸을 맡긴 원주민은 어찌했나? 자전적 소설,《무탄트 메시지》에서 말로 모건은 탄식한다. 귀와 콧구멍까지 들어간 파리들이 찌든 땀을 모조리 핥아 먹자 몸은 깨끗해지고, 더 먹을 게 없는 파리들이 거짓말처럼 사라졌다는 게 아닌가. 약품과 수술도구가 모자라면 군의관은 부상 부위에 구더기를 처방하기도 하는데, 상처가 잘 아문다고 한다. 곪은 부위를 먹어치울 뿐 아니라 새살이 돋도록 자극한다는 것이다. 끈끈이와 비닐장갑도 모자라 파리채를 휘두르는 사람을 치료해주는 파리, 그래도 더러운가?

하마는 덩치에 비해 꼬리가 짧다. 그래서 그런지 탄력이 좋은가 보다. 파이프 재떨이를 위해 고릴라 발바닥을 밀렵꾼에게 주문하는 백인은 파리채 용으로 꼬리를 잘라내기 위해 하마를 쏘아 죽였다던데, 파리만 보면 살충제를 마구 뿌려대는 사람은 초파리 몇 종류에 더 없이 관대하다. 유전학자는 구더기를 더러워하지 않을 게 분명한데, 첨단으로 치달아가는 생명공학은 초파리에 신세진 바 크다. 초파리와 해파리를 구별하지 못하는 아이들도 막연히 긍정적일 거로 기대하는 생명공학은 앞으로 어디로 갈 것인가? 초파리가 돕지 않았다면 유전자 조작의 위험성도 생명 복제의 비윤리성도 없었을 것을.

파리가 많은 시골은 밀가루가 요긴하다고 한다. 빵을 빚기 위한 용도는 물론 아니다. 구더기가 기어 올라오는 바깥 변소에 뿌려야 하기 때문이란다. 구더기를 죽이는 밀가루는 기계로 반죽돼 빵이나 과자로 대량 생산된다. 밀가루 반죽이 자동화된 기계에 들어붙으면 이윤 창출에 막대한 차질이 생기는 가공식품 자본은 밀가루에 향료와 색소만 첨가하는 게 아니다. 그런 빵 먹는 사람은 물론, 엄마 뱃속의 자식에게도 아토피를 물려줄 가능성이 높다는데, 그런 사람의 똥과 시커먼 포도를 외면하는 파리는 밀가루에 속수무책이다. 파리는 밀가루가 두렵다.

바퀴는 집안 위생의 지표

3억 5000만 년 전이면 거대한 양치식물이 번성했던 석탄기다.

석탄기는 공룡이 번성했던 쥐라기보다 1억 5000만 년이나 더 이르고, 고작 100만 년 전에 탄생을 예고한 사람은 언감생심 꿈도 꾸지 못할 만큼 까마득하다. 사람은커녕 척추동물도 지구상에 모습을 드러내기 이전일진데, 바로 그 3억 5000만 년 전부터 바퀴는 존재하고 있었다.

바퀴? 바퀴하면 인류 최대의 발명품이라고 칭송하는 수레의 바퀴를 말하는 건 물론 아니다. 싱크대 바닥을 바삐 오가다 대롱이 긴 강력 살충제 깡통에서 뿜어져 나오는 분무 세례에 그만 뒤집히는 바로 그 '바퀴벌레'를 말한다. 그런데, 바퀴벌레라고 말하면 그 순간 땡! 이다. '바퀴'하면 수레바퀴부터 생각하는 순박한 이들이 혼돈하건 말건, 까다로운 곤충학자들은 바퀴벌레가 아니라 '바퀴'라고 정정해줄 게 아닌가.

아니, 뭐 우릴 무시하나! 바퀴도 모를 줄 아슈? '돈벌레'라 말하던, 옛날 아궁이로 불 지피던 초가집에는 없지만 싱크대로 개조한 부뚜막 다리의 아래를 왔다갔다 하는 그 갈색 벌레가 바퀴 아니우. 그러고 보니, 요즘 바퀴 참 많아졌수, 옛날엔 부잣집이 아니곤 통 보이지 않았는데… 왜 그리 많아졌는지 원. 그런데, 바퀴벌레, 아니 그 바퀴란 놈들은 제 별명이 돈벌레라는 사실을 알고 있을까요?

알건 모르건 무슨 관계가 있으리오. 그저 보이는 족족 죽여 없애야 할, 불결하기 짝이 없는 해충이 아닌가. 3억 5000만 년 후배인 분류학자에게 작명을 의뢰하지 않았건만 돈벌레라 별명 붙은 바퀴는 마냥 바쁘다. 자신들의 생존공간을 확산해 주는 인간의 비의도적 배려에 오늘도 화답해야 하기 때문이다.

"화답이라뇨! 당치도 않소". 바퀴는 아마 이렇게 말할 거다. 3

억 5000만 년 전 진화했더라도, 난대성인 까닭에 북풍한설 몰아치는 한국에 모습을 드러내지 않았던 바퀴. 그들이 한국인의 이맛살을 찌푸리게 만든 기원은 대략 일제 강점기가 지나 무역이란 게 도입된 이후였을까? 원조 물자를 타고 세관 검역 담당자의 눈을 피해 시궁쥐와 함께 항구를 빠져나와 첫발을 들여놓았겠지. 시궁쥐

동물 인문학

와 헤어진 바퀴는 먹을 것도 없고 찬바람이 숭숭 스미는 집을 마다하고 아랫목이 따끈따끈한 기와집으로 잠입했다. 부뚜막과 젖먹이가 잠든 방을 선호했을 것이다. 음식 찌꺼기가 기다리지 않던가. 그래서 그랬을까? 초가집에 살던 사람들은 바퀴에게 돈벌레라는 벼슬을 붙여주었고.

언제는 돈벌레라 부러워하더니 이제는 죽이지 못해 안달이다. 먼발치에서 한 마리라도 본 사람들은 화들짝 놀라 분무깡통을 손에 들지만, 사실 당황한 것은 사람보다 바퀴 쪽이다. 며칠째 닦아내지 않은 장판에 들어붙은 밥풀이나 돼지기름을 조금 축낸 것이거늘, 그렇게 눈을 부라리다니. 사람보다 무서운 존재가 바퀴 역사상 한번이라도 있었겠는가. 1초에 25센티미터 속도로 싱크대 밑 배수구로 허겁지겁 탈출한 바퀴. 하지만 안심하기는 이르다. 바퀴 죽이는 약으로 한몫 잡겠다는 자본은 씨를 말리려 덤벼든다.

요즘 바퀴는 살충제 자본과 한 배를 탔는지 모른다. 바퀴가 있으므로 소비자들은 '해충 제로지역'에 이바지한다는 자본에 선뜻 적잖은 돈을 제공하지 않는가. 요즘 바퀴는 살충제 자본에게 돈벌레로 각인되어야 한다. 그래서인가? 바퀴는 세력을 더욱 확장한다. 겨울을 잊은 도시뿐 아니라 시골 여느 구석에도 아파트 단지는 올라가고, 확산되지 않던가. 그뿐인가? 따뜻하고 영양가 넘치는 물이 흐르는 하수구는 집집마다 연결돼 있어, 피난할 곳도 공략할 곳도 널렸다. 더욱 지독해지는 살충제가 바퀴 가족들을 거푸 죽이지만, 살아남은 개체들의 번식력 덕분에 금방 회복될 것이다. 수많은 멸종 위기를 넘겨왔던 3억 5000만 년의 무게가 자본의 약은꾀에 쉽게 사그라들 리 없다.

살충제를 뿌리지 않으면 일단 들끓지만, 들끓던 바퀴들도 먹을게 없으면 물러날 수밖에 없다. 사막을 횡단하는 호주 원주민에 달려드는 파리 떼가 더 핥을 게 없으면 물러나듯, 식탁과 부뚜막 주위에서 음식 찌꺼기를 다 발라먹은 바퀴들은 아내 자취를 감추고 말 것이다. 살충제를 뿌린다면? 바퀴가 잠시 달아나도 사람 눈에 보이지 않는 음식 찌꺼기는 그대로 남겠지. 이후 바퀴보다 무서운 세균이 득시글거리겠지. 퀴퀴한 냄새가 다시 바퀴를 부르겠지. 물론 방향제로 사람의 코를 한동안 속일 수 있겠지만, 방바닥을 기어다니며 장난감을 입에 넣는 젖먹이를 보고 달아날 세균은 없을 터.

진정한 해충 제로지역은 살충제가 아니라 청결로 가능하다. 찌꺼기를 남기지 않는 식단, 잘 부서질 뿐 아니라 충치를 유발하는 주전부리를 줄이고 분유보다 모유를 먹이는 습관, 지나치지 않은 난방과 자연의 허용 범위 안에서 소박하게 계획하는 주택 개발이 바퀴를 떠나게 만들 것이다. 바퀴도 살충제 난무하는 부엌이나 방바닥보다 청결한 곳부터 피할 것이다. 바퀴는 해충이 아니다. 그렇다고 돈을 벌게 해주는 벌레도 아니다. 집안 위생의 지표곤충이다.

해충 삼총사가 도시에서 사라지면

어떤 곤충을 해충이라 배척한다면 익충이라 반기는 곤충도 있을 테지. 그런 곤충들에게 사람은 어떻게 인식될까? 광대무변의 탐욕을 가진 생물은 아닐까? 지구촌에 가장 늦게 동참해 생태계를 제멋대로 교란한 인간은 편견도 참 많다. 가치중립을 외치는 점잖은 곤충도감도 바퀴를 해충이라고 몰아붙이는데 뒤지지 않지만, 생태계에 잡초가 없듯이 해충도 있을 수 없다. 다 나름대로 질서를 가진 존재의 이유와 가치가 있다. 파리와 모기, 그리고 바퀴가 사람에게 질병을 옮긴다지만 사실 사람에게 질병을 옮기고 싶을 리 없다.

"모기가 후드드드득!" 요령 있는 주부들의 현명한 선택이라고 세뇌하는 얼마 전 텔레비전의 모기약 광고는 더 강력해진 모기약이 향기까지 좋다는 점을 애써 강조했다. 눈을 지긋하게 감은 여인이 아이들 방에 모기약을 뿌리며 향기를 음미하는데, 향수 광고보다 고혹적이었다. 모기약 뿌리고 한참 지나 방에 들어가라는 의사들의 경고는 무색해졌다. 강력해진 살충제가 향기도 좋다니, 아이 자는 방에 분별없이 뿌리거나 향수 대용으로 남용될까 겁났는데, 악취를 한동안 내뿜는 모기약을 시판하는 제약회사는 어디 없나?

농사짓겠다고 갯벌을 매립한 인천시 서구에 수도권 2000만 인구의 생활쓰레기가 모인다. 쓰레기만이 아니라 악취도 불러들인다. 매립지가 신도시로 바뀌면서 모여든 근사한 아파트에서 민원이 거세지자 인가로 스며드는 악취를 없애자고 항공 방제를 서둘렀는데, 평소 바글거리던 파리 대신 못 보던 파리가 쓰레기 매립장 주변에 나타났다. 그 파리는 살충제에 끄떡없었는데, 방제액을 대신 뒤집어 쓴 개 목장은 다리 하나 없는 강아지를 낳았고, 인근 목장은 기형으로 죽은 송아지를 내버리더니 떠나고 말았다. 사람은 아무 문제없을까? 그 즈음 그 지역 산부인과에 낙태시술 건수가 늘어나지 않았을까?

화장실 문을 열 때마다 허둥지둥 달아나는 바퀴들을 밟아 죽이느라 바삐 발을 놀렸던 이의 이야기 하나. 허구헌날 밟아도 조금도 줄어들지 않는 바퀴와 차라리 공존하자고 마음 고쳐먹고 화장실 문을 열었더니 그것 참! 정신줄 놓고 달아나던 녀석들이 반색까지는 아니고, 한번 쓱 거들떠보더니 삼삼오오, 하던 일을 계속 이어가는 게 아닌가. 바퀴가 사람에서 뿜어나오는 살기殺氣를 감지하는 걸까?

환경영향평가가 채택된 이후 10년이 지나도 공사가 시작되지 않았다면 재평가가 필요하다는 걸 법은 명백히 정리하고 있다. 10년이면 생태계는 얼마든지 바뀔 수 있고, 평가하는 방법도 개선될 수 있으므로 재평가를 권고하지만 법적 구속력은 약하다. 도롱뇽이 사는 천성산을 관통하려 했고, 현재 관통한 KTX 터널공사가 그랬다. KTX 천성산 구간 터널공사의 환경영향 평가를 다시 해달라고 요구하며 100일 넘게 단식했던 지율스님은 터널공사가 시작될 즈음 다급하게 하소연하는 메뚜기의 소리를 들었다 했다. 터널로 습지를 잃은 천성산의 도롱뇽과 메뚜기들은 요즘 잘 지낼까? 그이가 부엌에 들면 국수가닥 얻어먹던 생쥐들이 나와 소매와 등을 타고 놀았는데, 누가 부엌문을 열기 전에 얼른 달아나지만 왁자지껄한 인파가 다가와도 긴장하지 않았다고 한다. 지나칠 걸 안다는 건데, 살충제를 손에 쥐고 사는 사람은 원래 그런 능력이 없었을까?

기생충 학자 서민은, 구충제와 소독된 식품으로 기생충이 사라지면서 사람에게 없던 고질병이 생겼다고 말한다. 우울증이나 아토피성 피부염이 그것이다. 그런 이른바 '문명병'으로 고생하는 환자에게 기생충을 일부러 감염시키는 치료가 있다는데, 신문지 뭉치 한 방에 몸이 으스러지는 파리, 모기와 바퀴가 사라지면 인간은 그만큼 건강해질까? 얼마나 건강해질는지 알 수 없지만, 해충 삼총사가 모조리 사라진 사회에서 이야기는 무척 줄어들 거 같다. 약을 뿌리고 또 먹는 인간은 무척 쓸쓸해지겠지.

2장

◇ ◇

지구온난화와 해안개발이 안긴 겨울철새 묵시록

기상 관측 사상 최고였던 3월 더위의 맹위를 몰아내던 2009년 4월의 봄, 남동국가산업단지(이후 남동산단)의 유수지와 한창 공사 중이던 제3경인고속도로를 건너 외암도 유수지를 찾았다. 지난해 수많은 주검이 널브러졌던 늦은 가을에서 이른 겨울까지의 끔찍했던 현장은 해를 넘겨 봄이 무르익자 파릇파릇한 신록에 감춰져 있었다. 기억에 따라, 어쩌면 덩달아 내려왔던 겨울철새들이 떼로 죽어나가 인천의 환경단체 활동가들이 발을 동동 굴러야 했던 그곳이었다. 지금 서울 남쪽을 빠른 시간에 이어주는 제3경인고속도로는 크고 작은 타이어 마찰음을 밤낮없이 허용하고 있지만 그 도로들 사이로 위치한 남동산단 유수지와 외암도 유수지는 2009년, 다른 이유로 시끄러웠다. 도로 신설을 위해 파일 내리치는 굉음이 고막을 자극하는 가운데 수많은 중장비가 들락거리고 있었다.

1980년대 초부터 1997년까지 3단계에 걸쳐 1000만 제곱미터에 달하는 너른 갯벌을 매립해 조성한 남동산단은 바다를 연하는 남쪽 자리, 문학산에서 기원하는 승기천이 매립된 갯벌을 지나며 바다로 빠져나가는 공간에 유수지를 넓게 남겼다. 억수 같은 빗물을 완충하고 필요하다면 채워둔 빗물을 활용하려는 의도였지만 이제까지 활용된 경험은 없다. 사실 갯벌을 평탄하게 매립한 곳에 유수지는 필요하다. 갯벌 위에 콘크리트와 아스팔트를 깔았으니 당연하다. 내리는 비는 어디론가 낮은 곳으로 흘러야 하는데 매립지에서 마땅히 갈 곳이 없다. 넘치는 빗물이 공장이나 건물의 지하에 순식간에 스며들도록 놔둘 수 없으니 빗물을 모으는 하수도는 빗물을 유수지로 어서 흘러들게 유도해야 한다.

　　빗물을 적극 활용하려면 남동산단의 중앙에 조성해야 옳았지만, 유수지는 남쪽에 치우친 관계로 애초부터 활용이 어려웠다. 게다가 빗물을 받아야 하는 우수관로에 공장 폐수관을 잘못, 어쩌면 고의로 이어놓는 일이 초기에 잦았다. 남동산단의 공장이 가동되자마자 당연히 폐수가 고이며 악취가 진동했으니 유수지는 천덕꾸러기 신세를 면치 못했지만 인근에 승기하수종말처리장이 생기면서 사정은 나아졌다. 남동산단과 인근 연수구의 아파트 단지에서 발생한 오폐수가 정화된 상태에서 모이고, 우수관로가 다시 정비되면서 빗물이 선별돼 20년 가까이 흘러들자 유수지의 상태가 어느 정도 개선된 것이다. 아직 악취는 남았어도 철새가 날아들고,

철새를 반기는 시민들이 철새 눈높이에서 유수지를 보전하자는 목소리를 내놓기에 이르렀다.

조수간만의 최대 차이가 10미터에 달하는 바닷물이 오랜 세월 밀고 썰며 만들어낸 인천의 갯벌은 참으로 완만하면서 넓었다. 육지에서 쏟아지던 흙과 모래를 먼 바다로 가지고 나갔다 다시 바닷가로 되가지고 오는 영겁의 과정을 거치며 만들어진 갯벌에는 생명들이 그득했다. 그 생명들이 먹고 숨 쉬며 후대를 이어오면서 갯벌은 육지에서 쏟아지는 영양염류를 정화했고 갯벌을 구성하는 막대한 식물성플랑크톤은 대기를 정화하며 산소를 공급했다. 그 갯벌의 일부가 남동공단으로 매립돼 사라졌어도 나머지가 광활했으므로 갯벌을 떠날 수 없던 주민들은 선조처럼 맨손으로 수많은 어패류를 채취해왔고, 덕분에 시민들은 인천의 풍요로웠던 풍미를 조금이나마 기억할 수 있었다. 갯벌이 손바닥만큼 남은 얼마 전까지 그랬다.

송도 신도시를 위해 남동산단 너머의 갯벌까지 모조리 매립되면서 유구했던 인천의 맨손어업은 일거에 자취를 감췄다. 사람보다 먼저 깃들었던 갯벌의 생명들은 운 좋으면 화석으로 남을 것이다. 그런데 희한하게 남동산단보다 광활한 송도 신도시 부지는 공원은 넓어도 유수지는 없다. 수변공간이 넓은 공원이 유수지 기능을 대신하기 때문이겠지만, 휘황찬란한 마천루를 지향하는 송도 신도시는 해안도로 사이에 물길을 조금 남겼다. 지금은 형형색색

카누들이 달력 사진과 같은 풍경을 때때로 선사하지만 비좁은 물길인데, 사람들의 접근이 어려웠던 시절, 겨울철새의 가녀린 안식처를 떠맡은 외암도 유수지다.

인근에 손바닥만큼 남았던 송도11공구 갯벌은 요즘도 신바람 나게 매립 중이다. 머지않아 송도 신도시의 기존 시가지처럼 솟아

오른 초고층 빌딩들이 저마다 자동차 광고를 유도할지 모른다. 자취만 남은 소래포구, 그리고 소래포구와 연한 '고잔 갯벌'은 현재 고층아파트로 주변이 점령되었다. 그렇다고 조수가 높이를 낮추는 건 아니다. 밀물이 높아질 때 바닷물이 예전 갯벌이 있던 지역으로 쏟아져 들어오고 그 일부는 외암도 유수지를 파고들다 썰물

로 빠져나가겠지만 흐름이 원활하지 않은 외암도 유수지가 송도 신도시에 거세게 쏟아지는 빗물을 완충할 능력은 없을 것이다. 드넓은 송도 신도시의 가운데를 관통해 바다로 이어지는 공원, 센트럴파크가 그 역할을 맡아야 할 텐데, 제3경인고속도로를 신설할 때부터 침식되던 외암도 유수지는 2009년, 갈대가 무성했다. 좀 좁더라도, 지친 겨울철새들에게 쉼터가 되기에 부족함이 없었다.

인천의 오랜 체취, 문화와 역사를 매립한 송도 신도시 부지에 갯벌센터와 컨벤션센터가 팡파르를 앞세우며 들어섰고 초고층 아파트 단지가 연실 완공된 후에 151층 쌍둥이 빌딩이 자리할 예정이었지만 시방 그 계획은 수면 아래로 들어갔다. 경제 사정이 나아지면 다시 검토될지 알 수 없는데, 갯벌 매립은 송도 신도시, 그리고 남동산단의 원죄다. 사람보다 먼저 갯벌을 찾았을 철새들은 유전자 어디에 자리했을 기억을 더듬어 지금도 찾아왔다가 날아간다. 실망했을지 모르지만 극히 일부는 유수지로 내려앉는다. 호수가 얼어붙기 시작하는 시베리아를 떠난 겨울철새가 그들인데, 수천 킬로미터를 날아왔건만 내려앉을 갯벌은 이제 거의 없다. 매립된 고잔 갯벌과 송도11공구도 예전 모습이 아니다. 남동산단의 유수지와 인근의 좁아터진 외암도 유수지가 유전자의 기억을 소환할 뿐.

동물 인문학

선택의 여지가 없는 유수지의 겨울철새

생물학에서 오리는 어디까지나 집합명사다. 양판점에서 훈제오리를 구입하는 우리는 조류독감으로 생매장되는 오리와 유기농업단지의 오리를 기억해낼 뿐이지만, 자연에서 만나는 종류는 참많다. 겨울이면 우리 서해안의 넓은 호수, 천수만과 주남저수지 일원에 수십만 마리가 찾아와 아침저녁으로 멋진 군무를 선보이는 가창오리도 있지만, 그 오리는 갯벌을 잃어버린 인천 일원에 모습을 좀처럼 드러내지 않는다. 오래 전에 길들어져 집단으로 사육돼 훈제오리로 변하는 집오리의 선조, 청둥오리는 인천 주변의 갯벌에도 많이 내려온다. 오리 종류 중에 가장 흔한 겨울철새로 수수한 갈색 암컷과 달리 수컷은 머리와 목이 금속광택이 선명한 녹색 깃털을 자랑한다.

사시사철 크고 작은 호수나 맑은 물이 흐르는 도시 하천에 모습을 드러내는 흰뺨검둥오리는 사람들을 그리 두려워하지 않는다. 예닐곱 마리 새끼들과 뒤뚱뒤뚱 아스팔트 도로를 건널 때 차 길게 세워 기다려주는 유럽의 운전자들처럼, 우리나라 시민들도 요즘은 고무줄 새총을 부여잡거나 석궁을 쥐지 않아 그런가 보다. 뺨이 희다기보다 등과 머리 위가 진한 갈색인 흰뺨검둥오리는 텃새지만 남동산단의 유수지나 외암도 유수지를 찾던 오리들은 거의 겨울철새다. 수수한 갈색인 암컷과 달리 흑갈색 몸과 머리에 두드러지게 하얀 목을 가진 고방오리와 암수 모두 오렌지처럼 황색이라 초보자도 쉽게 구별하는 황오리도 마찬가지다.

수컷 주둥이가 혹처럼 튀어 오른 혹부리오리는 암수 모두 머리와 날개가 검은 녹색이고 가슴과 배는 새하얗게 빛나는데 가슴과 배에 조끼를 입은 듯, 밤색 띠가 두드러진다. 겨울철 유수지를 찾는 오리들은 크기가 엇비슷하다. 암컷은 60센티미터에서 70센티미터 내외인 수컷에 비해 10센티미터 정도 작지만 멀리서 쌍안경이나 배율이 높은 필드스코프로 보아도 초보자는 언뜻 덩치 차이를 구별하기 어렵다. 겉보기 수수한 암컷은 무늬가 선명한 수컷과 달리 머리에서 가슴과 배, 그리고 날개도 갈색인데, 갯벌을 외면하는 원앙도 그렇다. 그렇듯 암수가 분명하게 구분되는 오리보다 구분이 쉽지 않은 개리나 기러기가 평생 짝을 유지하는 경향이 있다던데, 아닌 게 아니라 원앙은 바람기가 잦다고 한다. 청둥오리와 고방오리는 어떨까?

예외적으로 35센티미터 남짓한 쇠오리도 암수 외모의 차이가 있지만 두드러지진 않다. 전체적으로 옅은 갈색인 암컷과 달리 밤색 뺨과 눈 주변에 녹색 광택의 깃을 가진 쇠오리는 덩치가 작은 만큼 동작이 날쌔고 작은 무리를 지어 움직인다. 손바닥만큼 남은 갯벌의 갯고랑에 내려앉은 오리들은 번식기가 아니라 그런지 반드시 같은 종끼리 어울리는 거 같지 않다. 먹이가 모자라지 않다면 다정한 이웃 같은데, 오리라는 이름을 후렴처럼 달지 않은 넓적부

동물 인문학

리와 흰죽지도 다른 오리들을 굳이 피하려 들지 않는다. 예외도 있다. 청둥오리 비슷하게 수컷이 녹색 금속광택을 가져 암수가 구별되는 넓적부리와 달리 수컷의 머리와 목이 진한 밤색인 흰죽지는 잠수해 먹이를 찾을 때 다른 오리들과 떨어져 지내기도 한다.

2008년 늦은 가을, 갑자기 쌀쌀해진 유수지에서 주검으로 만난 오리 종류들의 간단한 이력이지만, 갯벌이 드넓었던 시절 훨씬 많은 종류가 찾아왔을 게 틀림없다. 거위의 조상인 개리도 찾았을 테고 기러기도 흔했을 터. 인천시 남동구에 수백 개의 공장이 들어선 남동산단과 연수구에 20여만 입주민의 아파트 단지가 없었던 시절, 갯벌 인근에 논밭이 펼쳐졌을 당시에 큰기러기와 쇠기러기가 하늘에서 우아한 날갯짓을 과시했을지 모른다. 넓은 알파벳 V자로 노을에 물든 서편 하늘을 수놓다 내려앉았겠지만 지금은 도저히 다가올 수 없다.

조류도감에서 오리 종류로 분류한 새들만 유수지 주변에 모이는 건 아니다. 지금도 재갈매기는 단골손님이다. 가마우지와 백로 종류도 종종 자리를 잡지만 어쩌다 참매와 같은 맹금류도 내려앉아 호시탐탐 오리들을 노리고, 봄가을로 다채로운 도요새와 물떼새 무리가 작은 군무를 펼친다. 여름이면 이따금 주둥이가 주걱처럼 생긴 저어새도 볼 수 있는데, 남동산단의 유수지 내에 만들어 놓은 작은 섬에서 태어난 어린 개체일지 모른다. 갈대로 몸을 숨길 수 있는 습지가 보전돼 있다면, 공간이 좁든 드넓든 대안은 찾지 못하는 겨울철새들은 찾아온다. 시베리아에서 수천 킬로미터를 날아와 기진맥진한 상태에서 찬밥 더운밥 가릴 처지가 아니겠지. 매립되는 갯벌이 인근에 중장비를 끌어들이고, 산업단지에서 악취를 내뿜어도 선택의 여지가 없을 것이다.

보톡스의 치명적 유혹

보톡스Botox. 전직 대통령도 처방했다니, 주름살을 없애는 무슨 묘약인 줄 알았다. 알고 보니 독약이다. 그것도 아주 치명적인 보툴리누스botulinus 독소. 그 독소를 충분히 희석한 보톡스는 축적된 경험을 바탕으로 임상에 적용시킨 무수한 의약품 중에서 하나로, 성형에 사용하자 각광받은 사례가 되겠지. 성형에 적용하지 않았다면 사람들의 입에 오르내리지 않았을 보톡스는 근육을 마비시키는 위험한 독성을 의학적, 아니 성형, 어쩌면 미용에 주로 이용한다. 보톡스를 주입하면 마비된 근육을 사용할 수 없으니 위축될 터. 그런 약효로 사각턱이 잠시 갸름해지고 주름이 한시적으로 제거된다는 거다. 성형외과 의사들은 안전을 장담하지만, 참으로 과감한 발상이 아닐 수 없다.

농도가 문제일 뿐 모든 물질은 독약이라고 어떤 화학자는 둘러댄다지만 아무리 희석한다 해도 분명한 독극물이라면 환자 이외의 다수에게 예뻐지라며 처방할 의사는 없을 것 같은데, 그런가? 보톡스를 주사맞는 이는 과연 환자일까? 차라리 고객이라 해야 옳지 않을까? 여기에서 그런 거 따지지 말자! 하기야 강력한 독성물질인 불소를 적당한 농도로 수돗물에 섞으면 이가 튼튼해진다고 주장하는 의사도 있지 않은가. 문제는 수돗물에 들어가면 불소에 민감한 체질을 가진 이와 아기가 싫어도 무차별적으로 마실 수밖에 없으므로, '선택의 문제'에 부딪힌다는 점이다. 따라서 불소가 이를 튼튼하게 한다는 과학적인 증거가 분명하더라도 원하는 사람에게 제한될 수 있는 방법을 찾아야 한다는 주장이 설득력 있게 제기된다.

아무도 늙어가는 걸 좋아할 리 없다. 가능하다면 얼굴에 주름이 없기를 바란다. 그렇더라도 수돗물에 넣으려는 불소와 같은 맥락으로 누구나 구입할 수 있는 화장품이나 미용비누에 보톡스를 안전한 농도로 섞자는 발상은 나오지 않는다. 가격이 높거나 피부에 발라서 효과를 보는 약품이 아니기 때문만은 아닐 것이다. 그런데 수돗물불소화가 오래 지속되면서 몸에 축적된 불소는 나이 들어 뼈가 부러지면 부러진 뼈를 잘 붙지 못하게 한다는 연구가 속속 보고되고 있지만 보톡스의 부작용 사례는 아직 시민사회에 분명하게 알려지지 않았다. 본격적으로 처방된 지 얼마 되지 않아 그럴까? 분명한 건, 보툴리누스 독소는 심각한 식중독을 일으킨다는 사실이다.

보통 상한 음식이나 통조림에 숨어있는 포자로 번성하는 미생물, '클로스트리듐 보툴리눔Clostridium botulinum'이 분비하는 보툴리누스 독성은 사린가스보다 10만 배나 강해, 몸무게 1킬로그램당 1000분의 1 마이크로그램으로 실험동물의 절반을 죽게 만들 정도라고 한다. 1995년 3월 동경 지하철에 사린가스를 살포하여 12명을 사망케 하고 5000여 명을 호흡곤란에 빠지게 만든 일본의 옴진리교 아사하라 쇼코麻原彰晃 교주는 그 전에 보툴리누스 독소를 살포하려 몇 차례 시도했다는데, 보툴리누스 독소는 위장뿐 아니라 호흡기를 통해 몸에 들어와도 문제를 일으킨다. 먼저 발음과 발성이 마비되고 동공이 확장돼 시야가 흐려지며 골격근이 마비되다 호흡이 급격히 불가능해지면서 급기야 사망에 이르게 된다고 교과서는 건조하게 설명한다.

　　복어 독, '테트로도톡신tetrodotoxin'처럼, 정신은 명료한 가운데 몸이 마비되면서 죽어가는 보툴리누스 독소증을 '보툴리즘botulism'이라고 말한다. 젊음을 아름답게 유지하려는 욕망은 보톡스를 마다하지 않는데, 처방하는 의사나 처방을 받는 환자(어쩌면 고객)는 그 치명성을 모르는 걸까? 아니면 알면서도 감당하는 것일까? 아름다움이 반드시 젊음만은 아니건만 내면보다 외모의 아름다움을 향한 사람의 집착은 죽음도 두려워하지 않는가? 보톡스는 백혈병이 깊어진 라이너 마리아 릴케를 죽음으로 이끈 장미 가시보다 더욱 치명적인, 팜므파탈의 유혹인지 모른다.

온난화, 보툴리누스, 그리고 오리

보톡스는 안전하게 희석한 사람의 의약품일 따름이라고 성형외과 의사들이 거듭 주장하니 이제 언급을 자제하기로 하고, 보툴리즘은 어느 동물에게나 치명적인데, 인천의 갯벌에 날아온 겨울 철새에게 보툴리즘처럼 치명적인 사건은 2008년 이전은 물론 이후에도 없었다.

신선한 풀과 이끼를 찾아 수백 킬로미터를 이동하는 세렝게티 초원의 누와 툰드라 지역의 순록 떼처럼, 섭생과 양육을 위해 크릴새우가 넘치는 남극을 찾아갔다 다시 적도로 돌아오는 혹등고래처럼, 시베리아의 호수가 단단히 얼어붙기 전에 청둥오리, 혹부리오리, 쇠오리, 넓적부리, 고방오리, 황오리, 흰죽지, 기러기들은 수천 킬로미터를 아무 것도 먹지 않고 쉼 없이 날아 우리나라 서해안을 찾는다. 거기에 갯벌이 있기 때문이다. 기억에 따라 전에 내렸던 곳을 하늘에서 바라보니 온갖 중장비들이 몰려들어 갯벌을 떠들썩하게 매립한다면 무리를 이끌어온 경험 많은 오리는 당혹스러울 것이다. 허기지고 지친 무리를 채근해 더 날아가야 한다. 한데, 사람이나 철새나 기진맥진한 상태에서 쉴 자리를 찾지 못하면 급속하게 피곤해진다.

겨울철새의 처지에서 생각해보자. 숨이 턱밑까지 차오르는데 갈대가 무성한 남동산단의 유수지와 외암도 유수지가 눈에 띈다.

드넓었던 갯벌이 사라진 뒤에 비좁게 물이 고였어도 거기엔 사람과 중장비가 들락거리지 않고, 내려가 먹이도 구한 기억도 어렴풋이 남아 있다. 대부분의 철새들은 시화호나 화옹호, 천수만이나 멀리 금강하구의 더 넓은 곳을 찾아 남쪽으로 내려갔지만 거긴 먼저 도착한 겨울철새들로 북적인다. 갯벌이 자꾸 줄어드니 어쩔 수 없는 선택이리라. 더 날아갈 수 없이 기진맥진한 상태에서 남동산단 주변을 맴도는데, 가만히 내려다보니 오호라! 먼저 내려간 새들이 드문드문 이미 자리잡고 떠 있는 게 아닌가. 지친 몸을 어서 쉬려면 예도 감지덕지라 여긴 철새들이 비로소 안심하고 서둘러 내려갔겠지.

아뿔싸! 그런데 거기에 보툴리누스 독소가 있을 줄이야! 썩은 통조림이 따뜻해질 때 번성해야 할 보툴리즘 균이 기상관측 이래 가장 더웠던 늦은 가을에 창궐한 것이다. 그것도 플랑크톤이 가득한 갯벌에서. 늦더위로 썩어버린 갯벌에 만연한 보툴리눔 독소가 겨울을 코앞에 둔 계절까지 남아 있으리라고 창공에서 헤아릴 방법이 없었던 겨울철새는 단순히 운이 나빴던 걸까? 앞서 내려앉은 철새들이 평화롭게 보여 내려갔을 뿐인데.

내려와 보니 웬 구더기가 여기저기 눈에 띈다. 허기진 철새에게 구더기는 반가운 영양식임에 틀림없으니 허겁지겁 먹었을 테고, 이윽고 구더기는 보툴리눔 균을 겨울철새에 전파시킬 수밖에 없었을 터. 정신은 멀쩡한데 슬그머니 온몸은 마비되더니 날 수가 없

동물 인문학

다. 공포에 질려 물에 떠 있을 수밖에 다른 방법도 없는데 창공에서 그 모습을 본 철새들이 연이어 내려온다. 그리고 구더기를 허겁지겁 훑어 먹는다. 구더기들은 유수지에 맥없이 떠 있는 철새의 옆구리를 뚫고 꾸물꾸물 연실 빠져나온다.

자원봉사 점수가 없다면 많은 학생이 환경단체에서 주관하는 힘겨운 행사 현장에 모여들 리 없다. 학년이 올라갈 때마다 할당된 자원봉사 활동 시간을 채워야 하기에 하릴없이 관공서 유리창을 닦던 학생들을 환경단체가 부르려면 어디까지나 그 시간은 '놀토'에 한정해야 했다. 하지만 이번엔 다급했다. 격주로 토요일에 수업이 없던 시절, 수업이 없는 '놀토'를 택하는 불문율을 따르자니 현실은 조급했다. 오리 주검이 유수지에 널리는 상황에서 알음알음으로 학생들을 불러 모았다. 아니, 도와달라고 간청을 했다.

내려오지 말라고 고래고래 소리를 질러도, 막대기를 하늘에 대고 정신없이 휘둘러도 아랑곳하지 않는 철새들은 당연한 듯 구더기를 먹어대지 않던가. 온몸이 마비돼 죽은 철새의 몸은 구더기로 뒤범벅이고 악취는 진동하건만 철새들은 또 내려온다. 작대기를 흔들며 소리소리 지르는 환경단체 활동가의 안타까움에 아랑곳하지 않고 자꾸 내려온다. 안 되겠다! 환경단체는 황급히 자원봉사를 요청하지 않을 수 없었다. 놀토가 아니라도 와주는 학생이 있겠지. 한 사람이라도 더 와서 한 마리라도 더 날려 보내야한다. 죽은 철새는 한시바삐 수거해야 한다. 그래서 비가 부슬부슬 내리는 토요일 오후, 하필 그날부터 추위가 엄습한 남동산단과 외암도 유수지에 약간의 학생들이 모였다.

겨울이 다가오는 계절에 내리는 비는 뼈마디를 파고들고, 시커멓게 썩은 갯벌에 발은 푹푹 빠진다. 집안일 한번 해 본 적 없는 학생들은 여간 힘겨운 게 아니다. 지치지만 사람이 다가가도 날아오르지 못한 채 눈만 껌뻑이며 죽어가는 철새들은 아직 깃털이 따뜻

하고 매끄러웠다. 동정심을 느낀 학생들은 마음이 급해졌다. 갈대 숲 사이 여기저기에 썩어가는 주검들, 분명히 살아 있지만 옆구리에서 구더기가 스멀거리는 오리들. 그들은 구조해도 소용이 없었다. 머리를 잡아 올리면 그 순간 다리와 몸이 떨어져나가며 고개를 푹 숙이는 게 아닌가. 그렇다고 그냥 둘 수도 없다. 어쩌다 온전해 보여 번쩍 안아올린 철새도 맥을 못 추기는 마찬가지다. 짧아지는 해는 어느새 서편 하늘을 붉게 물들이고, 마음이 급해 안절부절못하던 자원봉사 학생들의 눈매는 자신도 모르는 사이 촉촉해졌다. 빗물 때문이 아니다. 속절없이 죽어가는 철새들에 속죄하고 싶었을지 모른다.

사실 그렇게 구한 철새는 죽어가던 오리의 지극히 일부에 지나지 않았다. 본격적인 겨울이 다가와 구더기가 사라지기까지 거듭 내려앉던 철새들은 이후에도 속절없이 죽어나갔다. 날씨가 쨍하고 추우면 몸이 성한 철새들은 남쪽으로 날아갈 테지만 그 해 겨울은 기상관측 이래 가장 더웠다. 무심하게도, 겨울철새에 닥친 그 해 보툴리즘은 남동산단과 외암도 유수지에 한정하지 않았다. 안양천에도, 한강에도, 철새들이 떼로 죽었다. 이상고온으로 오염된 물의 용존산소가 고갈되자 보툴리즘을 일으키는 균이 이상 번성했기 때문이라고 보건환경연구소는 덤덤하게 밝혔지만 전문가의 원인 분석은 대개 거기까지다. 이상기온이 계속되거나 심화되는 근본 이유를 모를 리 없건만 언급조차 않는다. 철새가 죽어나간다고 가슴앓이하지 않고, 대책을 세우지 못해 발을 동동 굴리지 않는다.

위축된 철새들의 비빌 언덕

인천에서 영흥도로 가려면 시화방조제를 건너야 한다. 그때 왼편 차창은 화성의 파란 하늘을, 오른편 차창은 인천 연수구의 시커먼 하늘을 보여주며 뚜렷하게 대비된다. 그 시커먼 하늘 아래의 유수지에서 겨울철새들이 떼로 죽었다. 왜 그런 하늘을 택했을까? 인천에서 조금 더 멀더라도 깨끗한 하늘로 날아가 주민들이 팔 걷고 보호하는 시화호나 지자체 차원에서 도래지를 관리하는 천수만, 아니면 금강하구로 날아갈 것이지. 철새로 붐비는 천수만과 금강하구에 내릴 엄두가 나지 않을 정도로 서열이 낮았던 걸까? 아무튼 저토록 오염된 하늘을 뚫고 날아왔으니 지칠 만도 하다. 날아온 것만으로 용하고 고맙다.

영흥도에는 현재 80만에서 90만 킬로와트급 석탄화력발전소 6기가 가동 중이다. 세계 최대 규모에 해당한다. 신축하는 화력발전소 부지를 위해 영흥도 해변의 갯벌을 매립하려 할 때, 주식회사 남동화력은 지키지 않을 협약을 매립 허가권을 가진 인천시와 맺었다. 우선 2기는 석탄을 연료로 하는 발전소로 짓고 나머지는 청정에너지를 원칙으로 논의하겠다고 철석같이 약속했지만 그 약속은 헌신짝이 된지 오래다. 부지를 넓게 매립하고 석탄화력발전소를 계속 지은 것이다. 법적 구속력 없는 협약의 한계를 인천시 당국은 진작 알고 있었을 게 틀림없다. 오염된 대기 아래에서 숨 쉬고 살아야 하는 인천 시민은 누구를 원망해야 하나?

인천시는 수도권의 대기를 청정하게 유지하기 위해 크고 작은 건물의 주인에게 보일러를 교체토록 종용했지만 그 효과는 영흥도에서 2기의 석탄화력발전소를 가동하면서 사라지고 말았다. 그런데 현재 모두 6기가 24시간 가동되고 있다. 최첨단 저감설비를 부착해 황이나 질소산화물의 배출 총량이 늘어나지 않았으니 악화된 건 아니라고 남동화력은 강변하고 싶겠지만 그건 대기에 한한다. '온배수'를 따져보면 사정이 달라진다. 고온 고압의 수증기로 터빈을 돌리는 발전소는 터빈을 빠져나온 수증기를 식혀야 하는데, 그를 위해 깊은 바다에서 차가운 물을 끌어올리고, 수증기를 식힌 뒤 데워진 물을 인근 바다로 내보낸다. 그 물이 온배수다. 발전용 터빈이 늘어날수록 온배수의 양이 늘고, 그만큼 주변 해역의 수온은 오를 수밖에 없다.

화력발전소 가동 이후 축적된 모니터링 결과가 아직 충분하지 않아 정확한 예측은 불가능하겠지만, 현재의 6기에서 앞으로 8기, 어쩌면 12기로 발전 용량을 늘린다면 인천 앞바다는 어떻게 될까? 수온은 여지없이 상승할 테고, 플랑크톤부터 변화할 해양 생태계는 괴멸될 가능성이 증가하겠지. 그뿐인가? 이미 엎친 데 덮친 꼴이다. 시화호와 송도 신도시 개발로 대부분의 인천 인근 갯벌마저 거의 사라진 마당이 아닌가!

겨울철새들의 집단 폐사가 끊이지 않는다. 전에 없던 현상이다. 2000년 천수만의 가창오리 1만여 마리가 한꺼번에 죽은 사건을 필두로 제주도와 한강, 안양천과 탄천에서 수십에서 수백 마리의 철새들이 죽어간다. 농약이나 밀렵꾼의 독극물도 빼놓을 수 없고 지구온난화로 이동 시기를 제대로 맞추지 못한 이유도 배제할 수 없지만, 광범위한 갯벌 매립으로 철새들이 내려앉을 곳을 찾지 못한 게 큰 이유일 가능성이 높다. 좁아 터진 갯벌과 저수지마다 철새들이 운집하니 바이러스의 창궐은 그만큼 쉽다. 기력이 쇠진한 상태에서 도착한 철새들. 약화된 면역력을 한시바삐 올려야하지만 사정이 여의치 않다. 오히려 급박해졌다. 보툴리즘과 더불어 가금콜레라도 겨울철새들을 위협하지 않나. 하지만 거기에서 그치지 않는다. 조류독감이 반복되는 이유는 무엇인가?

2003년 이전 우리 땅에서 조류독감이 창궐한 기록이 없다. 조류독감에 감염된 철새가 없었기 때문일까? 글쎄, 감염된 상태에서 기진맥진 날아온 철새도 날개를 접고 먹이를 먹으면서 기력을 되찾으며 회복했을지 모른다. 미처 회복하기 전에 이동하면서 흘린 분변이 조류독감 바이러스를 양계장에 옮기는 경우가 있었겠지만 닭과 오리와 메추리들은 몇 마리를 제외하고 끄떡없었을 것이다.

동물 인문학

사람이 그런 것처럼. 하지만 요즘 조류독감은 겨울철의 고통스런 통과의례가 되었다. 떠들썩한 살처분이 일상화된 느낌이다. 서해안에 갯벌이 광활했을 때는 양계장의 가금류들도 사람이나 철새처럼 조류독감을 잘 이겨냈을 거로 짐작할 수 있다. 기록이 그래서 없었는지 모른다.

넓은 갯벌에 내려앉는 철새처럼 농가를 돌아다니며 벌레 잡아먹던 닭과 오리도 면역이 지나치게 약하지 않다면 대부분 어느 정도 앓다 이내 회복되었을 것이다. 하지만 마당에 놓아 기르는 닭은 요즘 거의 없다. 용도에 따라 극단적으로 육종한 까닭에 유전 다양성의 폭이 극도로 좁아진 닭이 축사에 갇혀 사육될 따름이다. 그런 닭은 질병에 매우 약하다. 철새 배설물에 섞인 조류독감 바이러스에 속절없이 넘어질 수 있다. 올해 철새들이 조류독감 바이러스를 양계장에 전하지 않았다 해도 내년에는 어떨지 알 수 없다. 시베리아가 아니라 우리 축산 환경의 면역이 매우 열악하기 때문이다.

남동산단과 외암도 유수지에서 겨울철새들이 맥없이 죽어나갈 때, 가까운 시화호에도 철새 1000여 마리가 무더기로 죽었다. 바싹 긴장한 당국은 조류독감 바이러스나 보툴리눔 균을 먼저 의심했으나 결국, 간 세포의 괴사를 유발하는 살모넬라균에 의한 패혈증이라고 발표했다. 물론 살모넬라균이 창궐한 이유는 밝히지 않았는데, 한 환경운동가는 이의를 강하게 제기했다.

그는 한국수자원공사가 '멀티테크노 단지'를 만들기 위해 호수

주변에 '순환골재'라는 이름하에 15톤 덤프트럭 8000대 분량을 매립한 폐콘크리트에 혐의를 두었다. 노출된 사람도 위험에 빠지게 하는 폐시멘트 독성 때문이라는 건데, 어느 주장이 맞든, 결국 분별없는 개발이 근본 원인인 셈이다.

개발이라는 보톡스

2000년 초, 보툴리즘으로 71마리의 저어새가 대만에서 집단 폐사했을 때, 정부의 체계적인 조사에 응한 전문가들은 "서식지의 단순화와 먹이 자원의 고갈에 의한 밀집화 현상"을 원인으로 지목하며 분별없는 해안개발에 경고했다.

환경단체 외에 누구도 주목하지 않았지만, 남동산단과 외암도 유수지에서 겨울철새들이 죽어 나가기 한 달 전부터 우리나라를 중간 경유하는 도요새와 물떼새 종류들이 먼저 죽은 적 있다. 정확한 조사가 없었기에 보툴리즘에 의한 것인지 알 수 없어도, 사람에 의한 서식지 파괴와 오염에 의한 먹이 부족이 원인일 게 틀림없다. 그 상황에서 지구온난화가 비극적 현상을 가중시켰을 텐데 인천시는 오리들이 죽어갈 때에도 손바닥, 아니 손가락만큼 남은 고잔 갯벌마저 송도 신도시 부지로 편입시키겠다고 발표했고, 지금 그 갯벌은 없다.

철새들이 죽어갈 때 누군가 튀고 싶었나 보다. 보툴리누수 균은 새를 마비시켜 죽일 뿐 사람에 해를 마치지 않을 것이라고 장담했던 것이다. 당시 논점은 사람에 대한 감염이 아니었다. 죽은 새의 몸에 있는 균이 피부나 호흡으로 건강한 사람에 전파되지 않는다는 안일한 믿음을 생뚱맞게 내세운 것이지만, 무모하다기보다 어처구니가 없었다. 별 탈 없이 지나가 다행이었지만, 철새가 사라지는 환경에서 사람인들 편안할 수 있을까? 초고층 빌딩을 편리하게 유지하게 하는 전기가 충분하면 그뿐이라는 안일함이었을까? 자연이 황폐한 곳일지라도 사람의 행복은 내내 보장될까?

'인천저어새네트워크'는 남동산단과 가까운 동춘동의 평생학습관에서 특별한 사진전을 개최해왔다. '인천 환경과 생명을 지키는 교사모임'과 '인천녹색연합'을 비롯한 환경단체가 손을 잡고 고잔 갯벌을 포함해 남동산단의 유수지와 외암도 유수지를 찾아오는 야생조류를 촬영해 왔는데 그 사진을 발췌해 "인천의 마지막 갯벌, 송도에 오는 아름다운 새 사진전"을 연 것이다. 그들은 소박한 사진집에서 "그동안 우리 주변에 이렇게 아름다운 새들의 세상이 있었음을 깨닫고 나누지 못했던 자연 환경과 생태에 대한 관심을 일깨워 더 아름다운 세상을 만드는 바람"을 전하면서 "사라져가는 갯벌을 안타까워하는 마음으로 그곳에 깃들여 살아가는 아름다운 생명들을 기록했다"고 말했다. 고잔 갯벌마저 매립되지 않기를 바라는 마음을 간절하게 담아 저어새, 검은머리물떼새, 검은

머리갈매기, 장다리물떼새, 알락꼬리마도요와 고방오리, 혹부리
오리, 넓적부리들을 출연시켰다. 보툴리즘으로 희생된 무리의 목
록과 같았다.

인천에서 오래 살아온 시민들은 아암도를 기억한다. 지금은 해
안도로에 보잘 것 없는 혹처럼 붙었지만 매립되기 전에는 바닷물
이 빠져나간 갯벌을 따라 가족이나 친구, 어쩌다 애인의 손을 잡고
한두 번 정도는 다녀왔을 피안의 세계였기 때문이다. 아암도를 다
녀온 후 낙섬에서 석양을 바라볼 수 있던 인천은 지금 없다. 매립
돼 기억 저편으로 아련하게 사라졌다. 추억도 차차 사그라질 것이
다. 외암도는 아암도에서 밖으로 떨어진 곳에 있는 섬이라는 뜻인
지 알 수 없는데, 그 이름을 딴 유수지에서 땀 흘린 자원봉사자의
노력으로 구조한 겨울철새들과 그 후손들은 올 겨울에도 인천의
갯벌을 찾으려 할까? 기대난망이다. 오늘도 갯벌 주변은 공사 중
이기 때문이다. 점점 더 넓고 빠른 도로, 더 높고 화려한 건물에 둘
러싸이는 철새도래지는 목하 성형수술 중이다. 치명적 보톡스를
맞는다.

동물 인문학

3장

◇　◇

천수답이 사무치게 그리운 동물

멕시코 유카탄 반도에서 개구리는 신적 존재다. 이렇다 할 물줄기가 없는 곳에서 일족을 건사하는 일은 쉽지 않을 터. 한데, 개구리가 보인다면? 어딘가 물이 있다는 신호다. 새로운 터전을 개척해야 할 족장은 대단히 반가워 주변을 샅샅이 뒤져 샘을 찾고야 말겠지. 이어서 마을과 신전을 지었고, 덕분에 마야 문명이 꽃피웠을 것이다. 16세기 초, 11마리의 말과 500명의 병사를 이끈 에르난 코르테스^{Hernán Cortés}가 멕시코를 무참하게 정복한 뒤, 앞 다투며 몰려든 유럽인들이 유카탄 반도를 휘젓기 전까지.

해발 2000미터가 넘는 고도에 자리한 멕시코시티는 분지다. 그도 그럴 게, 고원 분지의 거대한 호수를 매립해 조성한 까닭이다. 요즘 멕시코시티의 시민 2000만 명은 외부에서 막대한 식량을 가져와 끼니를 해결하겠지만 매립 전, 호수 안의 요새 같은 섬에 안정적으로 거주했던 테노치티틀란tenochtitlan 인구 30만은 완벽하게 자급했다. 호전적인 아즈텍Aztec의 왕, 목테수마Moctezuma Xocoyotzin의 정중한 대접을 받으며 천연두와 함께 들어온 코르테스가 항체 없는 아즈텍인 대다수를 속수무책으로 쓰러뜨리기 전까지, 호수를 지배하던 선주민들이 '치남파chinampa'라는 농사를 전수했기 때문이다.

500년 전에는 테노치티틀란 주변에 갈대가 많았나보다. 아즈텍 사람들은 갈대를 사각으로 조밀하게 엮고 그 위에 흙을 쌓은 커다란 인공 섬에서 옥수수를 비롯해 콩, 고추, 호박을 재배했다고 한다. 북위 19도의 고원이므로 날씨는 일정하고 농사에 적당했을 터. 오랜 조상이 날씨에 맞는 농작물을 선택해 전수했겠지. 사방의 산이 바람을 막아주니 해마다 7모작도 가능했다고 한다. 호수에 둥둥 뜬 섬에서 물은 필요할 때마다 얼마든지 퍼 올릴 수 있으니 얼마나 편리한가. 그런 농업은 엄선된 영양 성분을 정량 녹인 물을 방울방울 공급하는 요즘의 수경재배와 차원이 다르겠지.

천수답은 저주받은 비운의 농업일까? 우린 천수답을 한시바삐 탈피해야 할 부끄러운 농업이라고 배웠다. 떡볶이에 들어가는 쌀이 고개 숙인 벼에서 탈곡해 나오는지 여부를 본 적 없는 요즘 도시의 아이들도 천수답을 미개했던 시절의 농업이라고 배울지 모른다. 이 시대 가장 잘 나가는 경제학자들도 비슷하게 생각할지 모른다. "우리 경제가 천수답 경제로 변한다"고 개탄하는 걸 보면.

동물 인문학

'천수답 축구'도 있다고 하니 우리 사회에서 '천수답'이라는 말은 저주의 관용어가 된 느낌이다.

농사지으려면 물은 필수다. 천혜의 테노치티틀란과 다르더라도 24시간 사시사철 물을 담아 놓는 논도 벼를 수경재배한다. 국토의 65퍼센트가 경사 깊은 산지고, 비의 절반 이상이 여름 한철에 집중되는 우리나라에 천수답은 오랜 일상이었다. 국토 면적에 비해 인구가 많은 건, 먹을 걸 어느 정도 재배할 수 있기 때문이었다. 논밭에서 수확하는 농산물뿐이 아니다. 필요한 어패류를 언제든 채취할 수 있는 갯벌과 3면의 바다가 가깝지 않았나. 산에서 흘러 내리는 물을 받느라 둑을 구불구불 등고선처럼 이어서 조성한 논은 비록 천수답이라 해도 주식인 쌀을 농기계와 화학비료 없이 수천 년을 자급하게 해주었다.

1800년대 말, 우리나라와 중국, 그리고 일본의 농촌을 방문한 당시 미국 고위관료 F. H. 킹은 농사 200년 만에 농토가 황폐해진 미국과 달리 아시아 3개국이 4000년 동안 풍작을 어떻게 유지할 수 있는지 궁금했다. 답은 인분을 사용하는 농업과 수경재배였다. 풍수해를 완충할 뿐 아니라 지하수의 수위를 일정하게 유지하게 하는 논은 농부와 농촌은 물론, 주위와 오래 어우러진 생태계였다. 물이 1년 내내 고이는 논은 탄수화물을 책임지는 벼뿐 아니라 단백질의 원천인 여러 동물을 먹을거리로 내주었다. 2008년 우포늪이 있는 창원에서 개최한 제10회 람사총회에서 논을 지속가능한 습지로 관리하자고 제안한 이유의 설명이기도 하다.

아무리 천수답이라 해도 빗물에 전적으로 의존하는 건 아니다. 마을마다 방죽을 만들어 많은 물이 한꺼번에 필요한 모내기 철을 대비했고, 농부는 자신의 논 가장자리에 적당한 크기로 웅덩이를 파놓았다. 그런 방죽과 물웅덩이마다 다채로운 동식물이 서식했는데 지금은 거의 볼 수 없다. 외국의 유수한 대학에서 농업 교육을 받고 돌아와 농업 정책을 휘두른 이들이 기계화와 과학기술을 동원해 대대적으로 파헤쳐버렸기 때문이다. 그 아마겟돈 속에서 살아남은 동물이 없지 않지만 이제 거의 소탕되었다. 석유로 가공한 화학비료가 미생물을 사라지게 하면서 생태계 기반이 붕괴되었고, 천적이 사라진 논밭에 제초제와 살충제를 흥건하게 뿌려, 가냘프게 남은 생명마저 모조리 제거되고 말았다.

천수답은 농촌에 숱한 문화를 남겼지만 지금은 거의 사라졌다. 작은 손이라도 모아야 했던 농촌마다 다양한 춤과 노래를 창조했지만 박제가 되었다. 모내기나 추수할 때, 그 고된 노동을 마쳤을 때, 물이 빠져나간 방죽과 물웅덩이에서 삼태기로 잡아 나누던 붕어와 잉어, 미꾸라지와 가물치는 이미 전설이 되었다. 첨벙대던 마을 청년들을 깜짝 놀라게 하던 무자치, 아니 물뱀은 이제 보호대상종이다. 논둑을 허물어 이웃 사이에 갈등을 빚게 만들던 드렁허리는 농부의 기억에서 사라진 지 오래다. 거머리가 사라져 다행인가? 꼬마들의 로망이던 왕잠자리까지 볼 수 없는데.

논 생물들은 자신의 오랜 터전이던 천수답이 사무치게 그리울 것이다. 문화와 전설을 수집하는 인문학자, 생태계를 연구하는 생물학자의 학술적 그리움과 질적으로 다르다. 천수답에 대한 그리움은 생태계를 구성하던 '자연의 이웃'의 눈높이에서 바라볼 수 있어야 비로소 살갑다. 생태계의 다양성을 이해한다면 다채로운 동물이 사는 터전의 안정을 배려할 수 있다.

논을 떠난 무자치

신문 활자가 눈에 들어오지 않을 만큼 사방이 어두워지더니 갑자기 번쩍번쩍, 천둥번개가 지축을 흔들면서 낮과 밤이 혼돈에 빠진 오후, 하늘이 열린 듯 한바탕 빗줄기가 땅에 떨어진다. 그렇게 이삼십 분 쏟아지던 빗줄기가 돌연 멈추더니 짙은 구름 사이에 한 줄기 햇살이 비친다. 여름이 한층 무르익을 때, 하늘과 땅이 비로소 통했다. 용이 된 이무기가 승천하기 딱 좋은 순간이다.

지구온난화의 영향으로 이른 여름부터 전에 없이 뜨거워졌지만, 아직 장마 전이라 그런지 눅눅하지는 않다. 작심하고 동네를 빠른 걸음으로 돌면 몸은 땀에 흠뻑 젖지만 그리 불쾌하지 않다. 이맘때 전국의 농촌은 모내기로 바쁘다. 멀지 않은 과거, 천수답은 물웅덩이에 담긴 빗물을 용두레로 퍼 올렸고, 변태를 거의 마친 올챙이들이 서둘러 뭍으로 올라간 물웅덩이는 금세 바닥을 드러냈을 것이다. 모내기를 마치고 몸이 허해진 장정들은 물웅덩이를 첨벙이며 토실토실한 가물치를 잡았겠지. 기력을 보충해야 했으니까.

가물치를 잡으려 물웅덩이 바닥을 뒤질 적에, 적지 않은 무자치가 '재수 없게' 거치적거렸다. 획, 집어던진 장정들은 무자치의 안위에 별 관심이 없었지만 공중으로 잠시 날아올랐다 떨어진 무자치는 혼비백산, 가까운 풀숲에 숨어들었고 조용해진 논둑 옆 풀숲에서 먹이를 노리던 참개구리들은 무자치의 출현에 소스라치며 논물 속으로 풍덩 뛰어들었으리라. 사람들은 무자치를 물뱀이라 했다. 여름이면 물웅덩이를 떠나지 않는 뱀이기 때문이겠지. 그랬던 무자치. 요사이 몹시도 보기 어려워졌다.

분류학적으로는 사촌간이지만, 집안에서 칙사 대접받던 구렁이와 달리 무자치는 천덕꾸러기 신세를 면치 못했다. 몸길이가 70센티미터 정도에 불과하고 흔해빠졌기 때문이었을까? 차가운 호수에서 500년 묵은 구렁이는 이무기가 되어 천둥번개가 휘몰아치는 날, 용의 자태로 승천한다지만 사실 구렁이는 무자치가 미리 터잡은 호수에는 여간해서 들어가지 않는다. 승천하는 이무기는 혹시 무자치가 아니었을까? 하늘의 기운을 지배하는 용이 농사와 관련된 신화의 주역이라면 아무래도 초가지붕에 똬리 트는 구렁이보다 천수답의 물웅덩이를 지키는 무자치가 더 어울리지 싶다. 다만 꾀죄죄한 담갈색의 무자치를 내세우기 민망하니, 본의 아니게 황갈색의 우람한 구렁이가 그 명예를 대신했을지 모른다.

무자치가 아무리 꾀죄죄하더라도 명색이 뱀인지라 손이 억센 구릿빛 농군이라도 흔쾌하게 가까이할 리 없다. 논일하다 물리면 재수가 없다. 그래서 그랬을까? 호남 지방에서는 무자치를 '무재수'라 부른다. 들리는 소문을 수록한 한 파충류 학자는 뱀 때문에 논에 들어가길 꺼려하는 삯일꾼에게 논 주인이 "독이 없는 뱀에 세 번 물리면 부자가 된다!"며 독려해 그런 이름을 얻게 되었다고 전한다. 뙤약볕이 내리쬐면 물 밖에 머리만 내밀고 체온을 낮추던 무자치는 선선해진 여름밤이면 논둑 주변에서 열을 식히는 개구리를 노리는데, 그때 족제비와 너구리는 물론이고, 살모사마저 잡아먹는 능구렁이를 조심해야 한다. 사람들이 지나간 여름밤 천수답은 뭇 생명들의 소리 없는 카니발 현장이었다.

봄에 허물을 벗은 무자치는 수십 마리가 뒤엉켜 짝짓기에 돌입하고, 뜨겁던 여름의 낮 기온이 식어갈 무렵, 늦은 8월에서 이른 9월 사이에 열에서 열두 마리의 새끼를 낳는다. 살모사 종류처럼 난태생이기 때문인데, 날씨가 쌀쌀해지면 양지바른 돌 틈이나 고목의 뿌리에 많은 개체들이 무리지어 동면에 들어간다. 개구리와 올챙이, 곤충과 그 애벌레, 두더지와 등줄쥐들을 충분히 먹고 겨울잠에 들어간 무자치는 새 생명을 잉태할 봄을 기다리리라.

그렇게 농촌의 풍요로운 생태계를 반영했던 무자치들은 시방

어디로 갔을까? 논이 남은 섬마을에 가면 더러 볼 수 있다던데, 밟힐 듯 많았던 무자치가 마술처럼 사라진 원인은 당연히 농약이었을까?

물을 떠나지 않는 무자치에게 농약이 치명적인 건 분명한 사실이지만, 다른 이유는 없을까? 옆 논보다 진해야 벌레를 쫓아낼 수 있는 건 어디나 마찬가지인 까닭에 섬마을이라고 농약에서 자유롭지 않다. 그런데 무자치가 섬마을에서 이따금 눈에 띄는 까닭은 무엇일까? 관개와 기계화가 육지보다 철저하지 않다는 점과 무관하지 않을 것 같다.

섬 지방의 계단 식 논은 대개 경사가 심하거나 폭이 좁다. 물이 부족한 지리적 여건 때문인데, 삐뚤빼뚤한 논둑과 물웅덩이를 그대로 두자, 섬마을의 논배미에는 겨울에도 물이 고인다. 논배미에 적은 물이라도 사시사철 고여야 개구리가 살고, 개구리가 살 수 있어야 무자치가 남을 수 있다. 우리네 농촌의 오랜 경험이 그랬다. 게다가 무거운 농기계로 논바닥을 꾹꾹 누르지 않았으니 겨울잠을 잘 개구리의 공간이 그대로 남아 있지 않나.

논에 개구리가 없으니 무자치가 없고, 개구리와 어린 무자치를 노리던 때까치와 청호반새도 물웅덩이가 없는 농촌을 기웃거리지 않는다. 우리 농촌은 레이첼 카슨이 일찍이 경고했던 이른바 '침묵의 봄'을 맞았다. 숱한 생물들과 어우러지던 농촌은 농부의 오랜 문화 공간이었지만, 돈벌이를 위한 산업농의 살육 현장으로 바뀐

동물 인문학

이후, 개구리와 새 소리는 물론이고 아기 울음소리마저 농촌에서는 들리지 않는다. 밭을 가는 농기계로 몸통이 잘려나가는 누룩뱀도 머지않아 사촌인 무자치처럼 떠나야 할 것이다. 초가지붕이 사라지자 자취를 감춘 구렁이처럼.

유기농업으로 땅을 되살린 한 농사꾼은 자신의 논에 개구리가 다시 나타나자 하느님께 고마워했다. 먹이를 찾아 논밭을 찾아온 개구리들이 내내 번성하려면 낳은 알이 햇볕에 마르지 않고 올챙이가 탈 없이 자랄 물웅덩이가 천수답과 더불어 보전돼야 한다. 물웅덩이의 생태계가 살아난다면 무자치가 돌아올 테고, 때까치와 청호반새도 족제비와 너구리도 다시 기웃거리겠지. 그러면 그 농사꾼은 "하느님! 무자치도 보내주셔서 감사합니다"하고 감읍해할 게 틀림없다.

충청남도 금산군 남이면 구석리에는 '12폭포'로 유명한 무자치골이 있다. 금산군은 "옛 선비의 멋이 배어있는 12폭포가 웅장하고 아름답다!"고 홍보하는데, 무자치가 많았을 무자치골. 어쩌면 열두 마리의 용이 폭포를 타고 승천한 골짜기는 아닐까? 하늘에 오른 용이 천둥번개를 치며 한바탕 비를 퍼부어야 농사도 신명나는 법인데, 무자치가 사라진 농촌은 적막하기 그지없다. 무자치가 돌아와야 온난화로 더욱 뜨거워진 하늘에 머무는 용왕님도 모처럼 신명날 것이거늘.

논둑에서 만나고 싶은 드렁허리

아무리 천수답이라 해도 빗물 이외의 물을 전혀 구할 수 없는 건 아니다. 농부는 지하수가 스며 나오는 땅을 찾았고, 바닥을 편평하게 골라 논배미를 만들었다. 논배미에 고인 물이 빠져나가면 곤란하다. 논둑을 쌓아야 했지만 논배미의 물이 넘쳐도 곤란하다. 농부는 논둑에 물꼬를 만들어 물 높이를 유지했고, 물꼬는 아무나 건드리지 못하게 했다. 천수답의 논둑은 대개 삐뚤빼뚤했다. 등고선과 비슷하다. 물꼬를 빠져 내려오는 물을 아래 논배미가 받아야 했기 때문인데, 물웅덩이가 벌써 비었어도 비가 내리지 않을 때, 물이 부족한 아래 논배미의 농부는 위 논배미의 물꼬를 트고 싶은 마음이 굴뚝같았겠지.

장마가 시작되기 전에 모내기를 마친 논배미는 물이 절실하다. 수분을 잃은 논배미가 뜨거워진 햇볕 아래 갈라질 태세가 아닌가. 그때 제 논둑은 멀쩡한데 논배미의 물이 사라진 걸 본 농부는 물이 고인 아래 논배미의 주인을 의심하게 되고, 모내기에 힘을 합쳤던 이웃은 멱살잡이로 서로 언성을 높일지 모른다. 가난한 농촌에서 아이 입에 흰 쌀밥 들어갈 때와 내 논에 물 들어갈 때가 가장 뿌듯하다고 했거늘, 허락 없이 물꼬를 열다니! 사실 아래 논배미의 농부는 억울할지 모른다. 위 논배미의 물이 내 논으로 흘려들게 만든 건, 실은 간밤의 드렁허리였으니까.

동물 인문학

드렁허리라, 이름으로 보아 자태가 그리 고울 것 같지 않다. 드렁허리는 주로 천수답에 사는 물고기다. '논두렁 헐이'에서 이름이 유래된 드렁허리는 뱀장어처럼 가늘고 긴 몸을 가졌지만 뒤로 가면서 조금 납작해지는 원통형인데, 생기다 만 듯 짧고 뾰족한 꼬리 지느러미를 빼면 40센티미터 정도의 미끌미끌한 몸에 지느러미와 비늘이 전혀 없다. 점액을 분비하니 커다란 미꾸라지 같지만 아가미가 발달하지 않아 다르다. 움직이는 모습이 얼핏 물뱀으로 착각하게 만들지만 뒤로 움직일 수 있으니 그 또한 다르다.

온몸에 갈색 논흙을 발라 놓은 듯, 자잘하게 짙은 점이 머리에서 등을 타고 꼬리까지 이어지는 드렁허리는 대가리가 범상치 않다. 이른 여름이면 흙에 굴을 판 뒤 200개 가까운 알을 낳고, 습기를 머금은 흙을 이리저리 뚫거나 파헤치며 돌아다니는 습성에 걸맞다. 뱀처럼 볼록한 대가리는 끝이 뾰족한 커다란 입술을 가졌고 눈은 작은데, 넘기지 않은 먹이를 입 안에 남긴 듯, 턱 아래가 예고 없이 부풀어 오른다. 공기 호흡을 병행하기 때문이다. 논둑에 파고들어 숨죽이고 있다가 작은 물고기나 지렁이, 곤충의 애벌레들을 닥치는 대로 잡아먹는 드렁허리는 볼을 잔뜩 부풀려 입 안에 공기를 머금으며 산소를 교환한다. 실핏줄이 입 안에 발달했다.

논둑 속에서 숨을 쉬며 먹이를 찾아야 하는 드렁허리의 터전은 당연히 논둑이다. 드렁허리가 논둑을 제 마당처럼 드나드는 건 당연한데, 그러다 가끔 폭이 좁은 논둑에 구멍이 뚫리기도 하겠지. 드렁허리의 본의는 아니지만, 아래 논배미의 농부를 의심했던 이웃은 울화가 치밀 터. 조금만 참으면 장맛비가 쏟아지고 말라가던 논배미에 물이 가득할 텐데, 부아가 치민 농부는 부쩍부쩍 자라는 벼에 달라붙으려는 곤충과 벌레들을 열심히 먹어치우는 드렁허리에게 본때를 보여주려 삽날을 치켜세운다. 모기의 유충인 장구벌레를 마다하지 않던 드렁허리에게 장마철 직전은 가장 두려운 계

동물 인문학

절임에 틀림없었다.

 범상치 않게 생기면 다 사람 몸에 좋은 걸까? 동의보감이 관절
통에 좋다고 한 드렁허리를 중국인들은 백발을 검게 만들고 이빨
이 다시 나게 할 정도의 고단위 정력제로 여긴다고 한다. 특히 여
름철의 드렁허리는 인삼보다 좋다는 소문이 돌았는데, 모내기 마
치고 기진맥진한 천수답의 농부에게 양질의 단백질을 제공한 건
틀림없겠지만 그렇다고 사람의 정력까지 책임졌을까? DHA와 레
시틴이 풍부해 뇌 기능 향상에 도움이 된다는 드렁허리를 산후조
리를 위해 가끔 잡아먹던 우리와 달리 고급 요리의 재료로 대접하
는 중국은 수요가 얼마나 많은지 양식으로 대량생산한다고 한다.
통조림에 넣어 한국에 수출도 하는 모양이다.

 관개농업으로 물웅덩이가 사라지고 기계화를 위해 삐뚤빼뚤한
논배미가 커다란 사각으로 바뀐 요즘, 우리 농촌에서 드렁허리는
거의 보이지 않는다. 화학농업으로 먹이가 사라진 논은 무거운 농
기계에 눌려 단단해졌을 뿐 아니라 논둑이 콘크리트로 바뀌면서
깃들 공간마저 없어지지 않았나. 부화했을 때는 전부 암컷이지만
2년 뒤 몸이 30센티미터 쯤 자라면 수컷으로 변하기 시작하고, 4
년 뒤 40센티미터가 되면 모두 수컷으로 바뀌는 드렁허리는 생긴
모습이 사람의 눈에 이상스러워 그런지, 보호대상종도 아니다. 콘
크리트 논둑을 헐어낼 수 없을 뿐 아니라 농약에 약한 드렁허리는
앞으로 중국산 통조림으로 만날 수밖에 없는 걸까?

친환경 농산물이 인기를 끌면서 드렁허리가 모습을 드러내는 지역이 서서히 늘어난다니 반갑다. 드렁허리를 처음 본 어떤 마을 사람들은 친환경 농사를 짓는 농부에게 내린 하늘의 선물로 여겼고, 효자인 농부는 암으로 입원한 어머니에게 고아드리겠다고 반겨했다는데, 장마철을 앞둔 드렁허리는 터전을 만들어주는 사람에게 모처럼 고마워해야 할지, 무서워 논둑을 파고들어야 할지 헷갈리겠다. 하지만 논이 있고 그 자리에 농약 대신 송사리와 거머리와 물벼룩과 장구벌레들이 들어온다면 힘겹게 살아남은 드렁허리는 식구를 조금씩 늘릴 수 있겠지.

논고랑을 잃은 미꾸라지

겨우내 얼었던 논에 개구리가 울고, 올챙이가 어느덧 자라 다리 내밀 때가 되면 천수답의 물웅덩이 주변에는 온갖 생물들이 모여들었다. 한여름을 앞두고 짝짓기가 활발하고, 활짝 펼친 꽃들은 나비와 벌을 유혹했다. 그때 조무래기들은 미꾸라지 잡으러 논둑으로 몰려나갔다. 모내기 마친 논에 일던 흙탕이 가라앉아 물이 맑아지면 논고랑에 바글거리던 미꾸라지들이 어디론가 숨어들기 때문이다.

미꾸라지 잡는 건 쉬웠다. 작은 족대로 논둑 옆 고랑을 막고, 저만치부터 잦은 발길로 첨벙대며 몰고 온 뒤 족대를 냉큼 들어 올리면 됐다. 조무래기도 찌그러진 양은 주전자로 하나 가득 잡을 수 있었다. 하루가 멀다 하고 잡아들여 어머니는 여간 귀찮아한 게 아니었다. 결국, 그날 어머니는 추어탕을 끓였는데, 왜 그때 먹은 추어탕 맛이 기억나지 않을까? 들깨와 산초 듬뿍 넣고 푹 끓여 내놓는 체인점 맛에 길든 탓이겠지.

어떤 때는 족대도 없이 잡았다. 논둑에 엎드려 숨죽이다 별안간 고무신을 집어넣고 바닥을 훑으면 고무신 코 안에 한두 마리 들어가곤 했다. 맨손도 가능했다. 바지 걷고 첨벙이다 흙탕물이 잠잠해질 즈음 손을 냅다 들이밀고 움켜쥐곤 했는데, 그땐 손가락 사이로 요리조리 빠져나가는 놈과 한바탕 씨름을 해야 했다. 다 잡은 미꾸라지를 놓친 우리야 약이 올랐지만 작은 손을 빠져나간 녀석은 가슴을 쓸어내렸겠지. 그렇게 빠져나간 녀석들이 있어 논고랑에는 미꾸라지가 넘쳤고 하늘은 파랬다.

얼마나 미끄러우면 미꾸라지라 했을까? 조무래기 손가락 사이를 보기 좋게 빠져나가는 미꾸라지는 어른들의 억센 손도 용케 빠져나간다. 대학원에 가서야 알았지만, 학자들이 '골질판'이라 하는 부위를 조금 아프더라도 꽉 잡으면 놓치지 않을 수 있었다. 아가미 속의 갈퀴 같은 골질판이 잡힌 녀석은 경악과 공포의 연속이었을 테지. 지금 생각하면 미안하다. 보리쌀도 다 떨어져가던 시절, 머릿니와 버짐에 머리카락과 볼을 내준 우리에게 논고랑의 미꾸라지는 간절한 육식이었으니 양해했으려나? 그땐 사람만 먹겠다고 논에 화학비료에 살충제와 제초제는 뿌리지 않았으므로.

개중에 미꾸리도 있었을 테지만 우리는 암갈색에 거무튀튀한 무늬가 지저분하게 배열된 녀석들을 통틀어 미꾸라지라 했다. 미꾸리는 분류학적으로 미꾸라지와 매우 가까울 뿐 아니라 사는 곳도 같아 전문가도 자세히 들여다보지 않으면 구별하기 어렵다. 입 주변 5쌍의 수염이 미꾸라지보다 짧고 비늘도 작고 몸도 날씬한 편이라지만 그 정도로는 구분하기 어렵다. 성능 좋은 돋보기로 옆줄의 비늘을 세어 150개가 넘으면 미꾸리, 모자라면 미꾸라지라고 전문가는 판정할 것이다. 미꾸라지와 미꾸리는 창자 호흡을 한다. 그래서 항문으로 공기방울을 내놓기도 하는데, 그것을 보고 '밑이 구리다' 했고, 그래서 미꾸리가 되었다는 설이 지배적인데, 미꾸리가 미꾸라지보다 창자 호흡에 많이 의존하는 모양이다.

《동의보감》에서 '밑구리'라 하는 미꾸라지 종류는 단백질은 물론 비타민A와 칼슘이 많고 미끈미끈한 점액에 콘드로이친황산이 있어 노화를 막아준다고 한다. 피부의 탄력을 보전할 뿐 아니라 호흡기를 비롯한 내장에 생기를 넣어준다는 것이다. 어디 그뿐이랴? 고급 불포화지방산은 고혈압과 동맥경화에 도움을 주어 비만으로 인한 질환을 막아준다는 게 아닌가. 중국의 의학서적인 《본초강목》이 "속을 덥히고 숙취를 해소하며 스태미너를 보한다"고 전하는 미꾸라지는 농번기에 지친 가난한 농부에게 몇 안 되는 보양식

동물 인문학

이었다.

두부와 같이 육수에 넣고 불을 댕기면 미꾸라지들은 두부 속으로 몽땅 들어가고, 그때 고추장과 된장과 갖은 양념, 그리고 숙주, 파, 시래기를 잔뜩 넣어 푹 끓이면 구수한 추어탕이 후각을 자극한다. 한데, 높은 인기는 부작용을 일으켰다. 찾는 고객만큼 식당이 늘어나면서 가격 경쟁에 불이 붙었고, 덩달아 미꾸라지 수입도 늘어났다. 하지만 아뿔싸, 장어에 이어 중국에서 수입하는 양식 미꾸라지에도 발암물질인 '말라카이트 그린malachite green'이 검출된 게 아닌가! 영세 양식장에서 수입한 까닭이라지만, 어쩌면 자업자득인지 모른다. 논고랑에서 미꾸라지를 내쫓은 데 따른 인과응보.

같은 기름종개 과에 속하는 종개 종류와 달리 진흙 바닥만 고집하는 미꾸라지는 15센티미터 내외의 몸을 탁한 물속에 숨긴다. 고인 물이 지저분해 보이는 하천이나 연못에 살면서 수온이 맞지 않으면 진흙 속에 들어가 꼼짝 안하기도 한다. 우리는 그런 미꾸라지에 빚지고 산다. 추어탕뿐이 아니다. 이른 여름부터 3급수에서 모기 유충인 장구벌레를 먹어치울 뿐 아니라, 축사에서 내려온 유기물질을 처리하고, 오염된 하천을 더욱 지저분하게 하는 해캄을 뜯어 하천을 정화하기 때문이다. 하지만 그건 옛이야기다. 맹독성 농약으로 격감한 미꾸라지를 치명적으로 만든 건 이기적 개발이다. 크고 작은 강의 둑과 바닥이 콘크리트로 칠갑이 되자 미꾸라지는 하천에서 쫓겨나고 말았다.

1997년, 같은 양식 기간 동안 길이는 4배, 몸무게는 25배 이상 자라는 이른바 '슈퍼미꾸라지'가 개발되었다고 언론은 열광했다. 유전자 조작으로 분리한 성장호르몬을 알에 이식해 250그램까지 성장하는 가물치 크기의 미꾸라지를 세상에 내놓은 연구진은 장차 식용으로 판매할 시대를 조심스레 예고했는데, 당시 언론은 식량 증산 가능성의 모델로 추켜세우고 장단 맞추는 데 주저하지 않았다. 생태계 교란을 염려한 연구진은 불임 처리한 후 양식하는 방안을 찾겠다고 주장했지만, 유전자 조작을 반대하는 시민단체는 환경과 인체에 대한 악영향을 우려하며 시중 판매는 물론 연구도 반대했다. 그런데, 슈퍼미꾸라지는 과연 식량 증산을 약속할까? 그럴 리 없다. 그때 연구비가 잠시 불어났던 연구자가 슈퍼미꾸라지와 더불어 소리 소문 없이 사라졌을 뿐이다.

25배 커진 슈퍼미꾸라지가 장차 성공한다면? 그 미꾸라지는 사료를 25배 이상 먹고, 조작된 유전자를 배설할 것이므로 25배 이상의 관리비용과 걱정거리가 늘어나겠지. 불임 처리와 관계없이 생태계로 빠져나간 슈퍼미꾸라지는 자신의 조작된 유전자를 생태계에 퍼뜨릴 수 있겠지. 조작된 유전자의 수평이동으로 토종 미꾸라지가 커지고, 가물치와 베스나 블루길 같은 외래 어종마저 커지면 고유 생태계는 어찌될 것인가? 유전자가 조작돼 허우대가 30배 이상 커지는 연어를 '생물 시한폭탄'으로 규정했던 시민단체의 걱정처럼 슈퍼미꾸라지는 25배 이상 생태계와 소비자의 건강을 위협할 가능성을 지울 수 없건만, 당시 연구진에게는 "내 알 바 아니"
었다.

　모내기 전후, 농부들의 체력 보강에 없어서 안 되었던 미꾸라지
가 논고랑을 다시 찾아오도록 배려할 때다. 슈퍼미꾸라지와 같이
사려 깊지 못한 상상력의 퇴출은 말할 필요조차 없고, 수입보다는
국내 양식이 바람직하겠지만, 사료와 항생제가 투입되는 양식은
결코 생태적이지 않다는 사실을 잊지 말아야 한다. 고유 미꾸라지
가 우리 하천과 논고랑을 지킬 때 사람도 건강했다. 우리가 논고랑
에서 첨벙대던 시절, 하늘이 파랬던 것처럼.

꼬맹이들을 유혹하던 왕잠자리

왕잠자리. 그것은 우리 꼬맹이들의 로망이었다. 논두렁에서 쉽게 잡을 수 있는 밀잠자리와는 비교할 수 없이 커다란 날개를 펴고 논 가장자리의 물웅덩이 주변을 순찰하는 왕잠자리는 꼬맹이들의 손끝에 여간해서는 다가와 주지 않았다. 휘어진 부들의 줄기에 비스듬히 앉은 녀석의 머리는 이리 보면 붉고 저리 보면 진한 녹색인데, 커다란 머리를 갸웃거리며 하늘색 광택이 스치는 녹색 가슴을 과시하곤 했다. 물웅덩이에서 번쩍이는 저 녀석을 꼭 잡아 가족 앞에서 으스대고 싶은 우리는 하는 수 없이 동네 중학생 형에게 부탁했다.

어딘가 모르게 불량기가 있어 평소에는 가까이 가지 않았던 형. 그저 중학생이라 믿었던 그 형의 손에는 언제나 왕잠자리 한두 마리가 잡혀 있었다. 그날도 그랬다. 왕잠자리 두 마리를 양손에 잡고 싸움을 시키려는지 대가리를 들이밀기에 한 마리만 달라고 했다. 그게 싫으면 한 마리만 잡아달라고 하소연했다. 제 앞에서 애원하는 조무래기들 앞에서 잠시 거드름을 피우던 형은 불쌍했는지 아니면 귀찮았는지, 잠자리채를 만들어 오라고 우리에게 요구했다. 그것은 둥글게 구부린 굵은 철사 뒤에 모기장 주머니를 늘어뜨린 요즘의 잠자리채가 아니다.

형이 일러준 대로 바가지가 넉넉하게 들어갈 만큼 테니스라켓

테두리처럼 커다랗게 구부린 굵은 철사를 기다란 대나무 막대기 끝에 가는 철사로 칭칭 감아 단단히 묶은 우리는 온 동네의 처마를 뒤지기 시작했다. 굵은 철사 안쪽에 거미줄을 덕지덕지 묻혀야 했기 때문이다. 지극정성으로 만든 잠자리채를 한번 쓱 훑어본 중학생 형은 "따라와!" 하며 우리를 왕잠자리가 많은 논가 물웅덩이로 데리고 갔다. 그 형이 머리를 숙이면 같이 숙이고, 발뒤꿈치를 들면 같이 들고, 한 발 한 발. 쪼르르 뒤를 따랐다.

워낙에 높고 빠르게 나는 왕잠자리는 언제나 우리들의 행동반경 밖에 있었다. 고추잠자리가 아니니 살금살금 다가가 느닷없이 내뻗는 꼬맹이의 손에 잡히지 않는다는 것쯤은 우리도 잘 알고 있었다. 거미줄 묻힌 잠자리채로 잡는다는 것도 모르지 않았다. 다만 비웃기라도 하듯, 우리가 어설프게 휘두르는 범위 밖에서 유유히 날아다니기만 했던 것이지. 물웅덩이에 가까이 간 형은 우리를 멈추게 한 뒤, "저스트 미트!" 국민타자 이승엽 선수가 빠른 직구에 힘껏 방망이를 휘두르는 게 아니었다. 그저 "저스트 미트!", 1루 주자를 2루로 보내려고 높게 날아오는 야구공을 살그머니 밀어내는 번트, 바로 그거였다.

형은 우리에게 명주실이 매달린 작은 작대기를 하나씩 들고 나오라고 미리 요구했다. 날아가는 방향 앞으로 기다란 잠자리채를 갑자기 들이 밀자 왕잠자리는 순식간에 끈끈한 거미줄에 날개가 붙었고, 안전하게 떼어낸 형은 작대기 끝에 매달린 명주실로 왕잠자리의 다리 하나를 묶었다. 옆구리가 청록색인 수컷이었다. 그리곤 논둑에 뒹구는 호박넝쿨에서 호박꽃 수술을 하나 비틀어 따더니 청록색 옆구리에 마구 비볐다. 이제 왕잠자리가 묶인 작대기를 머리 위로 천천히 빙빙 돌리는 형. 그러면서 "야-모!, 이-모!"하며 노래를 불렀다. 그러자 신기하게 어디선가 수컷 한 마리가 나타나더니 작대기에 묶인 왕잠자리를 꼭 끌어안는 게 아닌가!

작대기의 수컷을 끌어안은 수컷은 호박꽃 수술이 묻은 왕잠자리를 암컷으로 착각한 것이다. 호박꽃 수술 묻은 수컷과 떨어지지 않으려는 녀석을 떼어 다른 작대기의 명주실에 묶은 형은 이번엔 호박꽃 수술 두 개를 꺾었다. 두 마리의 수컷을 모두 암컷으로 위장한 거다. 작대기 두 개가 호박꽃 수술이 묻은 왕잠자리를 빙빙 돌렸다. 어김없이 나타나는 왕잠자리 수컷들. 두 마리를 작대기에 더 묶고 4명이 빙빙 돌리니 왕잠자리는 어느새 여덟 마리로 늘었다. 드디어 꼬맹이들 모두 한 마리 씩 분양받게 되었다.

거미줄 잠자리채를 챙긴 형이 유유히 떠난 오후의 논둑은 애오라지 우리들의 세상이었다. 왕잠자리가 매달린 작대기를 하나씩 휘두르며 논둑을 뛰어다니던 우리가 불렀던 노래. "야~모! 이~모!" 왕잠자리 잡을 때 왜 그런 노래를 불러야 했는지 지금도 알지 못하지만 코 흘리던 그때의 모습은 뇌리에 그대로 남았다. 논이 생겼을 때부터 존재했을 천수답의 물웅덩이에 납자루가 떼로 몰려다니고, 뙤약볕이 작열한 뒤 한바탕 소나기가 더위를 식히던 여름

동물 인문학

날의 이야기다.

모내기를 마친 논은 무척 한가롭다. 물 빠진 웅덩이에서 가물치 몇 마리와 미꾸라지 한 양푼씩 잡던 청년들마저 떠난 물웅덩이는 왕잠자리가 지배한다. 짝을 지은 암수가 부들과 같은 수초의 줄기에 알을 하나씩 찔러 넣으면, 부화한 유생은 웅덩이로 들어가 물속을 호령한다. 웅덩이를 배회하는 성체들도 날벌레들을 즐겨 사냥하지만 허락된 성체 시간은 그리 길지 않다. 사실 왕잠자리는 대부분의 세월을 유생으로 보낸다. 삼사 년 동안 예닐곱 번 단단한 껍질을 벗고 길이가 5센티미터에 이를 때까지 장구벌레나 물벼룩은 물론이고 올챙이와 송사리도 우적우적 먹어대던 유생은 야심한 여름밤, 들킬세라 수초 줄기를 천천히 올라와, 다섯 시간에 걸쳐 조용히 마지막 껍질을 벗는다. 날개가 단단해질 때까지 아무도 모르게.

진력을 다해 성체로 변신하는 동안 일생 최대의 약점을 노출하는 왕잠자리는 이후 8센티미터의 우아한 몸을 번쩍이며 물웅덩이를 기웃거리는 꼬맹이들의 애간장을 태웠는데, 천수답이 사라지면서 왕잠자리는 꼬맹이 주위에서 멀리 떠나가고 말았다. 이제 왕잠자리를 만나려면 수초가 빼곡한 공원의 호수를 찾아야 한다. 뜻 모은 농사꾼들이 유기농업으로 땀 흘리는 농촌의 물 고인 논을 찾으면 틀림없지만, 그런 곳이 어디 흔한가? 도시 변두리의 생태공원을 찾으면 좋겠다. 그늘이 없어 햇볕이 뜨겁고 먹이가 풍부한 도

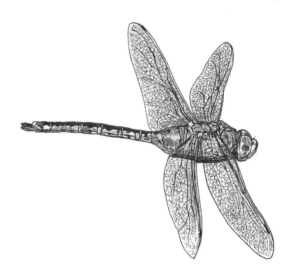

시 근린공원의 습지는 원래는 대개 논이었다.

애완곤충이 된 장수풍뎅이처럼 곤충을 산업화하자는 목소리가 들리면서 왕잠자리도 후보에 올라갔지만 호락호락하지 않은 모양이다. 그래 봬도 물웅덩이를 호령하는 몸이 아닌가. 집안에서 키울 수 없는 왕잠자리를 자주 보고 싶다면 근린공원 주변에 물웅덩이를 마련하면 된다. 그늘이 없고 먹이가 풍부한 물웅덩이에 수초를 심으면 어디선가 날아온다. 처마에 거미줄이 사라졌어도 아직 우리 곁을 떠나지 않은 것이다. 호박꽃을 준비하지 않아도 왕잠자리는 온다. 도시 근교든 농촌이든. 고맙지 뭐.

거머리가 그리운 논배미

1970년대 말, 일본을 빠져나온 비철금속 관련 공장들은 울산시 근처에 조성된 온산공단에 대거 입주했다. 고즈넉하던 온산에 석유화학단지 조성 공사가 한창 진행되던 무렵이다. 공기를 날카롭게 찢는 소음으로 머리카락을 곤두서게 하는 공사장의 인근은 마을이 옹기종기 앉은 농촌이고, 삐뚤빼뚤한 논둑을 따라 천수답을 걸으면 인기척에 놀라 풍덩 풍덩 웅덩이로 뛰어드는 참개구리를 흔히 볼 수 있었다.

뛰어드는 개구리들을 다 받아주는 천수답의 물웅덩이는 오랜 생태계다. 웬만해선 웅덩이를 떠나지 않는 금개구리를 채집하려 온산까지 찾아간 대학원생은 개구리밥으로 뒤덮인 물웅덩이에 대가리를 삐죽 내미는 금개구리를 쉽사리 발견할 수 있었고, 주머니그물을 길게 뻗어 그 자리를 훑어야 했다. 하지만 웬걸. 금개구리는 그물이 미치기 전에 웅덩이 깊이 달아났고, 한번 달아나면 뙤약볕 아래 아무리 기다려도 쉬 올라오지 않았다. 물 밖의 움직임에 민감한 물고기라 해도 잠수부의 카메라를 피하지 않더라는 경험담을 기억해낸 대학원생은 작전을 바꾸기로 했다.

기다란 주머니그물은 아무래도 민첩하게 다루기 어렵다. 대나무를 잘라 길이를 줄인 대학원생은 바지를 넓적다리까지 걷고 조심조심, 슬금슬금 물웅덩이로 들어가선 꼼짝도 않고 기다렸다. 금개구리가 정물로 인식할 때까지. 금개구리가 대가리를 내밀 때 물밑에 숨겼던 주머니그물을 잽싸게 들어올리는 작전으로 선회한건데, 과연 효과가 그만이었다. 통계 처리가 가능할 정도로 금개구리를 채집한 대학원생은 흡족한 표정으로 웅덩이를 빠져나왔는데, 이런? 넓적다리에서 발등까지 거머리들이 시커멓게 들어붙은게 아닌가. 웅덩이의 거머리 가족에게 일용한 양식을 한동안 제공한 꼴이었다. 끔찍했던 기억 속의 거머리, 지금 그 자리에서 안녕할까?

1980년대 중반에 발생한 '온산병'을 당시 언론은 '괴질'로 규정했다. 카드뮴 중독이 몰고온 1950년대 일본의 '이타이이타이병'과

유사한 병증이 가동 후 10년도 안 돼 발생한 온산공단은 '공해공단'으로 우리에게 기억돼 있지만, 당시 울산시 온산읍 일원은 해산물이 풍부한 어촌이자 조용한 농촌 마을이었다. 구리, 아연, 알루미늄, 납과 같은 비철금속의 자급을 높이기 위한다는 명분을 당시 정권은 내세웠지만 기실 일본에서 쫓겨나는 대표적 오염 공장을 마구잡이로 유치한 건데, 정작 온산공단은 만 명이 넘는 주민들을 10년 만에 내쫓아버렸다. 팔다리와 허리가 쑤시는 증세는 전신마비로 이어지고, 환경단체의 고발을 눈여겨 본 언론의 집중 조명은 법원을 움직이게 했다. 많은 희생자를 낳은 뒤에 법원은 배상을 요구하는 주민의 손을 우리나라 최초로 들어주었지만 주민들은 대를 이어온 정든 고향을 떠나야 했다.

오염물질로 버림받은 온산 주민들은 2킬로미터 떨어진 산간마을로 집단 이주했지만, 인간보다 먼저 온산에 정착했을 거머리는 어떻게 되었을까? 일단 흙더미 아래로 파묻혔겠지. 온산 일원의 오랜 천수답이 공단부지로 모조리 변했으므로. 주머니그물이 나타나기 전까지 거머리만 조심하면 그만이었던 금개구리는 먼 훗날 화석으로 남으면 다행이겠는데, 골격이 없는 거머리는 제 흔적을 남길 가능성조차 없다. 서식지를 공단에 빼앗긴 온산 주변에 한정된 사정은 아니다.

천수답을 없앤 관개농업도 거머리의 오랜 생태공간을 없애버렸다. 적막해진 농촌은 기계에 의존하면서 화학비료와 농약을 수

시로 뿌린다. 그렇지 않으면 농협에서 빌린 돈을 갚을 수 없다. 습관적으로 농약을 친 지 한 세대 만에 금개구리가 사라지자 '야생동식물보호법'을 만든 사람들은 '멸종 위기종'으로 분류, 금개구리를 보호하기 시작했다. 다행인데, 금개구리 출현에 호들갑 떠는 사람도 거머리에 대한 인식을 전혀 바꾸지 않는다. 국어사전이 "남에게 달라붙어서 괴롭게 구는 사람을 비유하여 이르는 말"로 규정해서 그런가? 환경단체마저 관심을 보이지 않는 거머리는 논배미를 쓸쓸히 떠나버렸다.

논배미에서 쫓겨난 거머리는 일부 한의원과 특정 연구실에서만 각광을 받는다. '어혈'이라 한의사들이 명한 멍든 부위의 고인 피를 제거하거나 혈액순환이 막힌 당뇨병 환자의 말단부위를 치료하려 기르기 시작했다. 한의원에 이어 신약을 개발하는 연구실에서도 사육에 나섰는데, 거머리 자체에 열광한 건 아니다. 2000년 전부터 희랍의 성직자를 치료한 역사를 기억하지 못하는 거머리는 관심이 없겠지.

돈벌이에 목매는 사람들을 보소. 특허는 선착순이다. 거머리의 침샘에서 마취제와 혈액 응고 억제제와 항생제를 뽑아내는데 그치지 않고 수만 마리의 거머리를 본격적으로 집단 사육한다. 그 속셈은 무엇일까? 심혈관 질환, 류머티즘, 관절염, 폐기종, 건선에 효과가 좋은 의약품 개발을 위한 조치라는데, 결국 돈이다. 거머리를 대규모로 희생시켜 큰돈을 벌어들이겠다는 의도다. 어느새 수

동물 인문학

천억 달러로 이윤이 급증한 생물산업 시장에 진입하기 위해 국운을 걸겠다던 정부는 그 대상으로 거머리를 꼽는데 주저하지 않았는데, 지금까지 그 구체적 실적은 알려지지 않았다. 물론 거머리의 생태계 보전에는 여전히 관심이 없고.

얼마 전, 상수원 보호를 위해 유기농업에 의존해야 하는 지역을 방문했더니 논바닥에 앞뒤의 빨판이 도드라진 거머리가 제법 보인다. 길이와 관계없이 몸에 34개의 마디를 가진 거머리는 암수가 한 몸이라 짝짓기에 무심하지만 먹이의 움직임엔 대단히 민감하다. 그러면 그렇지. 거머리의 먹이인 개구리도 늘었다고 한다. 개구리가 늘자 새도 많이 나타나고, 봄이 꽤 시끄러워졌단다. 봄이 와도 새가 울지 않는 침묵의 현장에서 농약 사용을 자제하자, 자연의 소리가 다시 들리게 된 것이다. 덕분에 농가는 수입이 늘었을까? 농가소득은 모르겠지만 농가보다 새로 등장한 펜션 사업은 잘되는 듯했다. 자연의 소리를 자산으로 인터넷에 광고한 이후 손님이 늘었다고 한 펜션 사업자는 자랑했다. 교장 은퇴 후 시골로 들어와 텃밭도 일구는 그는 자연 속에서 느리게 사는 자신의 삶에 대체로 만족해했다. 대체로 고마운 일이다.

자연에 순응하는 농사로 복귀하자 거머리가 논배미에 다시 나타났다. 잡초와 벌레를 주섬주섬 걷어먹는 오리가 제초제와 살충제를 대신하고 오리 똥이 비료가 되는 논엔, 농약에 절은 논과 마찬가지로 개구리도 거머리도 없을 것이다. 그렇다면 거머리는 오리농법을 그리 탐탁하게 생각하지 않을 텐데, 이삭이 패기 전에 빼낸 오리들을 결국 죽일 수밖에 없는 농부의 마음은 그리 흔쾌하지 않을 것이다.

오리 덕분에 땅이 살아났다면 작전을 바꾸자. 오리 대신, 개구리 찾아오는 자연스런 방식으로 되돌아가면 어떨까? 피를 몰래 빠는 거머리가 싫어도 참자. 거머리는 새가 적당히 조절해줄 것이므로. 나이 든 농부를 위한 민간요법을 생각해서라도 거머리가 꿈틀대는 논배미를 보고 싶다.

천수답이 지속 가능하다

천수답의 반대는 관개농업인가? 농사에 필요한 물을 충분히 저장했다 적시에 적량 공급하면 수확량이 몰라보게 늘어날 뿐 아니라 예측도 가능해진다. 하지만 수확량이 늘면 인구가 늘고, 늘어난 인구는 더 많은 수확을 요구하게 된다. 메소포타미아가 그랬고 황하가 그랬을 것이다. 세계의 식량창고를 자처하고, 우리나라 수입 농산물의 상당한 부분을 차지하는 미국이 현재 그렇다. 미국의 곡창지대는 언제까지 번창할 수 있을까? 예측 가능한 수확을 미국은 언제까지 지속할 수 있을까? 미국의 농업은 석유와 과학기술을 전에 없이 앞세우지만, 메소포타미아 문명을 뒷받침했던 만큼의 세

동물 인문학

월을 담보할 수 있을까?

지구온난화에 이은 기상이변은 예측 가능했던 식량 생산에 차질을 빚었다. 그런 현상이 오히려 연구비에 목마른 농업 관련 학자들을 자극하는 모양이다. 기후변화 시대의 천수답 농업이 가야할 길을 찾고자 세계적인 연구기관이 바쁘게 움직인다고 언론은 식량위기를 걱정하는 독자들을 다독거린다. 하지만 어떨까? 러시아 밀밭에 큰불이 나자 아프리카 국가 사이에 폭동이 일어나는 세태는 석유 덕분에 더욱 가까워진 지구촌 희로애락의 변고를 실시간으로 걱정하게 하는데, 식량의 4분의 3 이상을 수입에 의존하는 우리는 천수답을 거의 없앴다. 자급자족마저 포기한 우리는 언제까지 안녕할 수 있을까? 지구온난화는 사람이 일으켰어도 그 피해는 사람에 한정하지 않는데, 사라진 천수답을 사무치게 그리워할 동물의 안위 따위는 한가한 일이어야 할까?

1992년 브라질 리우 데 자네이루에서 UN 기후변화협약을 탄생시킨 국제사회는 '저탄소녹색성장기본법'을 마련한 우리나라와 함께 "기후변화에 대한 우리 농업의 대응력을 강화하기 위해서는 기후변화 시나리오별 장·단기적 정책을 마련"해야 한다고 강조했다. 그를 위해 국제사회는 연구개발에 주력하고 있다지만 걱정이 앞선다. "기후변화가 창출하는 새로운 시장의 주도권 확보 노력도 동시에 추진해야" 하는 국제사회에서 기후변화 적응능력을 향상시키고 기술 공여를 통한 국제사회의 역할을 강화하자는 모순적 의제는 과연 성공할 수 있을까?

"내재해성 식량작물의 품종을 개발하고, 주산지 북상에 맞춘 새로운 원예작물 생산체계를 마련하자"는 제안, "기후변화에 취약한 축산은 종합적 대응전략을 수립하고 농업생산의 인프라를 유지하고 확보하자"는 제안, 그리고 "기상이변으로 돌발하는 병해충과 외래 잡초의 공격에 대한 방어 노력을 진행하자"는 연구자의 제안들은 왠지 미덥지 못하다. 연구자들은 상응하는 연구비의 확보를 기대할 텐데, 석유를 동원해야 작동하는 과학기술로 기상이변을 통제할 수 있을까? 석유는 고갈이 멀지 않은데, 막대한 석유의 지원 없이 작동이 아예 불가능한 농업으로 지구촌 식량 자급은 해결 가능할까?

자연에 순응하던 천수답의 예와 달리 관개농업으로 흥했던 문명은 사라졌다. 그런 문명들은 교과서에 흔적만 남았을 따름인데, 최첨단으로 치닫는 요즘의 과학영농은 환경변화에 대한 적응력이 대단히 취약하다. 과거의 관개농업처럼 찬란했던 흔적을 남기고 폐기될 가능성을 지우기 어렵다. 후손의 내일을 망칠 수 없다면 한계가 분명한 과학기술보다 지속 가능한 대안을 찾아야 한다. 그 대안을 문화와 역사에서 모색해야 한다는데 동의한다면, 아슬아슬하게 정교해지는 최첨단 관개농업보다 안정된 생태계를 수천 년 떠받들어온 천수답이 오히려 미래지향이 아닐까? 무자치와 드렁허리와 미꾸라지와 왕잠자리와 거머리, 그리고 이 원고에서 미처

동물 인문학

다루지 못한 물방개와 물벼룩들이 동의할 듯하다. 4000년 넘은 천수답이 사무치게 그리울 것이므로.

4장

◇ ◇

골프장이 몰아낸 동물

"골프는 재미있는 게 유일한 약점"이다.

"내 고향에 골프장이 여럿 있지만 생태적으로나 사회적으로 아무런 문제가 없다"고 신문에 기고한 아일랜드 출신의 어떤 신부는 골프라는 스포츠의 장점을 그렇게 강조했다. 언제였을까? 아일랜드 출신 신부의 신문 칼럼이 실리고 얼마 지나지 않았을 무렵일 텐데, 아마 안산시 양성면에 위치한 천주교 미리내 성지 근처에 골프장을 지으려할 때였나 보다. 그때 그 지역 천주교구는 주민들과 힘을 모아 골프장 공사를 막아냈다. "인천보다 훨씬 작은 캘거리엔 골프장이 100군데가 넘어요. 지을 때 어떤 반대도 없었어요" 인천의 진산인 계양산의 한 기슭을 굴지의 대기업이 골프장으로 긁어내려 할 때였다. 대학에 적을 둔 토목학자가 문제가 된 골프장의 타당성을 심의하기 위한 회의장에 나와 꺼낸 주장이었다. 과연 그럴까? 캐나다의 캘거리 시민들에게 진산 개념은 없을 텐데, 인천의 시민단체는 계양산의 골프장 계획을 결국 막아냈다.

축구, 농구, 야구처럼 골프도 스포츠의 범주에 들어간다. 탄성을 가진 둥근 공을 튀기며 뛰거나 걷기 때문만은 아닐 것이다. 바둑과 당구도 스포츠 영역에 들어가는 걸 보면. 하긴 50대 이상의 우리나라 중산층 남성에게 '운동'은 거의 골프를 뜻한다. 등산과 배드민턴 인구도 없지 않지만 그들에게 운동의 대명사는 골프인데, 이상타. 운동한다며 골프장에 가서 18홀을 내내 걷는 이는 보기 드물다. 대개 전동 카트를 탄다. 땀 흘리는 스포츠와 거리가 먼데, 액수가 많든 적든 승부에 돈을 거는 골퍼가 많다. 그렇다고 즐기는 이의 자세 때문에 불건전한 스포츠로 규정할 필요는 없겠지. 국제대회 우승으로 국위를 선양하는 선수가 얼마나 많은가? 문제는 골프장에 있다.

골프장은 넓이가 상당해야 한다. 실내 건축이 어렵거나 불가능에 가까운 면적이라 비용이 많이 들어가는 축구장이나 야구장보다 적어도 수십 배는 커야 한다. 지형 조건도 까다롭다. 비탈면을 최소화 해야 하니 골프장을 짓는 데 들어가는 비용은 클 수밖에 없다. 넓은 평지와 구릉지를 저렴하게 구하기 어려운 우리나라에서는 특히 그렇다. 어렵사리 부지를 마련해도 골프장을 짓고 운영하는 과정에 골치 아픈 민원이 빗발치는 경우가 많다. 그래서 그럴까? 스포츠라고 해도 공공영역에서는 골프장에 대한 투자를 삼간

다. 민간자본이 거액의 비용과 민원을 감당하며 짓는 게 일반적이
므로 골프장은 안정적 이윤을 보장해야 한다. 따라서 골프장을 이
용하는 자에게 상응하는 비용이 들어가지만, 골프를 즐길 금전과
시간의 여유를 가진 이는 우리나라에 그리 많지 않다.

양을 방목하던 스코틀랜드에서 시작된 골프는 목동들의 심심
풀이 놀이에서 기원했다는 설이 유력하다. 무료한 시간을 달래려
공처럼 돌돌 말은 양털을 목초가 자라는 초원의 중간 중간, 동물이
나 사람이 파놓은 구멍에 지팡이로 순서대로 쳐서 넣던 놀이가 골
프로 퍼져나갔다는 거다. 그럴싸한데, 스코틀랜드와 달리 우리나
라엔 넓은 방목장이 도시 주위에 드물다. 구릉지를 차지한 농어촌
마을과 도시는 땅값이 만만치 않아 골프장 부지로 부적합하다. 골
프장의 잔디는 충분한 물을 수시로 공급하며 관리해야 한다. 지하
수와 수원지의 물이 부족하면 스코틀랜드의 목초지처럼 골프공을
골프채로 예측 가능하게 칠 수 있는 조건을 충족시키기 어렵다.

강수량이 사시사철 비슷한 스코틀랜드는 위도가 시베리아와
비슷하지만 멕시코만 난류의 영향으로, 여름에는 찌는 무더위가
없고 겨울에도 거의 영하로 내려가지 않는다. 구릉지가 많아 양
을 방목하는 최적의 기후 조건을 가졌고 그러므로 골프장으로도
적지다. 자생하는 목초가 바로 골프장에 사용하는 잔디가 아닌가.
2015년 8월 브리티시여자오픈 대회에서 우승한 박인비 선수가 여
자 골프 통산 7번째로 커리어 그랜드슬램을 달성한 현장, 스코틀

랜드의 트럼프 턴베리Trump Turnberry 리조트는 한여름인데도 쌀쌀했고, 목동이 거처하던 돌집과 양떼를 가두던 돌담의 원형 또한 잘 보존되어 있었다.

장마 뒤에는 형벌처럼 찌는 무더위가 이어지고, 물이 쨍 하고 얼며 기온이 영하로 곤두박질치는 우리나라의 겨울은 스코틀랜드 잔디에 부적합하다. 그나마 부지 조성 비용을 줄일 수 있는 지역, 50대 도시 중산층의 접근이 어렵지 않은 대도시 주위의 산지는 경사가 깊다. 따라서 구릉지처럼 비탈면을 편평하게 깎고 골을 메워야 한다. 적잖은 비용을 감수하며 스코틀랜드의 지형과 기후를 흉내내더라도 산간에 조성한 골프장은 덮인 눈이 얼어붙는 겨울에는 운영을 포기해야 한다. 여름에도 시원한 지하수를 수시로 뿌리며 온도를 낮춰 줘야 스코틀랜드 원산인 잔디가 상태를 유지할 수 있는데, 주변의 풀씨와 곤충은 골프장에 수시로 들어온다. 골프장 주인이 제초제와 살충제의 유혹에서 자유롭지 못하다는 뜻이다.

스키와 요트도 스포츠지만 보편적이지 않듯, 골프 또한 그렇다. 멕시코만 난류의 영향을 받는 유럽과 북미의 많은 도시는 우리보다 조건이 양호하므로 골프 비용이 저렴하고, 골프와 그 이전의 목축 역사가 긴 만큼 이용자가 많다. 골프장이 100군데가 넘는다는 캘거리가 그런 조건을 가졌겠지. 골프를 국민체육의 범주에 넣는 국가들이 대개 그렇겠지만 그런 국가와 도시들이라고 골프장을 모두 환영하는 건 아니다. 조성하고 관리하는 데 들어가는 비용이

면적만큼 많이 들어가고, 발생하는 민원이 점점 커지는 탓이다. 그들도 우리처럼 환경과 생태적 문제를 거론한다. 우리와 지형과 기후조건이 비슷한 일본도 사정이 비슷하다. 우리보다 많은 골프장을 가졌지만 관리비용이 늘어나면서 후회막급이라고 한다. 누적되는 적자를 감당하지 못하면서 태양광 발전시설로 대체하는 경우가 늘어난다고 환경단체는 자료를 제시하며 주장한다.

요즘 골프장은 생뚱맞게 친환경을 강조한다. 살포한 농약과 화학비료 성분을 잔디 아래에서 받아 정화 처리한 뒤 재사용하기 때문이라지만, 그건 신뢰가 충족될 때로 한정해야 한다. 수질오염 저감장치를 부착하고 가동하지 않는 공장이 얼마나 많은 현실인가? 감시하는 눈초리가 상대적으로 적고 이용자가 줄면서 적자가 늘어난다면 요령을 찾고 싶을 것이다. 대도시와 가깝고 시설이 빼어난 골프장은 용량 넉넉한 저감장치를 가동할지 모르지만 경기도 북부와 강원도 기슭을 차지한 골프장은 사정이 녹록치 않다.

골프장에서 완벽한 환경 설비를 갖추고 철저히 가동해도 문제는 남는다. 우리나라의 골프장은 생태계의 다양성을 교란할 수밖에 없다는 사실이다. 자생하는 풀과 나무를 모조리 베어낸 자리에 모래를 덮어 심은 잔디는 단일종이다. 넓은 골프장에 분포했던 생물들을 밀어낸 만큼 다양성을 훼손했다. 거기에서 그치지 않는다. 산허리를 허물고 골프장으로 이어지는 아스팔트 도로는 동물의 이동을 이리저리 차단하고, 대신 고급 승용차들이 질주한다.

사람이 내는 소음과 냄새에 진저리치는 산골짝의 동물들은 아스팔트가 끊은 생태공간에 갇히고 만다. 골프장이 많아질수록 생태 공간은 협소해지니 동물들은 먹이는 물론 짝 찾기도 어려워진다. 근친교배에 의존하다 악성 유전자가 축적될 수 있다. 경기도와 강원도 숲에서 점점 하늘다람쥐와 담비와 족제비가 사라지는 원인이기도 하다.

적막한 숲을 잃은 하늘다람쥐

"간첩은 녹음기를 노린다!"

1980년대 중반 어느 여름, 서슬 퍼런 공안정국 하의 대학 캠퍼스에도 나무마다 싱싱한 잎을 무성하게 달았다. 그 시절, 무전기를 여보란 듯 들고 강의실까지 들락거리는 사복형사들이 캠퍼스에 넘쳤는데 그들은 학생의 가방과 소지품을 맘대로 뒤적이며 소일하곤 했다. 1980년대는 그랬다.

손가락을 자기 쪽으로 구부리며 종종걸음으로 지나가는 여학생을 막말로 불러 세워 놓고서 가방을 뒤적이는 꼴을 본 아침, 전단 돌리다 교내에서 붙잡혀 사라진 후배를 생각하며 대학원생이 우울해 하는데, 사환 학생이 묻는다. "조교님! 간첩은 왜 카세트를 노려요?" 캠퍼스에 내걸린 펼침막에 굵은 글자로 쓴 '녹음기緣陰期'

를 카세트 녹음기로 넘겨짚은 것이다. 그땐 그럴 때 웃었다.

신록이 완연히 자취를 감춘 이른 여름이면 나무들은 한 뼘의 볕이라도 더 받으려 가지마다 넓은 잎을 펼친다. 1980년대 건물 사이에 나무가 많고 단과대학 사이로 숲이 요즘보다 우거졌을 때, 캠퍼스를 누비던 공안경찰들은 방학 앞둔 학생들의 동태를 살피느라 여념이 없었지만, 본관 뜰의 나무 꼭대기를 제자리처럼 앉던 때까치도 숲을 오가느라 바빴다. 날개 푸득거리는 새끼들을 숲에 감추고 사냥해 온 먹이를 천적 몰래 먹이느라 정신이 없었다.

자태에 비해 때까치의 울음소리는 그리 예쁘지 않은데, 여름에 새 울음소리를 조사하려 산록을 누비는 일은 고행이었다. 연구실에 자동차가 없었던 시절, 대중교통도 원활치 않았다. 무거운 장비를 들고 배차 간격이 긴 시외버스를 놓치지 말아야 했고, 현장과 멀찌감치 떨어진 정거장에서 하염없이 걸어야 했다. 마침 녹음기를 맞은 크고 작은 산을 그렇게 누비며 새 울음소리를 녹음하던 대학원생은 간첩 한 명도 볼 수 없었다.

요즘처럼 작고 가벼운 디지털 녹음기와 카메라가 아니었다. 배낭에서 무거운 장비를 꺼내 목에 걸고 한 손에 작은 우산 만한 접시 마이크를 든 대학원생은 산비탈에서 등성이로. 작은 소리에 귀를 곤두세우며 살금살금, 발소리를 죽이며 산록을 누벼야 했다. 나뭇가지 사이에서 작은 그림자가 움직인다면 그건 새를 뜻한다. 이윽고 들리는 울음소리. 반걸음씩 다가가야 한다. 잡음 없이 녹음하려면 들키지 않고 최대한 가깝게 가야 한다.

됐다 싶어, "찰칵!" 녹음기를 작동시키기 무섭게 번번이 날아가는 새들. 허탈해진 마음에 장비를 내려놓고 처진 목을 들어 올리는데, 손닿을 듯 가까운 나뭇가지에서 어린 하늘다람쥐 한 마리가 물끄러미 내려다보는 게 아닌가. 무슨 간첩이 예까지 와서 저 고생인가, 하고 측은히 바라보는 것 같았다. 저 녀석이라도 한 컷 찍어야겠다고 슬그머니 앉아 망원렌즈가 삐죽 나온 카메라에 눈을 붙이자, 이런! 나무 위로 스르륵 달아나고 말았다. 하늘다람쥐는 녹음기가 아니라 카메라를 경계했던 거다.

장마가 시작되기 전, 화창한 여름 하늘은 언제나 파랬다. 그래야 정상이다. 녹음이 우거진 파란 하늘 아래의 숲속은 세상 밖으로 나온 어린 하늘다람쥐가 호기심으로 분주한 세계다. 산록에 잔설이 줄어드는 2월 말, 어미가 짝짓기에 들어가면 4월 초, 딱따구리가 파 놓은 구멍에서 두세 마리 태어난 하늘다람쥐들은 이른 여름이면 어미젖도 거의 뗀다.

어미처럼 이 나무에서 저 나무로 날아보고 싶어 안달하는 어린 하늘다람쥐들에게 사람은 사실 무서운 천적이 아니다. 애틋하게 바라보기만 한 건데 뭐. 게다가 사람이 워낙 드문 숲이 아닌가. 하지만 총에 대한 기억은 유전자 깊숙이 남은 걸까? 사람은 처음이므로 궁금할 따름인데 그가 손에 삐죽한 무언가를 들고 바라보면 피한다. 나무 위로 달음박질쳐 올라 저쪽 나무의 중간 가지를 향해

　　　　　　　　　　　동물 인문학

몸을 날린다. 어미처럼 날렵하게 공중을 미끄러진 하늘다람쥐는 카메라 들고 허둥대는 사람을 희롱한다.

나무에 쪼르르 올랐다 네 다리를 쭉 펼치고 10센티미터가 넘는 넓은 꼬리로 균형을 잡으며 키 큰 나무 사이를 작은 행글라이더처럼 연실 활강하던 꼬마 하늘다람쥐가 카메라 파인더에서 사라지고 말았다. 황급히 나타난 제 어미를 따라 어디론가 가버린 걸까? 피안의 세계는 아니겠지. 어차피 사람이 드문 산골짝일 테니.

손목에서 발목까지 망토처럼 펼쳐지는 갈색 가죽은 비막飛膜이다. 15센티미터 길이에 100그램도 안 되는 하늘다람쥐는 해질 녘에 활발하다. 새벽부터 졸던 부엉이나 올빼미가 아직 기지개를 켜지 않은 시간이므로. 겨울잠을 자지는 않지만 하늘다람쥐도 여느 다람쥐들처럼 가을이면 도토리를 부지런히 갉아먹어야 한다. 새끼들이 태어난 봄에는? 그땐 나뭇가지마다 꽃눈과 잎눈이 바투바투 매달려 있지 않던가. 배고플 걱정은 없는데, 여린 잎이 질겨진 6월, 사람이 얼마나 무서운 줄 모르고 하얀 배를 드러내며 카메라맨 주위의 나무를 요리조리 날아다니던 녀석은 1980년대 중반, 대학원생의 시야에서 사라졌다. 하지만 연갈색 작은 몸에 크고 까만 눈을 깜빡이던 모습은 아직도 눈에 선하다.

백두산 주변에 많은 하늘다람쥐는 한반도 중부 이남에서 매우 드물어졌다. 그래서 그랬을까? 2003년 환경부는 하늘다람쥐를 멸종 위기 2급으로 지정해 보호하고 문화재청은 1982년 천연기념물

328호로 진작 지정했지만, 거기까지였다. 딱따구리처럼 멀리 날지 못하는 하늘다람쥐는 마음에 드는 짝을 찾아 둥지를 짓고, 늘어나는 식구를 먹일 만큼 건강한 숲이 주변에 보장되어야 생존이 보장된다. 적어도 30년 이상 지속된 자연림이 넓게 보전되어야 한다는 건데, 숲 사이를 하늘다람쥐의 생기로 채울 산골짝을 토목과 건설로 큰돈을 버는 사람들은 그냥 놔두지 않았다. 발전이라 우기고 백두대간에서 이어지는 13개의 정맥을 고속도로와 고속화도로로 이리저리 끊고, 그 사이에 골프장과 스키장을 채운 것이다.

그뿐인가? 잡목 숲을 유실수로 경영하겠다고, 극상의 생태계로 천이遷移하는 참나무 중심의 자연림을 밀어낸 자리에 잣나무를 양팔 간격으로 메우거나 목재를 생산하기 위한 간벌間伐의 일환으로 중간 크기의 나무들을 일제히 베어냈다. 도토리가 사라진 산록에서 잣을 놓고 청설모와 경쟁 벌이다 치인 하늘다람쥐는 주눅이 들 수밖에. 망가진 산록에 부엉이와 올빼미는 드물어졌고, 허기진 하늘다람쥐를 막다른 골목으로 몰아넣는 아스팔트는 점점 길고 넓어지기만 한다.

좁아터진 숲속의 아스팔트를 밤낮 없이 찢는 자동차 바퀴의 파열음이 적막했던 숲을 옥죈다. 거미줄처럼 이어진 도로를 따라 승용차 몰고 온 사람들은 시도 때도 없이 화장품과 땀 냄새 풍기며 백두대간을 시끌벅적 누비니 우리의 꼬마 천연기념물은 비막 펴고 날아갈 공간을 찾지 못한다. 다른 무리가 백두대간을 따라 내

동물 인문학

려오지 못하니 하늘다람쥐는 근친교배에 의존해 종족을 유지하는 수밖에 없지만 거듭되는 근친교배는 하늘다람쥐의 내일을 위협한다.

언젠가 한국도로공사는 1000만 그루 이상의 나무를 고속도로 주변에 심겠다고 발표했다. 깊은 산을 가르는 도로 한가운데 철제 기둥을 박아 하늘다람쥐가 건널 수 있도록 배려하겠다고 덧붙였는데, 고속도로가 입는 이른바 '그린재킷'이라며 자화자찬했다. 짝을 찾아 도로를 건너던 지리산 주변의 하늘다람쥐가 88올림픽고속도로에서 해마다 5마리 이상 차 바퀴에 밟혀 죽었다던데, 이제

백두대간에 가녀리게 남은 하늘다람쥐는 한국도로공사의 배려에 눈물겨워할까?

그린재킷이야 없는 것보다 낫지만, 88올림픽고속도로는 넓더라도 왕복 4차선에 불과하다. 왕복 8차선인 다른 고속도로의 하늘다람쥐는 어떻게 하나? 도로 사이사이에 키 큰 나무를 심으면 안 되나? 나무가 비바람에 쓰러진다고 하늘다람쥐가 책임질 수 없지만, 그렇다고 볼썽사나운 기둥이 고작이어야 할까? 하지만 제대로 관리되는 그린재킷은 현재 어디에도 없다.

속리산국립공원은 하늘다람쥐를 '깃대종'으로 선정했다. 깃대종은 그 지역의 생태계를 대표한다. 깃대종이 건강하다면 그 지역의 생태계는 안정돼 있다는 걸 의미하므로 속리산국립공원은 시방 하늘다람쥐의 생태계를 보전하기 위해 애를 쓰고 있을까? 국립공원관리공단 속리산 사무소는 2008년 4월부터 법주사 입구에 하늘다람쥐를 알리는 홍보공간을 꾸몄다. 덕분에 이용객의 생태계 보전 의식이 고취되었다면 참 좋겠는데, 난망하다. "하늘다람쥐 보려면 속리산에 오세요!"라는 홍보에 이용객은 어떤 반응을 보일까? 하늘다람쥐를 앵벌이로 취급하려는 건 아닐지 은근히 걱정된다. 디지털카메라가 녹음기보다 흔해진 세상에서 속리산의 하늘다람쥐마저 성가시게 하는 건 아닐지.

동물 인문학

골프장에 가로막힌 담비

백두산에서 비롯돼 낭림산과 금강산을 지나 설악산과 오대산을 거쳐 태백산에 이른 산줄기가 남서쪽 방향으로 구부러져 소백산, 월악산, 속리산을 연하다 지리산까지 이어지는 1400여 킬로미터의 백두대간은 1개의 정간과 13개의 정맥으로 분지된다. 백두대간의 서남쪽 방향으로 갈라져 대성산, 광덕산, 백운산과 국망봉을 지나 청계산, 죽엽산, 도봉산으로 이어지다 고양시의 견달산과 교하의 장명산에 이르는 한북정맥은 강원도와 함경남도의 경계인 추가령에서 기원한다. 《산경표山經表》의 이론에 따르면, 백두대간을 누비는 동물이 신도시 공사가 마무리된 파주시 교하읍까지 내달릴 수 있다는 뜻이다.

먼 거리 여행은 홀로 떠나기 두려운 법. 둘은 좋지만 넷은 적절치 않다. 의견이 갈리면 쪼개지기 쉬우므로. 대화가 단조로워지는 둘은 다소 쓸쓸하니 아무래도 셋이 적당하다. 의견이 잠깐 나눠지더라도 한 명은 중과부적. 금방 함께할 테지. 백두대간에서 정간과 정맥들을 누비는 담비가 활엽수보다 침엽수가 우거진 숲을 앞서거니 뒤서거니 누빌 때 으레 둘 또는 세 마리가 일행이 된다. 천적을 살필 때에도, 먹잇감을 찾을 때도 언제나 몸과 마음을 맞춘다. 암수가 새끼 한 마리와 같이 다니는 걸까? 전문가는 그렇게 추정한다. 활동반경이 넓은 모양이다. 새끼를 3마리 낳으면 5마리가 돌아다니기도 한단다.

　그 담비가 파주의 한 숲에서 잠시 제 모습을 드러냈다. 삵보다 크니 족제비는 분명 아니다. 얼마나 재빠른지 두세 마리가 앞서거니 뒤서거니 좁은 산길을 누볐어도 카메라를 들이댈 기회가 없었다. 나뭇잎이 다 떨어진 겨울, 바람이 을씨년스러운 초저녁, 인적 없는 산길을 타고 낡아 허물어져가는 빈집 근처까지 내려왔다 그만 일단의 농부의 눈에 띄었고, 이내 산속으로 줄행랑쳤다.

　솔부엉이가 부슬부슬 우는 적막한 밤이었다. 온기가 사라진 폐가의 툇마루에 모인 농부들은 산으로 이어지는 길을 밤새 지키고 있었다. 골프장 공사를 저지하기 위해 출입하는 차를 막아야 했기 때문이다. 환경영향평가서를 보니 그 산을 파헤칠 골프장은 엄청난 지하수를 퍼 올릴 것이고 그래도 모자라면 저수지를 고갈시킬 게 아닌가. 지금도 물이 모자라 걸핏하면 농작물이 타들어 가는데, 골프장이라니. 대책위원회를 만든 농민들은 당번을 정해 빈집에 모였다.

　산길을 잰 걸음으로 내달리다 이내 멈칫거리며 주위를 살피고, 뒤로 몇 걸음 옮기다 이내 앞으로 내달리는 모습이 얼핏 족제비 비슷하지만 덩치가 수달만큼 커 범상치 않았는데, 하얀 목도리를 두른 듯, 어두워지는 산속에서 목과 가슴 부위가 유난히 밝았다. 물길이 없는 산골이니 수달은 아니고, 대체 어떤 동물일까? 저만치에서 한 마리가 다가오는가 싶더니 한 칠팔 미터 뒤? 한 마리가 더

　　　　　　　　　　　　　　　　　　　동물 인문학

나타나 눈길을 주고받는다. 어라, 더 있네! 그 뒤를 좀 작아 보이는 한 마리가 바짝 붙어 앞서거니 뒤서거니 따라다니는 게 아닌가. 아까부터 그 모습을 숨죽여 바라보던 농부가 서툰 솜씨로 비디오카메라를 잡고 초점을 맞추려는 찰라, 인기척을 느낀 녀석들은 산속으로 줄행랑치고 말았다. 그리고 다신 나타나지 않았다.

골프장 반대에 힘을 모은 전문가의 이야기를 들은 농부는 그 녀석들이 멸종 위기종으로 보호받는 담비라는 걸 알았다. 밤에도 시력이 빼어나고 후각이 예민한 만큼 사람 근처에 얼씬거리지 않지만 오래 전 인적이 끊긴 빈집이고, 그 툇마루에 스킨로션도 없는 농부가 앉았기에 눈에 띄지 않았거나 경계심을 풀었을 것이다.

빈집이 있던 곳은 얼마 전까지 목장이었다. 담비 무리 중에서 몸이 가장 크다고 해도 60센티미터 정도다. 아무리 날쌔고 사나워도 송아지나 소를 잡아먹을 수 없는 일. 이제 소 배설물 냄새도 거의 사라졌지만 아직 등줄쥐는 남아 있을 터. 그래서 먹을 게 드물어진 겨울, 한북정맥을 타고 까마귀와 솔부엉이 우는 파주시 법원읍 상방리의 작은 산을 기웃거리게 되었을 것이다.

그런데 아니라고? 3마리가 협동해서 사냥하는 까닭에 고라니는 물론 멧돼지도 잡아먹는다고? 눈밭에 흩어진 발자국으로 그리 판단하는 전문가는 담비 한 쌍이 70킬로미터 이상을 움직인다고 연구결과를 내놓는다. 다 자란 새끼라도 사냥 솜씨가 미더워질 때까지 최소 1년 이상 데리고 다니며 해마다 고라니 1만 마리 이상 먹어치운다는 게 아닌가. 그렇다면 송아지 냄새가 남은 숲은 대단한 유혹일 터.

코를 꼭짓점으로 둔 역삼각형의 머리는 윤기가 흐르는 흑갈색이고 이등변 삼각형 좌우에 제법 커다란 귀는 사방의 작은 소리도 놓치지 않으려는 듯 쫑긋거린다, 암팡진 두 눈에 살기가 서렸는데,

동물 인문학

코를 들썩이며 드러내는 이빨은 날카롭기 그지없다. 엉덩이 아래부터 30센티미터에 가까운 꼬리, 그리고 짧은 다리도 온통 흑갈색인데 아래턱에서 가슴을 덮은 털은 유난히 희고 어깨의 환한 노란색은 등과 허리로 이어지며 조금씩 짙어진다. 그런 담비의 가죽은 수달을 사라지게 만든 포수의 시야에서 벗어나기 어려웠을 텐데, 고맙게도 침엽수가 우거진 설악산이나 오대산, 지리산이나 월출산, 그리고 파주시의 한탄강과 영월군의 동강 일대의 숲에서 이따금 하얀 목도리를 휘날리는 모양이다. 백두대간이다.

나타난다는 사실만으로 생태학자와 환경운동가들이 생태계 보전의 필요성을 웅변하게 만드는 담비는 표범과 늑대가 사라진 우리 산하에서 어느새 최상위 포식자가 되었다. 두세 마리가 힘을 합쳐 너구리와 오소리, 심지어 삵까지 잡아먹는다니 그 포악성은 혀를 내두를 정도인데, 가을철 잣나무를 기웃거리는 청설모는 담비 한 마리로 충분하겠지. 하지만 잣 농가들은 울상이다. 청설모를 엽총으로 제거하려는 사람 곁에 후각이 예민한 담비가 접근하지 않는 까닭이겠지만, 워낙 신출귀몰해서 정작 확인한 사람이 드문 담비는 우리나라 산천에 얼마 남아 있지 않을 것이다.

1960년대만 해도 시베리아와 북만주 헤이룽강 일대에서 백두대간을 타고 우리나라 전역에 널리 분포했던 담비가 드물어진 이유는 무엇일까? 물론 윤기 흐르는 모피를 노린 엽사가 책임질 비중이 크겠지만 전문가는 대대적인 쥐약 살포와 무관하지 않을 거라 추론한다. 농경사회에서 쥐약 먹고 쓰러진 동물은 쥐 외에도 많겠지만 사람 냄새를 극도로 혐오하는 녀석들을 요사이 가로막는 건 백두대간을 난도질하는 아스팔트가 아닐까? 그것도 경기도 북부와 강원도 산림을 토막내는 골프장의.

가족으로 추정되는 담비가 나타난 작은 산은 27홀 규모의 골프장으로, 귀퉁이가 이미 쓸려나가고 사방이 파헤쳐진 상태였다. 그 골프장과 건너편 골프장을 잇는 아스팔트는 언제나 번듯하다. 서울과 가까운 만큼 회원이 많은 골프장이므로. 담비 가족은 그 산줄기를 다시 찾지 않을 텐데, 강원도를 40토막 낸 골프장으로 모자랐는지 40여 곳이 집요하게 추진 중이거나 공사 중이다, 한북정맥은 이제 담비를 완벽하게 가로막았다. 세 마리가 힘을 합치면 호랑이도 물리친다는 담비는 이제 밭작물을 해치는 고라니와 노루, 잣나무를 터는 청설모와 다람쥐, 한타바이러스를 전파하는 등줄쥐를 조절하지 못한다. 온난화로 침엽수림이 올라가면 대한민국의 산하를 아예 외면하겠지.

어둑해지는 저녁에서 어스름 밝아지려는 새벽녘, 소박한 인가 근처까지 하얀 목도리를 펄럭이며 내려오던 담비를 더 보고 싶다면 백두대간, 그리고 백두대간과 이어지는 정맥과 정간의 생태적 흐름을 보존해야 한다. 단지 놀이를 위해 자연의 이웃을 위협하는 태도는 정말이지 그만두어야 한다.

동물 인문학

아스팔트가 두려운 산골 족제비

1960년대 마을에는 쥐가 많았다. 마루 밑에서 천장을 오르내리며 들보와 서까래를 제 마당처럼 돌아다녔다. 부엌과 광에서 아낙네를 놀라게 하던 쥐가 마루나 방으로 삐죽 고개를 내밀면 어디서 고양이를 구해 와야 하나 고민해야 했다.

고양이가 전과를 올릴 때가 없진 않지만, 사람 품에서 길든 녀석은 아랫목의 이불에 웅크려 잠을 청할 뿐 천장에서 찍찍대는 소리에 심드렁한 게 보통이다. 고양이의 출현으로 잠시 긴장했던 쥐를 공포의 도가니로 몰아넣는 건 바로 족제비였다. 고양이보다 날씬할 뿐 아니라 날렵하기 그지없고, 게다가 늘 허기진 상태에서 욕심까지 사나워 쥐구멍으로 따라 들어가 닥치는 대로 물어가지 않던가. 조금 묵직한 우당탕 소리가 몇 차례 난 뒤, 천장은 한동안 적막했다. 전국에서 동시에 벌인 '쥐잡기 운동'으로 쥐약이 쥐 천적을 소탕하기 이전까지, 족제비는 민가의 명실상부한 최정상 야생동물이었다.

어스름할 무렵, 밭둑이나 마을 뒷산의 바위틈, 커다란 나무뿌리나 다른 동물이 파놓은 굴에서 슬그머니 모습을 드러내는 족제비는 쥐에게는 공포 그 자체일지 모르나 사람 눈에는 올망졸망 귀여운 애완동물처럼 보인다. 짧은 뒷발로 지탱한 갈색의 긴 몸을 곧추세운 채 머리를 두리번거리며 까만 눈을 깜빡이는 모습은 천진스럽기 이를 데 없어 냉큼 달려가 품에 넣고 싶겠지만, 그건 번지수가 크게 빗나간 착각이다.

프로필을 보자. 다 자란 수컷의 몸이 40센티미터, 암컷이 30센티미터로 꼬리가 20센티미터, 역삼각형의 얼굴은 조막만하다. 머리 가운데 박아 놓은 듯 또랑또랑한 두 눈은 코와 턱으로 이어지는 검은 털이 감싸고, 앞으로 톡 튀어나온 검은 코와 작아도 앙칼진 입은 봉긋한 하얀 털이 감싸, 희고 검은 털이 부챗살처럼 갈색으로 바뀌는 얼굴이 여간 귀여운 게 아니다. 애완동물로 길들이고 싶은 충동을 느끼게 만들기 충분하다.

귀가 밝을 뿐 아니라 냄새를 잘 맡는 족제비는 사람 곁을 철저히 피해도 민가는 끊임없이 기웃거리는데 그건 사람 주변에 먹을 게 널렸기 때문이리라. 그래서 서열이 높은 족제비는 민가에서 집쥐나 시궁쥐를 차지하고 낮은 녀석은 등줄쥐로 만족해야 했을 텐데, 서열 높은 족제비에게 별식은 곯아떨어진 병아리다. 먼동이 트기 한참 전, 칠흑 같은 밤의 닭장은 조용하기만 한데, 삵이나 수리부엉이는 여간해서 민가를 얼씬하지 않으니 망이 허술한 닭장 속의 병아리를 족제비에게 맡긴 꼴이나 다름없다. 목줄 묶인 개마저 잠들었다면 금상첨화다. 날렵하게 다가와 잠든 병아리들을 소리도 없이 채갈 것이다.

수상쩍은 기척을 느낀 개가 목줄이 끊어질 듯 버둥거리며 짖어야 겨우 눈치 채는 사람은 방문을 박차고 나가지만 이미 늦었다. 닭장 안에는 미처 물어가지 못한 병아리 서너 마리가 축 늘어져 있을 것이다. 분이 솟구치더라도 참아야 한다. 민첩하지 못한 사람의 손에 쉽사리 잡힐 리 없지만 족제비가 없애주는 수천 마리의 쥐를 생각해야 하므로. 물론 잡혀도 고분고분할 리 없다. 스프링처럼 튀며 날카로운 이빨과 발톱으로 피부에 깊은 상처를 남길 터. 잡히더라도 항문 옆의 샘을 자극해 참을 수 없는 냄새를 풍길 게 틀림없다.

"족제비도 낯짝이 있다"고? 속담 치고는 꽤 지당한 말씀인데, 체면도 염치도 없는 사람을 그리 비유한다니 털에 대한 자부심이 각별한 족제비는 어이없어할 게 틀림없다. 공판정에 나서는 영국 판사가 한여름에도 족제비 털로 만든 목도리를 굳이 두르는 이유를 여태 모르다니! 오물이 있는 쪽으로 족제비를 몰면, 털이 지저분해지는 걸 몹시 싫어하는 녀석들은 사람이 펼친 그물을 선택한다는 게 아닌가. 깔끔한 족제비의 습성을 자의적으로 정직, 청렴, 결백, 정의, 공정성, 평등의 의미라고 해석하는 영국의 판사나 종교 지도자는 중요한 회의에 족제비 털을 두르고 참석한다나 뭐라나. 여튼, 그를 위해 얼마나 많은 족제비들이 희생되어야 했을까?

"족제비는 꼬리를 보고 잡는다"고? 족제비 꼬리털로 만든 '황모필' 때문이었다. 고려 때부터 방문한 사신에게 왕이 하사하던 황모필은 붓끝에 힘이 실려 작은 글씨는 물론, 섬세함을 요하는 단청이나 제도, 도안에는 없어서는 안 되었다고 한다. 꼬리를 뺀 나머지

털도 윤기가 자르르 흐르는 만큼 족제비는 나뭇잎이 다 떨어진 겨울에 특히 조심해야 했다. 가죽만 추리는 영국인과 달리 우리는 머리에서 꼬리까지, 심지어 온몸 그대로를 목에 두르지 않던가. 두루마기를 입은 할머니들의 목을 따뜻하게 만든 모피가 바로 '족제비털 목도리'였다.

성능 좋은 인조털이 대량생산되는 요즘, 족제비는 사람들의 시야에서 거의 사라졌다. 공장식 양계장은 무시무시한 개가 지키거나 철저히 봉쇄돼 개미 한 마리의 접근도 축산공학적으로 불허한다. 시멘트와 아스팔트로 칠갑이 된 도시는 물론이고 화학농법으로 생산한 농작물을 거대한 냉장창고에 보관하다 한꺼번에 출하하는 농촌에 쥐마저 드물어졌다. 이래저래 민가에서 족제비는 보기 어려워졌다.

습지가 보전된 산에 개구리와 뱀과 등줄쥐가 남아 있으니 위기에 몰린 건 아니라고? 믿고 싶은데, 그건 물론 사람들 생각이다. 족제비의 처지에서 내내 안심할 수 있을까? 유황불 연기를 굴에 불어 넣고 그물로 잡아대는 밀렵꾼은 드물어졌지만, 남획은 걱정이 아니다. 천연 족제비털 목도리는 여전히 가격을 더 쳐주지만, 천연 모피를 노리는 자 때문만도 아니다. 자연의 결을 무시하는 아스팔트가 금수강산을 난도질하지 않나.

암컷을 차지하려 겨울부터 경쟁이 치열한 족제비 수컷은 물론이고, 완연한 봄에 교미한 뒤 이른 여름에 대여섯 마리의 새끼를

동물 인문학

낳는 암컷도 새끼들이 독립한 이후에는 늘 홀로 생활한다. 새끼를 먹이려 동분서주하는 어미와 막 독립한 새끼들에게 아스팔트는 위험천만한 지뢰밭이나 다름없다. 이른바 '로드킬road kill'이 도사리기 때문이다. 전주지방환경청의 실태조사 결과, 2008년 전북에서는 다람쥐에 이어 족제비가 가장 많이 차에 치어 죽는다고 한다. 도로를 새로 만들 때 대책을 세우겠다고 약속한 지역의 환경청

은 운전자의 주의와 관심을 당부하는 것으로 그쳤다던데, 족제비
가 비로소 마음을 놓았을까? 도로를 폐쇄할 수 없다면 생태통로부
터 만들어야겠지만 족제비가 새끼를 낳고 키울 때 산악도로의 차
선 수를 줄여 서행을 유도하면서 운전자에게 그 이유를 홍보하는
임시방편은 몰라서 마련하지 못했을까? 알았지만 도로공사에 밀
려서 못했을지도.

기원전부터 길들여진 유럽의 어떤 족제비는 '페릿ferret'이라는
애완동물로 길들여지면서 신세 망쳤다. 사촌간인 밍크도 사는 게
사는 게 아니다. 우리나라의 족제비만이라도 아스팔트를 피해 백
두대간과 금수강산을 맘껏 돌아다닐 수 있으면 좋겠다. 바둑판줄
같은 고속도로와 국도, 그리고 거미줄처럼 골프장을 잇는 아스팔
트부터 뜯어내야 하나?

적극적 생태평화의 길

마사토가 평탄하게 깔린 학교 운동장은 큰비가 내릴 때, 운동장
전체가 흥건해지지만, 그치고 햇볕이 내리 쪼이면 여기 저기 흩어
진 물은 점점 줄어들다 이내 사라진다. 영어를 즐겨 쓰는 미국 박
사 출신 전문가는 그런 현상을 '패치니스patchiness'라고 말한다. 우
리 강산에 흔전만전하던 족제비와 담비와 하늘다람쥐는 이제 전

동물 인문학

국 일부 지역에서 이따금 나타난다. 바로 패치니스다. 뙤약볕 아래 고인 물 신세다. 머지않아 사라질 운명을 아직 극복하지 못한다. 한때 모피를 노린 남획으로 크게 줄었고, 쥐약 때문에 눈에 띄지 않게 줄었어도 산골에 숨죽여 살았는데, 그만 사람들의 놀이를 위해 사라질 운명을 강요당한다. 스포츠라 주장하는 골프, 골프장 찾는 인파를 위한 대규모 개발 때문이다.

1992년 4월에 발생한 LA 폭동에서 한 거리의 소년은 생중계되는 텔레비전 카메라 앞에서 당당하게, "나는 소리만 들어도 무슨 총인 줄 안다"고 자랑했다. 그 방송을 본 미국의 생태운동가는 청소년이라면 소리만 들어도 어떤 새인지 알아야 할 시절이 아닌지 개탄했다는데, 우리는 어떤가? 속도와 경쟁은 소외를 낳는다. 소외된 이웃을 배려하는 청소년이 늘어나길 바라는 생태운동가는 학교에 틀어박힌 아이의 손을 잡고 자연으로 나가자고 부모에게 제안했다. 다채로운 생물이 어우러지는 자연에 머물다 보면 이웃을 따뜻하게 이해하면서 배려하는 생태적 감성을 함양할 수 있다고 믿기 때문이리라.

치열한 학문적 경쟁에서 살아남은 생물학자들 대부분이 연구비가 풍족한 생명공학 분야를 선택하지만 캐나다의 데이비드 스즈키[David Suzuki]는 그 분야를 반대하는 선봉에 서 왔다. 그는 어린 시절을 온통 자연에서 보냈다. 대학에서 유전학을 전공하며 제자를 양성하다 은퇴한 그는, 돈벌이를 위해 타고난 동식물의 유전 다양성을 위축시키는 생명공학 연구가 위험하다는 것을 인식하면서 환경운동에 나섰고 캐나다에서 가장 존경받는 어른으로 선정되기도 했다. 낚시를 즐기는 스즈키는 대형 쌍끌이 선단으로 가난한 국가의 어족자원을 씨 말리는 행위를 규탄했다. 자연의 일부가 되어 어울려 노는 행위는 환영하지만 사람만의 놀이를 위해 자연의 기반을 허물어뜨리는 개발을 반대하는 것이리라.

국제평화연구소를 창설한 요한 갈퉁^{Johan Galtung}은 직접적 폭력과 구조적 폭력을 구별했다. 나아가 직접적 폭력이 없는 소극적 평화보다 갈등을 일으키는 원인을 해소하는 적극적 평화를 제안했는데, 사람과 생태계의 관계는 언급하지 않았다. 물론 요한 갈퉁은 생태 전문가를 위해 언급을 자제했을 뿐, 사람과 생태계 사이를 평화롭다고 보았을 리 없겠지. 지구 생태계에 가장 늦게 동참한 사람은 생태적 기반이 건강하기에 번성했고, 커다란 두뇌를 믿고 어느 동물보다 오만해질 수 있었다. 하지만 그런 번성은 생태계와 조화를 이룰 때까지 한정된다는 사실을 잊는 과오를 저지르고 말았다. 암세포처럼 자란 인간, 지구는 하나의 생명체로 본 제임스 러브록의 '가이아 이론'을 바탕으로, 인간은 분별없이 번성할 따름이다. 다른 동식물과 조화롭게 공존하는 생태계를 독차지하며 생태평화가 지속되리라 착각하는 걸까?

인간의 직접적 폭력으로 위축된 자연의 이웃은 구조적 폭력 앞에 무방비로 노출돼 있다. 자연의 산물인 인간은 생태계의 지원 없이 한순간도 건강할 수 없건만, 신기루를 앞세우는 과학기술에 현혹돼 자신의 내일마저 무너뜨린다. 인간은 생태계의 산물이다. 생태평화 없이 건강한 삶은 사람에게 보장될 리 없다. 내일의 건강한 생존을 위해 적극적 생태평화를 모색해야 한다는 데 동의한다면 자연 속 동물의 삶을 보자. 인류 생존의 바로미터는 하늘다람쥐와 담비와 족제비가 제시하고 있다.

5장

◇ ◇

호수가 된 강을 떠난 물고기

러시아의 악성, 차이코프스키의 마지막 작품은 6번 교향곡 〈비창〉이다. 요즘 가장 많이 연주되는 교향곡 중의 하나일 텐데, 초연의 평가는 싸늘했던 모양이다. 실망한 차이코프스키는 얼마 후 사망했는데, 사망 원인에 대한 설이 구구하다.

차이코프스키가 졸업한 상트페테르부르크 음악원은 콜레라를 사망 원인으로 공식화한 모양이지만 다른 추측도 수그러들지 않는다. 비소 중독이라는 설이 그것이다. 동성애자였던 차이코프스키에게 비소를 먹는 형벌이 내렸다는 추측인데, 당시 러시아에서는 동성애자를 사형에 처했다. 하지만 자국의 악성에게 차마 사형을 언도할 수 없었던 법원이 자살을 요구했다는 주장의 근거는 설사였다. 비소에 중독되면 콜레라처럼 가혹한 설사로 사망하게 된다는데, 수인성 전염병인 콜레라는 19세기 유럽에서 유행했다.

14세기 유럽인의 30퍼센트를 사망에 이르게 한 흑사병은 콜레라 공포로 이어졌지만, 19세기 유럽인들은 물을 끓여 마시면 예방할 수 있다는 걸 알았다. 기대에 찬 초연이 실패로 끝난 뒤, 우울했던 차이코프스키는 위험을 무릅쓰고 끓이지 않은 물을 마신 걸까? 알 수 없는데, 14세기나 19세기에 끓이지 않은 물을 마셔도 흑사병과 콜레라에 자유로운 마을이 있었다고 한다. 그 마을의 식수인 강에는 화강암 모래가 흘렀다는데, 그 당시 우리나라는 흑사병과 콜레라를 몰랐다. 누구나 화강암 모래가 흐르는 강에서 물을 마시고 농사를 지었기 때문일지 모른다.

　땅 속의 용암이 천천히 굳어 형성된 백두대간과 13개 정맥의 화강암 바위는 근세에 이르러 노화되어 틈이 많아졌다. 그 틈을 비집고 들어간 물은 수억 년 동안 얼다 녹기를 반복하며 화강암을 모래로 풍화해왔다. 빗물을 타고 화강암 모래와 자갈이 강에 흘러드는 건 우리에게는 상식이지만 대부분의 나라는 그런 행운을 누리지 못한다. 한강, 낙동강, 금강, 영산강만이 아니다. 북한을 포함해 서해안과 동해안, 그리고 남해안으로 빠져나가는 우리의 크고 작은 강이 모두 그랬다. 어떤 강물이라도 그냥 떠서 마실 수 있었다. 최근까지 이어진 천혜의 복이다.

　빗물은 낮은 곳으로 흐르며 작은 물길을 만들고, 물길이 모여 크고 작은 하천을 형성하는데, 모든 하천은 굽이친다. 조금이라도 낮은 곳으로 흐르기 때문만이 아니다. 23.5도 기운 상태에서 태양

　　　　　　　　　　　　　　　　　　　　　동물 인문학

을 공전하며 계절을 만끽하고 하루 한 차례 자전하는 한, 지구의 모든 강물은 범람과 고갈을 반복하며 바다로 굽이쳐 흘러나온다. 한국은 국토의 65퍼센트가 경사가 급한 산악으로 구성돼 있고 비가 여름 한철 집중돼도 사시사철 맑은 물을 마실 수 있었던 건 화강암의 갈라진 틈과 산간의 풍부한 산림, 그리고 강바닥에서 물살을 따라 흐르는 모래 덕분이다.

하류로 떠밀려 내려가는 금모래와 은모래는 석영과 장석, 운모로 형성돼 있다. 화강암의 주요 성분도 그렇다. 단단한 석영과 장석과 달리 다리미의 니크롬선을 감싸는데 사용하는 운모는 연하다. 물속에서 긁히면 틈이 생기고, 그 틈은 물속 미생물의 터전이 된다. 미생물은 물속 유기물을 영양분 삼아 번식하고 플랑크톤이나 아주 작은 동물의 먹이가 되겠지. 작은 동물은 수많은 물고기와 새들을 끌어들이는 강도래, 민도래, 다슬기들의 먹이가 될 텐데, 낙동강의 흰수마자와 한강의 꺽지도 덕분에 터전을 잡을 수 있었다. 많은 물고기들은 모래를 파고 알을 낳은 뒤 모래로 덮는다. 알도 보호하고, 깨어난 치어가 모래 속에서 먹이를 찾을 수 있을 터.

강이 흐르기에 지구 생태계의 온갖 생명은 삶을 영위할 수 있다. 상류에서 하류로 흐르는 강은 좌우의 생태계를 이어주는 데 그치지 않는다. 지하수와 연결돼 마을의 샘물을 보전할 뿐 아니라 세월을 이어준다. 홍수와 가뭄은 강의 생명 현상이다. 범람할 자리에 알을 낳는 물고기가 때를 맞춰 찾아오니 그 물고기와 알을 먹으려는 생물들이 해마다 모여든다. 주변의 커다란 동물들도 덩달아 활기를 띠겠지. 그렇듯 강은 생명의 축제를 만끽하는 시공간을 하염없이 이어주었다. 사람이 강에 자신의 삶을 의탁하기 한참 전부터.

여울과 소, 모래와 자갈, 강물의 양과 흐르는 속도에 적응해 다채로웠던 생물들이 4대강을 급작스레 떠난다. 크고 작은 댐이 중상류를 가로막을 때 떠난 생물이 적지 않았어도 요즘처럼 심각하진 않았다. 10미터 이상의 대형 보가 한강과 낙동강, 금강과 영산강을 틀어막자 생긴 사건이다. 호수처럼 멈춘 강에 쌓인 모래는 썩으며 질식했고 강변과 바닥의 다채로웠던 생태계는 생물상과 더불어 무너졌다. 수온이 오르며 녹조가 번성해 강물이 진득해지자 사람은 정화해 마시는 데 거액을 추가해야했는데, 부산시는 방사성 물질에 오염된 고리핵발전소 앞 바닷물까지 식수로 전용하는 무모함을 감행했다.

모래 잃을 내성천의 흰수마자

간밤에 수북하게 내린 함박눈이 오후의 태양빛을 비스듬히 받아 반짝일 때, 한 무리의 중년들이 낙동강 상류 내성천의 모래밭을 찾았다. 수달 발자국도 없는 내성천의 모래는 폭신했고 그 위에 쌓인 눈은 포근했다. 누가 먼저라 할 것 없이 눈밭에 몸을 굴리며 소

동물 인문학

년이 된 일행은 강 가장자리에서 뼛속까지 시원한 강물을 마시며 얇고 투명한 살얼음을 나눴다. 안동과 문경을 거쳐 낙동강으로 흘러드는 내성천은 축산단지와 농공단지에서 스며드는 유기물질을 모래가 깨끗하게 정화해 주기에 맑았다. 그래서 그런가? 내성천 물을 마신 50대 소년 어느 누구도 탈이 나지 않았다.

한없이 청량했던 그날, 인적에 놀랐는지, 살얼음 아래 소리 없이 흐르는 내성천의 모래바닥에서 호기심을 보이던 작은 물고기가 어디론가 달아났다. 흰 수염을 가진 '마자', '흰수마자'였다. 1200킬로미터 굽이굽이 어디나 맑은 모래가 가득했던 시절, 예천 회룡포, 안동 하회마을, 상주 경천대로 이어지는 낙동강에서 흰수마자는 드물지 않았지만 요즘은 내성천에 가야 만날 수 있다. 부산의 을숙도까지 드넓은 모래가 아름다웠던 시절, '마자'라는 이름을 가진 담수어류는 낙동강에 흔했지만 지금은 운이 좋아야 알현할 수 있다.

참마자, 돌마자, 여울마자처럼 '마자'라는 이름은 모래와 어떤 의미를 공유하는 걸까? 물이 맑게 흐르는 모래톱과 비슷한 생김생김으로 바로 옆에 있어도 찾지 못하게 하는 '마자'들은 하천 생태계의 약자를 자처한다. 낙동강과 금강, 그리고 임진강의 모래 바닥에 드물게 분포하는 우리의 특산종 흰수마자가 특히 그렇다. 아가미 뒤에서 옆구리를 따라 꼬리까지 예닐곱 개의 모래색 무늬를 가지런히 잇는 5센티미터 남짓한 몸은 측은지심을 유발할 정도로 가

날프지만 결코 숨지 않는다. 아니 숨을 곳이 없다.

　자갈이 거의 없고 수심이 얕은 모래톱 여울에서 조그마하게 무리 지으며 작은 곤충을 노리는 흰수마자는 눈과 코 앞, 한 쌍의 작은 수염과 입 주변 3쌍의 커다란 수염으로 먹이를 감지하는데, 몸집이 작은 만큼 천적을 조심해야 한다. 덩치가 조금 더 커 빠른 물살도 마다하지 않는 참마자라면 자갈에 몸을 숨기지만 흰수마자는 연갈색의 둥근 등과 은백색의 납작한 배로 재빠르게 움직일 따름이다. 물 흐르는 방향으로 몸을 옮기며 먹이를 찾다 천적의 기척을 느끼는 순간, 수면에서 부서지는 햇살처럼 하얀 몸을 반짝이며 냉큼 달아난다. 모래 틈으로 맑은 물이 샘솟듯 올라오는 여울에서 반짝이는 흰수마자는 현재 멸종 위기를 맞았다. 낙동강과 금강의 모래 여울에 천적이 늘어난 건 아니다.

　내성천의 밤을 지배하는 수달은 동사리나 갈겨니처럼 커다란 물고기를 잡지 흰수마자에게는 관심 없다. 갯버들 가지에 앉은 물총새를 조심하면 그만인 흰수마자는 원래 적은 개체로 낙동강에 분포해도 사라질 위기에 처한 적은 없는데, 왜 요사이 멸종 위기에 몰린 걸까? 짐작하다시피 사라지는 모래다. 콘크리트 구조물의 크기를 한도 없이 늘리는 사람의 욕심은 쌓이는 족족 강가의 모래를 퍼갔고, 밀려드는 모래보다 퍼내는 양이 훨씬 늘어나면서 먹이와 맑은 물을 잃는 흰수마자는 다른 마자들과 더불어 터전을 빼앗기지 않을 수 없었다. 힘이 없다 자조하는 환경부에서 부랴부랴 '멸

　　　　　　　　　　　　　동물 인문학

종 위기종'으로 지정했건만 모래 채취는 결코 진정되지 않았다.

　모래 채취가 아무리 극성이어도 내성천의 흰수마자는 터전을 지켜낼 수 있었다. 오염된 물을 남은 모래가 정화하기 때문인데, 이제는 장담할 수 없다. 낙동강 모래의 절반 이상을 공급하던 내성천의 상류가 다목적을 과시하는 영주댐에 가로막힐 날이 코앞으로 다가온 것이다. 영주댐이 물길을 차단하면 내성천의 모래도 흐름을 멈출 게 틀림없다. 모래가 차단되면 내성천의 눈밭을 뒹굴며 살얼음을 잘라 먹는 이는 수인성 질병으로 톡톡히 고생하겠지.

아니! 흰수마자의 멸종 위기 등급을 낮추겠다고? 낙동강에서 버림받아도 내성천에서 겨우 명맥을 유지하는데, 멸종 위기 정도를 1등급에서 2등급으로 낮출 예정이라는 환경부의 발표가 나왔다. 4대강 사업이 강물을 차단하던 때였다. '4대강 사업'을 지원하려는 처사라는 비난을 피하기 어려웠는데, 어라! 흰수마자는 멸종 위기가 아니라고 덧붙였다. 공사 중에는 상류로 피난간 뒤 돌아올 거라는 게 아닌가? 흰수마자에게 의견을 묻지 않은 환경부는 장담했지만, 어떨까? 4억 톤이 넘는 모래를 퍼올리는 토목공사로 낙동강 본류의 물살이 빨라지면서 상류와 지천의 모래까지 마구 휩쓸리는데, 피난 떠난 흰수마자는 온전할까?

환경부는 한 술 더 떴다. 증식해서 방생할 테니 걱정 말란다. 금강의 어름치처럼 몇 마리를 포획해 인공수정으로 개체를 늘린 뒤, 공사 종료 후 풀어주겠다는 건데, 마음 놓아도 되나? 성공해도 그 과정에서 물려받은 유전자의 다양성을 대부분 잃을 흰수마자는 동의하기 어려울 것이다. 맑은 물이 샘솟듯 올라오는 얕은 모래 여울에서 살아가는 흰수마자는 어디로 가야 하나. 내성천 상류는 안심할 수 있을까?

낙동강의 흰수마자는 광산 갱도의 카나리아처럼 낙동강의 내일을 지표하는 생명이 되고 말았다. 여름마다 낙동강의 녹조는 곤죽처럼 늘어나며 확산된다. 독성을 가진 녹조가 상수원을 위협한 지 오래다. 4대강 사업의 지독한 후유증은 민원을 키워 훗날 결국

낙동강은 복원될 텐데, 낙동강 본류로 돌아와야 할 내성천의 흰수
마자가 사라진다면, 다른 마자들은 안녕할지. 또, 자연에 기대야
건강한 사람들은 온전할까?

촛불집회를 기다리는 꼬치동자개

촛불의 힘! 과연 장했다. 세종로에서 종로1가와 남대문까지 꽉
찬 촛불은 2002년 한일월드컵 붉은악마보다 많아 보였건만 경찰
은 8만이라고 우겼다. 붉은악마였다면 100만이 넘었다고 과장했
을 경찰. 누구의 눈치를 본 걸까? 사진의 촛불을 일일이 센 네티즌
은 촛불을 들지 않은 시민까지 총 70만으로 추산했다.

모인 시민의 수는 아무래도 좋았다. 세종로의 높은 건물에서 둘
러봐도 끝이 없던 촛불은 주권자의 뜻을 외면한 정부의 간담을 서
늘하게 만들기에 충분했다. 덕분인가? 쇠고기 수입 여부와 달리
미국 눈치가 필요 없는 '한반도 대운하'는 취소될 가능성이 엿보
인다고 언론은 일제히 보도했고, 실제로 취소되었다. 이후, 촛불은
사그라졌다.

낙동강과 한강을 잇겠다던 '한반도 대운하'는 '4대강 사업'으로
화장을 바꿨다. 가뭄과 지구온난화를 대비해 4대강의 물그릇을 늘
린다? 결국 속았다. 수심 6미터로 바닥의 모래를 일률적으로 퍼내

고 16개의 대형 보로 강물을 차단한 '4대강 사업'은 운하와 무엇이 다른가? 6미터 깊이는 운하를 다니는 배를 고려한 수치다. 대구는 항구가 되어야 했다. 그런데 다행이라 해야 할까? 모래를 퍼낸 자리에 다시 모래가 쌓인다. 지천의 모래가 홍수를 타고 4대강 본류로 휩쓸려 들어가는 현상이 계속되는데, 애초에 계산에 넣지 않은 사태가 연이어 발생하니 마음 놓을 수 없다. 모래가 쓸려가는 지천이 새삼 불안해진 것이다.

촛불의 힘이 계속되기를 바라는 마음은 낙동강의 동물에게 희망이었다. 환경부 산하 국립수산과학원 남부내수면연구소에서 인공증식에 성공해 경상남도 함안군 경호강으로 방류된 꼬치동자개가 그럴 것이다. 2003년 환경부에서 '멸종 위기 1급'으로 지정했고 문화재청이 2005년에 천연기념물 455호로 지정해 보존하는 꼬치동자개는 강모래와 자갈이 줄어들면서 몹시 드물어졌다. 바람 앞에 촛불처럼 언제 멸종할지 모른다. 촛불이 타오르길 바라겠지만 대운하와 다르지 않은 4대강 사업은 결국 낙동강 본류의 흐름을 막았고 낙동강의 지천인 경호강은 오늘도 모래를 잃어간다.

성 성숙촉진 호르몬 주사를 받은 꼬치동자개는 자신의 의지와 관계없이 자연이 아닌 연구소에 알을 낳아야 했다. 연구원에게 생포된 꼬치동자개의 눈물겨운 희생 덕분에 2000여 마리가 태어났고 그 중 1000마리가 2007년 10월에 방류됐는데, 지속적으로 모니터링한 결과 경호강 전체에서 3개체에 불과했던 꼬치동자개가

동물 인문학

1년 만에 제곱미터마다 5개체 가깝게 늘었다는 보도자료가 언론사에 전달되었다. 얼핏 다행스러운데, 래프팅 인파가 몰리는 경호강에 꼬치동자개는 지금도 자리를 지키고 있을까? 개체수와 관계없이 예전처럼 안정적일까?

투명한 하천의 중상류, 크고 작은 바위 아래에 터 잡는 꼬치동자개는 원래 서식 밀도가 그리 높지 않았다. 6·25전쟁 이전, 대구 도심의 하천에서 어렵지 않게 볼 수 있었지만 다른 물고기들에 비해서는 꽤 드물었다. 덩치 큰 물고기의 텃세를 이겨내야 했던 꼬치동자개는 그 점이 늘 불안했겠지. 연구원의 모니터링과 관계없이 양친의 수가 적은 꼬치동자개는 유전 다양성이 부족하다. 개체수가 늘었어도 대부분 형제자매다. 유전 다양성이 부족하면 환경변화에 대한 적응력은 떨어진다. 기후변화로 인한 가뭄과 폭우는 전에 없이 치명적인데 낙동강은 경호강의 모래를 탐하는 현실이다.

낙동강을 떠난 적 없는 꼬치동자개는 불안하다. 사람들이 높은 산간을 도로로 뚫으면서 분수계分水界가 무너졌고 생태조건과 먹이가 비슷한 동자개와 눈동자개가 낙동강으로 흘러들어오지 않았나. 덩치가 큰 그들은 여간해서 상류로 올라오지 않으니 그나마 다행인데 4대강 사업은 앞날을 예측하지 못하게 한다. 몸 크기가 사촌인 눈동자개와 동자개의 절반에도 미치지 못하는 꼬치동자개는 밤에 활동하지만 더욱 혹독해질 생존경쟁을 견딜 수 있을까?

야간에 주로 활동해서 그럴까? 담수어류 생태학자는 꼬치동자개의 습성을 아직 파악하지 못했다고 실토한다. 천적이 잠든 밤, 바위 밖으로 슬그머니 나와 긴 입수염으로 감지한 물속 곤충들을 잡아먹으며 10센티미터 남짓 자라는데, 낙동강에서 살아남기 위해 꼬치동자개에게 무엇보다 중요한 것은 터전의 안정이다. 그를 위해 경호강에서 여러 지류로 서식지가 퍼져야 할 텐데, 흐름이 차단된 낙동강은 그 기회를 원천봉쇄할 게 틀림없다.

물결에 굴절된 빛이 갈색 자갈에 연하게 반사되는 듯, 연한 갈색 반점 4개가 담황색 몸통의 등지느러미 앞과 뒤, 꼬리지느러미 앞에 선명하게 보이는 꼬치동자개는 몸이 짧고 납작하다. 위아래가 납작한 등지느러미 앞 몸통과 옆이 납작한 몸통에 비늘이 없어 손으로 잡으면 잘 미끄러진다. 가슴과 등지느러미에 강한 가시가 있는데, 그 부분을 무심코 잡다간 낭패를 당한다. 찔리면 여간 아픈 게 아니다. 덩치 큰 천적이 덥석 물었다 혼비백산하기에 충분할 정도지만 인간의 손재주와 토목기술 앞에서는 아무 소용이 없다.

변태 전의 물속 곤충은 바위나 돌에 곱게 앉은 돌이끼를 갉아먹는다. 물속 곤충이 풍부해야 꼬치동자개 명맥을 이어주는데 언제부턴가 물이끼가 전 같지 않아졌다. 생태를 무시하는 토목기술은 산기슭이라고 특별히 조심하지 않는다. 쏟아지는 공사 현장의 흙탕은 하천을 휩쓸고, 흙탕에 뒤덮인 이끼는 산소동화작용을 하지 못한다. 강바닥의 바위와 돌에 단단하게 붙었던 뿌리가 들뜨자 돌이끼가 사라졌다. 그러자 물속 곤충이 떠났고, 꼬치동자개는 터전을 잃을 수밖에 없었다. 운하 망령을 숨긴 4대강 사업은 꼬치동자개의 귀향을 가로막았다.

난폭한 토목으로 생태계가 난장판이 된 낙동강에 농장과 공단의 오폐수는 여전하다. 경호강의 상류는 아직 견딜 만하므로 꼬치동자개는 운둔할 거라 믿는데, 예전에 없던 국지성 호우와 태풍이 점점 강력해진다. 낙동강의 대형 보들은 거세질 홍수를 견딜 수 있을까? 유전 다양성이 결여된 경호강의 꼬치동자개는 자신의 터전을 넓히지 못하는데, 은근슬쩍 한반도 대운하를 부추긴 환경부는 4대강 사업에 앞장섰다. 꼬치동자개는 여전히 촛불을 기다릴지 모른다.

황사를 만난 누치

봄비가 지나가자 황사가 덮쳤다. 미세먼지도 합세한다. 해마다 몇 차례인지 셀 필요 없이 어느새 일상이 되었다. 황사는 중국과 몽골의 사막에서 기원하는데, 강수량이 줄어든 만큼 몽골의 사막화가 거세진다고 취재기자는 실감나는 화면을 보여준다. 강수량보다 늘어난 증발량 탓에 육지로 변한 호수, 그 호수를 휩쓰는 봄바람은 해가 갈수록 거세다. 사막화가 늘어날수록 우리나라로 날아드는 황사가 더욱 심해진다는데, 기자는 그 이유를 밝히지 않았다. 시청자들이 잘 알기 때문일까? 잘 알아도 언급하지 않는 그 이유는, 여전히 남의 일인 지구온난화다.

고비 사막Gobi Desert과 타클라마칸 사막Taklamakan Desert에서 오는 황사만 무서운 건 아니다. 강가에서 걸핏하면 황사가 발생하는 게 아닌가. 2010년에 벌어진 일이다. '4대강 사업' 현장에서 퍼낸 모래와 자갈을 강 주변에 드높게 쌓아올렸는데, 건조한 봄바람이 인근 마을에 황사처럼 흙먼지를 일으킨 거다. 빨래가 지저분해져 주민들이 하소연했는데, 그 황사는 강물 속에서 더욱 무서웠다. 흙탕물의 확산을 막으려 오탁방지막을 2중, 3중으로 가로막아도 소용없었다. 오탁방지막 너머에서 잉어와 누치가 꾸구리와 더불어 떼로 죽고 말았다.

모기장처럼 촘촘한 망을 수면에서 바닥까지 겹겹이 내려도 미세한 흙까지 막진 못한다. 오탁방지막을 통과한 흙은 민물고기들의 아가미를 틀어막지 않던가. 여주 신륵사 주변의 남한강에서 횡사한 1000여 마리의 누치가 그랬다. 비교적 깨끗하고 물살이 거센 하천의 중상류를 빠르게 오르내리는 만큼 아가미를 바삐 여닫으며 거친 숨을 몰아쉬어야 하는데, 눈앞을 뿌옇게 가리는 물속의 황사는 마스크를 모르는 누치에게는 치명적 고통이었다.

대부분의 민물고기가 그렇듯, 강물이 따뜻해지는 5월마다 짝짓기에 들어가는 누치는 겨울이 유난히 길었던 2010년이 더욱 불안했을 터. 지구온난화 탓으로 번식 시기가 앞당겨지는데 얼음이 늦

동물 인문학

게 녹지 않았나. 봄이 짧아지리란 걸 직감해 모래와 자갈 바닥을 선점하려 애썼을 텐데, 아뿔싸! 어느 날 다가온 삽차 떼가 모래를 마구 퍼올리며 흙탕을 일으키는 게 아닌가. 수온이 찬 계절이라면 호흡량이 작아 견딜 만했는데, 따뜻해지면서 숨이 막혀왔을 것이다. 겨울밤에도 쉬지 않는 삽차들이 모래와 자갈을 퍼갈 때마다 거친 숨을 몰아야 했던 누치들은 시멘트 가루가 따뜻해진 하천으로 독극물처럼 스며들자 그만 목숨을 내놓아야 했을지 모른다.

산란장에 암컷이 들어서면 기회를 독점하려는 수컷들이 한바탕 소란을 피우는 누치는 성장 속도가 빠르고 덩치도 크다. 첫해 7센티미터로 성장한 몸은 2년이면 12센티미터, 3년이면 17센티미터로 자라는데, 여름철 거센 물살을 순식간에 헤치는 녀석들이 30센티미터 가까우니 자연에서 5년 이상 살겠지. 남한강의 '4대강 사업' 현장에서 죽은 누치들은 30센티미터를 훌쩍 넘겼다. 50센티미터에 달하는 녀석도 적지 않았다. 몇 년을 살았을까? 황사가 그토록 심한 적은 그들의 기억에 없었을 것이다.

옅은 갈색 등에 하얀 배를 가진 커다란 몸은 유선형이지만 한 쌍의 작은 수염을 가진 뾰족한 주둥이가 등보다 배 쪽에 가까운 누치는 모래와 자갈이 깔린 하천이 깨끗해야 활기차다. 모래와 자갈 바닥에서 꾸물대는 수서곤충의 애벌레나 다슬기를 걷어먹고, 자갈과 모래에 붙은 조류를 훑어먹는 특징이 그렇게 나타났다. 누치에게 흙탕은 치명적이다. 홍수가 일 때 잠깐 피하면 흙탕은 가라앉지만 흐름을 잃은 강은 다르다. 흙탕은 여간해서 가라앉지 않는다.

'4대강 사업 저지를 위한 범국민대책위원회'의 활동가들은 죽어가는 누치들을 촬영할 수 있었다. 활동가들의 헌신적인 행동에

감동한 지역 주민이 제보한 덕분인데, 뒤늦게 소식을 들은 건설업체는 죽어가는 누치들 위에 서둘러 흙을 덮었다. 누치뿐 아니라 잉어와 꾸구리가 죽어가는 건 시공업체가 앞에서 책임질 일이 아니건만, 참혹한 실상을 은폐하고 싶었나보다. 누군가의 지시가 있었던 걸까?

언론 보도로 문제가 커지자 시공업체는 흙탕이 아니라 양수기로 물을 빼내 질식사한 것으로 책임을 자신이 뒤집어쓰려했지만, '4대강 공사' 초기부터 숱한 생명이 죽어나갔다는 사실은 경험으로 알았으리라. 한데, 고작 30여 마리가 죽었을 뿐이라고 정부는 당장 드러날 거짓말을 늘어놓았다. 그에 화답한 걸까? 어떤 여당 국회의원은 누치가 어처구니없어할 질타를 쏟아냈다. "과로로 쓰러질지라도 공무원이 활동가보다 먼저 현장을 점검하라!"며 증거인멸을 부채질했다는 게 아닌가. 그의 눈에 생명은 보이지 않았던 걸까?

공사 현장의 민물고기는 상류나 지류로 스스로 터전을 옮기고 강물이 깨끗해지면 되돌아올 것으로 정부의 환경영향평가서는 호도했다. 서식지가 훼손되면 대체서식지를 만들어주면 된다고 외쳤다. 한데, 민물고기 고유의 생태적 특징은 조사한 바 없다. 다채롭게 어우러진 생태계의 연결고리를 무시했지만, 누치든 흰수마자든 꾸구리든, 적응된 터전을 여간해서 떠나지 않는다. 어쩔 수 없어 정든 마을을 떠나 낯선 동네로 삶터를 옮기지만 생소한 환경이 불편한 건 사람도 마찬가지 아닌가!

서해안과 남해안으로 빠져나가는 강에 주로 분포하는 누치는 언젠가부터 낙동강에 모습을 드러냈다. 플라이 낚시나 루어 낚시를 즐기고 싶은 누군가가 오래 전, 낙동강에 풀었나 보다. 사촌지간인 참마자보다 덩치가 큰 만큼 힘이 좋으니 손맛이 여간 아니겠지. 한데 모래무지 종류가 대개 그렇듯, 맛은 탐탁지 않았을 거다. 기름기가 적어 퍽퍽한데, 민물고기는 양념 맛! 파, 마늘과 고추장을 듬뿍 넣고 보글보글 끓이면 한층 그럴싸해질 테지. 한데, '4대강 사업'은 누치의 수를 급격하게 줄였다. 그래도 중국과 북한에서 들여와야 할 정도는 아직 아니다.

투망을 비웃는 꾸구리

투망질. 그거 쉬운 일 아니다. 오른손잡이라면 풀리기 쉽게 감은 투망 끈을 왼손에 살포시 잡고 왼쪽 팔뚝에 납추가 무거운 투망의 절반 정도를 걸쳐야 한다. 오른손으로 나머지 투망의 앞쪽을 움켜쥔 채 잔잔한 물속을 유심히 바라보다 별안간, 왼쪽으로 움츠린 허리를 오른쪽으로 획 돌리며 목표 지점을 향해 오른손과 왼손을 순식간에 뻗는 기술! 허리와 팔이 떨어져나가라 휘돌려도 뭉친 채, 어쩌다 초승달처럼 풍덩 코앞에 빠뜨리는 신출내기는 감히 도

전할 수 없다.

목표 지점이 멀면 왼손에 쥔 끈이 팽팽해질 만큼 멀리, 장애물이 있으면 반달이나 역삼각형으로 펼치며 투망을 던져야 시간 안에 목표를 채울 수 있었다. 한 지역에서 1000마리 이상 조사해야 이상적이지만 시간은 늘 부족했다. 그래도 1000마리의 4분의 1은 돼야 통계 유의성이 인정되니 어둡기 전에 250마리를 채워야 했다. 그래서 능숙하게 그물 던지는 이의 곁을 졸졸 따라다니는 연구원은 바빴다. 잡힌 종류와 개체수를 후다닥 파악해야 했으므로.

잠시 하늘로 솟았던 투망이 보름달처럼 펴지며 강바닥까지 내려가면 투망 안에 있는 물고기들은 순간 패닉에 빠진다. 그물코보다 작은 녀석들은 황급히 빠져나가 가슴을 쓸어내리겠지만 큰 녀석들은 그물코에 아가미가 끼어 꼼짝달싹 못하거나 펴졌던 추가 모이며 좁아드는 공간에서 허둥대다 그만 투망 아래의 주머니로 들어가 퍼덕거린다. 그런데 투망만으로 담수어류 생태계를 온전히 파악할 수 없다. 바위틈이나 그 아래 들어가 숨는 꾸구리는 투망을 비웃는다. 몸이 10센티미터 미만이기 때문만이 아니다.

꾸구리. 이름이 생소하다. 생긴 모습도 독특한 녀석은 오로지 한강과 금강의 중상류 모래바닥에 산다. 게다가 특산종이다. 잉어목 잉어과 모래무지아과로 학자가 분류한 꾸구리는 사촌 사이인 누치나 어름치처럼 덩치가 크지 않고 새미나 쉬리처럼 예쁜 것도 아니라서, 투망 들고 천렵 나온 이의 관심 밖이지만 어떤 물고기도 갖지 않은 특징이 있어 학자들이 주목한다. 고양이처럼 홍채를 세로로 좁히며 빛을 조절한다는 게 아닌가. 덕분에 밤낮을 가리지 않고 남한강의 모래바닥을 누빌 수 있으리라.

꾸구리는 크고 작은 자갈이 모래 바닥에 흩어진 강에 분포한다. 그래서 그런가? 몸은 모래와 비슷하게 옅은 갈색이고 자갈 그림자가 드리워진 듯, 대여섯 개의 진한 갈색 띠가 등에서 꼬리로 이어진다. 무늬 때문에 투망을 피하는 건 아니다. 동공이 움직이니 햇살이 눈부셔도 투망이 날아오는 걸 진작 파악할 수 있지만 그보다 거센 물살에도 동작이 재빠른 까닭이다. 투망이 수면에 닿기 전에 바닥의 돌 틈에 잽싸게 숨어드니 납추가 촘촘한 투망으로 강바닥을 훑어도 소용없다.

남한강의 담수어류 생태계를 조사하던 연구원은 족대를 추가했다. 햇살이 투명하게 강바닥을 비추는 날, 족대를 들고 살금살금 물살을 거슬러 올라가며 모래바닥을 유심히 들여다보길 반나절. 운 좋으면 눈을 가늘게 뜨고 아가미를 빠끔거리는 꾸구리를 모래바닥 사이에서 발견할 수 있었다. 작은 곤충을 노리던 꾸구리는 문득 사람이 다가오는 걸 느끼고 잽싸게 작은 바위 아래로 숨어들 터. 그때 연구원은 꾸구리가 숨은 바위 바로 아래에 족대를 감싸듯 세운 뒤 반대편으로 가서 그 바위를 냅다 걷어찼고, 즉각 족대를 들어 올렸다. 해가 서쪽으로 기울 때까지 실눈으로 노려보는 꾸구리 대여섯 마리를 잡을 수 있었다.

꾸구리가 노리는 곤충이 물속에 자리잡는 건 빗물을 타고 땅위의 유기물이 강에 스며들었기 때문이다. 흐르는 모래가 있어 강이 깨끗하고 그렇기에 꾸구리가 게 있지만 어쩌면 꾸구리가 있기에 강물이 더 깨끗해지는 건지 모른다. 꾸구리가 없으면 유기물을 처리하는 곤충이 조절되지 않을 게 아닌가. 꾸구리가 있으므로 논밭과 과수원과 축사, 축사와 공단을 적시며 흘러든 강물이 여전히 깨끗한 것이리라.

여주군 남한강변의 지명은 금사면金沙面이다. 신륵사 앞을 흐르는 강변을 조상은 '은모래 금모래'라 이름 붙였다. 장마철마다 노도처럼 불어나는 강물이 세세만년 쌓은 모래가 게 있기 때문이다. 햇살이 강한 대낮에 은빛으로 물드는 모래밭은 석양이 드리우는 저녁이면 금빛으로 찬란해지는데, 거기에 꾸구리가 산다. 아니, 살았다. 배지느러미를 흡반처럼 모아 바위나 자갈에 몸을 붙이며 물살 빠른 여울을 지키는 꾸구리는 입가 두 쌍의 짧은 수염으로 먹이를 감지하면서 남한강에 모래가 쌓인 태곳적부터 금사면에 깃들어 있었다. 오랜 옛날 어떤 천재지변으로 분수계가 흐트러지면서 북한강과 금강에 흘러들어갔지만 본디 백사장이 넓은 남한강에 터를 잡았을 것이다.

서울의 서빙고동과 동빙고동은 겨울철 잘라온 한강 얼음을 여름이 지나도록 보관했던 문화재가 있는 곳이다. 임금에게 시원한 음식을 대접하기 위한 얼음 창고는 강물이 깨끗하므로 존재했을

텐데, 드넓은 백사장을 거느리던 한강이 겨우내 꽝꽝 얼었던 시절의 이야기다. 지금 한강은 얼지 않는다. 백사장도 없다. 하지만 백사장이 남은 남한강은 겨우내 언다. 백사장을 스치는 물은 떠먹고 싶을 정도로 투명하다. 그래서 꾸구리가 명맥을 잃지 않았지만 한강의 모래가 사라졌다. 금모래와 은모래는 자취를 감췄다.

동물 인문학

4대강 사업으로 흙탕물이던 신륵사 앞의 남한강은 거대한 호수로 변했다. 대형 보에 막혀 흐름을 잃은 호수는 금모래와 은모래가 펼쳐지던 자리를 수상스키와 오리보트에게 내주고 고즈넉했던 신륵사는 밤을 새우는 고성방가로 골머리 아픈데, 아가미에 끼는 흙먼지와 독소를 견디지 못하고 누치와 함께 떼로 죽어나가던 꾸구리는 4대강 사업이 끝난 남한강에 되돌아왔을까? 상류로 이동했다 흙탕이 가라앉으면 돌아올 것이라고 장담했던 공사 책임자는 환경부 담당자와 함께 현장을 떠났다. 꾸구리도 금모래와 은모래가 없는 남한강을 떠났다.

사람보다 훨씬 먼저 남한강에 터 잡은 꾸구리는 작별을 고했는데, 생명력을 잃은 남한강에서 오리보트를 타는 사람들은 언제까지 건강할까? 남한강 지천에 가녀린 숨을 쉬리라 믿고 싶은 꾸구리. 삶터가 오그라든 꾸구리는 사람의 내일을 예견하는 건지 모른다.

지위가 위태로운 꺽지

강원도 영월군에는 동강뿐 아니라 서강도 흐른다. 1990년대 중순, 전국을 들썩인 영월댐 반대운동으로 유명세를 치른 동강이 영월 땅을 적신다는 뜻은 그에 대응하는 서강도 충분히 상상할 수 있는 일이건만 서울 사람들은 황새여울, 된꼬까리, 어라연으로 이어지는 동강만 기억한다. 그렇다고 서강이 부러워하거나 동강에 질투를 느끼지 않을 터. 영월 사람들에게 래프팅 인파로 북적거리는 동강보다 단종애사의 현장을 장엄하게 간직한 청룡포에 애착이 강한 까닭이다. 깊은 물속에 수달이 노니는 청룡포는 서강의 비경 중 하나다.

해발 1261미터의 횡성군 태기산에서 발원해 영월군 수주면에서 법흥천을 받아들인 뒤 서면 옹정리에서 평창강으로 흘러드는 주천강은 서강의 지류다. 왜 주천酒泉인가. 영월군 주천면 망산의 한 기슭 바위에서 술이 술술 흘러나왔다 하니 그렇다. 주천강의 물은 술 빚기 그만일 만큼 맑았던 모양이다. 주천강은 다시 평창강과 이어진다. 평창군 용평면의 해발 1577미터 계방산에서 발원해 홍정천과 대화천과 계촌천을 거듭 받아들인 뒤 평창읍을 가로지르다 영월읍 서면에서 주천강과 만나 서강이 되어 굽이친다.

영월읍 남쪽의 동강과 합쳐 남한강이 되는 서강의 물줄기는 양수리로 흘러 한강으로 모인 뒤 하구에서 임진강 물줄기과 섞이며 아주 오랜 세월 동안 갯벌이 드넓은 강화도 앞바다의 소금기를 희석해 주었다. 덕분에 경기만 일원의 갯벌에 수많은 어패류들이 알을 낳고 봄가을이면 도요새와 물떼새. 겨울이면 오리들이 시베리아에서 날아올 수 있었다.

남한강부터 넓어진 강이 덩치가 큰 쏘가리에게 우월적 생태적 지위를 허용했다면, 폭이 좁고 경사가 급해 물살이 빠른 서강과 동

동물 인문학

강은 단연 꺽지에게 포식자의 지위를 허락했다. 40센티미터가 넘는 쏘가리와 생김새가 엇비슷하고 유전적으로 가깝지만 자라 봐야 20센티미터가 보통인 꺽지는 바닥이 편평하고 바위가 드문 중하류의 넓은 강을 사양한다. 물살이 맑고 차가운 중상류 하천의 깊은 소나 바위틈에 숨었다가 멋모르고 다가오는 돌고기나 피라미 같이 작은 물고기를 잽싸게 낚아채며 우리 하천의 골목대장을 영위해 왔다. 지나치게 으스대다 수달의 밥이 되기 십상인 쏘가리와 달리 바위틈에 숨는 까닭에 방심하던 물고기들에게 공포의 대상이었던 꺽지는 대한민국 하천의 오랜 토종이다.

우리 강과 빙하기 이전에 연결되었던 중국에 없으니 우리 땅에서 비교적 최근에 진화된 게 틀림없는 꺽지는 일본에도 분포하는 꺽정이에서 분화되었을 가능성이 높다. 동해안으로 빠져나가는 하천을 제외하고 전국의 하천 중상류에서 자신의 지위를 지켜오는 꺽지는 남해안으로 빠지는 탐진강이나 낙동강 일부에서 모습을 간간이 드러내는 15센티미터 정도의 꺽정이보다 덩치가 크다. 꺽지가 없는 일본에서 극진히 보호하는 꺽정이는 코에서 등지느러미 앞까지 흰색의 좁은 무늬가 도드라지지만 전문가가 아니라면 꺽지와 구별하기 어렵다. 살아가는 행동과 사는 지역의 특징이 거의 같은 꺽지가 터줏대감인 꺽정이를 몰아낸 건 아닐까?

투명한 물이 감돌아 흐르는 계곡의 그늘진 바닥은 대체로 녹갈색이고 햇빛이 부서져 흐르는 강바닥은 노랗다. 맨발로 들어가도 미끄러지지 않는 건 바위에 앉은 돌이끼가 건강하기 때문이고, 돌이끼를 먹으며 계곡을 빠르게 이동하는 건 버들치와 갈겨니 무리다. 해오라기와 물총새가 갯버들 잎으로 착각하게 만들 정도로 등을 녹갈색으로 위장한 그들의 옆구리는 희다. 방향을 획 바꿀 때 수면에 반사되는 햇빛처럼 보인다. 덕분에 물 밖의 천적을 속일 수 있지만 물속 천적인 꺽지에게는 별 소용이 없다.

노란 빛을 띤 녹갈색 몸통에 옅은 검은 무늬를 아가미 뒤에서 꼬리까지, 옆구리를 따라 꼬리까지 예닐곱 개 두세 줄 이어지는 꺽지는 물속의 포식자다. 수면을 통과한 빛이 물속에서 아른거리듯, 청록색 띠를 눈 주위에 우산살처럼 펼쳐놓고 바위틈에 빠끔히 고개를 내미는 꺽지. 작은 물고기에게 무시무시한 존재임에 틀림없지만 제 자식에게는 더없이 따뜻하다.

4월에서 7월이면 바위나 큰 돌 아래 둥글게 알을 붙여 낳는 꺽지는 수컷이 알 보호를 자청한다. 부화한 뒤에도 새끼들이 바위틈을 떠날 때까지 적극 보호하는데, 자연은 꺽지의 부성애를 한껏 이용하는 동물을 등장시켰다. 수컷이 지키는 바위틈에 들어가 목숨을 걸고 꺽지 알 주변에 제 알을 붙여 낳는 감돌고기가 그들이다. 꺽지보다 빨리 부화하는 감돌고기 새끼들은 스프링으로 튀듯 잽싸게 바위틈을 빠져나가는데, 이후 뒤늦게 부화하는 어린 꺽지를 조심해야 한다. 저보다 작은 물고기를 한입에 삼키며 무럭무럭 자라는 꺽지는 치어 때부터 무시무시하다.

동물 인문학

다 자란 꺽지는 제 영역으로 여기는 바위틈을 철저히 지킨다. 기웃거리는 동료를 쫓아내며 얼쩡거리는 물고기를 한입에 삼키는데, 그 점을 노려 루어 낚시꾼들이 여울이나 계곡의 깊은 소에 몰려든다. 1미터 가까운 수심의 바위틈 앞에 꺽지를 빼닮은 플라스틱을 낚싯바늘과 함께 내려놓고 좌우로 흔들면 화가 치밀어 공격하던 녀석을 들어 올릴 수 있을 거고, 몸을 뒤트는 미꾸라지를 미끼삼아 낚싯줄을 내리면 거침없이 삼킨 꺽지를 물 밖에서 만나게 될 터. 하지만 엉겁결에 물 밖 세계로 몸이 드러난 꺽지는 10개가 넘는 등지느러미의 가시를 단단히 세우고 한참을 버둥거릴 것이다. 잡으려 들면 확 찌를 태세로.

농어목 어류들이 그렇듯, 몸에 기름기가 많은 꺽지는 단단한 육질이 그만이지만 고추장을 풀어 끓여낸 매운탕의 국물 맛도 끝내주게 만든다. 루어 낚시로 올라온 꺽지, 가슴만한 돌을 커다란 바위에 내리치면 멍하니 떠오르는 꺽지, 어쩌다 투망에 걸려드는 꺽지들은 그만 아가리 큰 솥에 들어가고 말겠지. 사람처럼 맛 앞에 집요한 동물도 없지 않은가. 하지만 꺽지를 언제까지 만나게 될까? 운하로 변경될 가능성을 숨겼던 4대강 사업이 꺽지가 깃들던 강바닥을 사정없이 뭉개지 않았던가. 인간에 의해 한반도 하천의 오랜 지위를 잃을 꺽지. 꺽지가 떠나는 강은 사람에게 어떤 보답을 할지, 서강의 꺽지는 알까?

큰빗이끼벌레는 무죄

포천시 수원산에서 발원해 남양주시와 구리시를 지나 한강으
로 흘러드는 왕숙천은 남양주시 진접읍의 팔야리를 거친다. 왕자
들의 칼부림에 환멸을 느낀 태조 이성계가 왕궁을 떠나 한동안 머
물던 함흥에서 마지못해 돌아올 무렵, 그는 삼각산이 가까운 지역
에서 8일 밤을 묵었다고 한다. 태조가 숙영했던 하천이라 왕숙천
王宿川, 8일 밤을 지낸 곳이라 팔야리八夜里라는 지명이 붙었다고 야
화는 전한다.

1980년대 생물학과 신입생들은 필수인 야외실습 과목의 일환
으로 토요일마다 수도권 생태계 조사를 다녔는데, 주변에 생물상
이 풍부했던 왕숙천은 관찰과 채집의 대상지에서 빠지지 않았다.
주위에 식당이 없었던 시절, 학생들은 왕숙천 물을 떠서 쌀을 씻고
찌개를 끓여 점심을 해결하곤 했는데, 수면 아래 떨어진 동전의 제
조연도를 구별하게 했던 왕숙천은 이제 예전의 모습을 완전히 잃
었다. 1990년대 밀집돼 들어선 인근 공단에서 폐수가 쏟아진 이후
의 일이다. 최근 공장의 하수처리가 강화되면서 많이 나아졌지만
한동안 시커멓고 끈적끈적했다.

풍덩풍덩. 하천에 투명한 동심원을 만들며 들어갔던 조약돌이
저음으로 '푸웅덩' 빠지자마자 시야에서 사라지게 만들면서 왕숙

동물 인문학

천은 아무 생명도 거느리지 못하는 차라리 독극물이었다. 즐비한 가죽과 염색공장의 폐수가 차단된 이후, 색깔이 다소 옅어졌지만 살아난 건 아니다. 모래와 자갈이 물과 다시 흐르면서 정화되기 시작했어도 상처는 깊다. 남양주시와 구리시를 지나 한강으로 이어지는 자전거도로를 이용하는 시민들의 불만과 민원이 줄었더라도 한동안 코를 막아야 했다.

공장과 주택에서 나오는 폐수와 하수를 분리해 하수종말처리장으로 보내면서 우리 도시의 하천들이 조금씩 맑아지고 있다. 도시마다 '모래내'라는 지명이 있다. 모래가 흘렀을 하천에서 시민들은 다양한 생물을 만나곤 했지만 끔찍하게 오염된 이후 복개돼 지명만 남았다. 그렇게 잊었던 도시 하천이 살아나고 있다. 청계천처럼 복개를 헐어 고비용의 조경하천으로 변모하거나, 서서히 생태가 회복된다. 중랑천이 그렇다. 지금은 왜가리와 백로가 한가로이 거닐며 먹이를 찾아내지만 악취가 진동하던 10여 년 전에는 모기의 유충인 장구벌레와 붉은 실지렁이들만 오물거렸다.

부여 낙화암에서 바라보는 백마강은 금강의 한 구간이다. 하지만 강가의 넓은 모래가 절경이던 백마강은 지금 없다. 금강이 생긴 이래 흐르고 흘렀던 모래를 굴삭기로 퍼 올려 강가에 쌓아놓고 대형 보로 가로막자 수많은 전설을 품고 흐르던 백마강은 썩어간다. 낙동강과 한강도 마찬가지다. 영산강도 그 모양이지만 지방자치단체장이 되살리겠다는 의지를 천명했으니 달라질 가능성이 생겼는데, 지난 정권의 '4대강 사업'은 투명하게 굽이치던 강을 얼마 전의 중랑천처럼 만들었다.

썩어가는 강은 괴기스럽다. 수온이 오르면서 녹조가 덕지덕지해지면서 강물에 흉측한 생물이 나타나 보는 이를 경악하게 한다. 일찍이 들어본 적 없는 그 생물은 큰빗이끼벌레. 미국 미시시피강이 원산인데, 사람과 이동해 유럽과 아시아 일원에 두루 퍼진 큰빗이끼벌레는 태형동물이란다. 주로 흐름이 느리거나 거의 없는 강이나 호수에서 촉수를 내놓으며 미생물을 먹는 큰빗이끼벌레는 개구리 알 비슷하게 1.5밀리미터 크기에 불과해도 불규칙한 군체를 형성해 섬뜩한 느낌이 든다. 한천질에 둘러싸인 군체는 언뜻 개구리 알덩어리처럼 보여도 주변 여건에 따라 지저분해지는 탓이다.

깨끗한 물에 분포하는 군체는 눈에 띄지 않게 작지만 부영양화된 호수에서는 달라진다. 흐름이 멈춘 4대강이 특히 그렇게 만든다. 수온이 오르자 녹조가 가득해진 4대강의 바위나 나뭇가지에 붙어 부정형 덩어리로 군체가 성장하는 큰빗이끼벌레는 오물이 담겨 썩어가는 비닐주머니처럼 4대강에서 흐물흐물한다. 커다란 군체를 양동이에 담으면 죽어서 썩는 개체들이 암모니아 악취를 내뿜는데, 멋모르고 다가선 피라미 같은 담수어류는 그만 질식사하고 만다. 2미터 넘게 불어난 부정형 군체들이 여기저기 흩어진 4대강은 찾는 이에게 거부감을 일으키기에 충분하다.

현재 큰빗이끼벌레의 천적은 없다. 베스 같은 외래어종이 이따금 뜬다지만 천적으로 여길 정도는 아니라니 수온이 내려가길 기다리다 이듬해 다시 만나야 할 상황인데, 해마다 그 정도가 심해진다. 녹조에 이어 큰빗이끼벌레가 광범위하게 확산되자 환경부는 엉뚱한 해명을 내놔 빈축을 샀다. 오염된 곳에서 발견되더라도 독성이 없으니 안심하라는 거였다. 가뭄과 수온 상승으로 발생했다며 가뭄을 탓했지만 어떤가? '4대강 사업' 전에도 여름 가뭄은 드물지 않았는데, 그때마다 녹조와 큰빗이끼벌레가 4대강에 스멀거리기라도 했다는 겐가?

녹조는 정수하면 거를 수 있다고 장담한 환경부는 수돗물은 안심하라고 덧붙였지만, 강은 상수원만 중요한 물줄기가 아니다. 녹조가 해마다 발생 시기를 앞당기며 끈끈해지고, 드물던 큰빗이끼벌레가 늘어나는 현상이 무엇을 웅변하고 어떤 대책을 요구하는지 환경부는 헤아려야 한다. 더 많은 에너지와 약물로 처리하는 수돗물이 환경부 대책의 전부일 수 없다. 생태계의 안전성을 인식하지 못하는 환경부라면 힘이 없다 자조할 이유도 없다. 그저 개발부서의 과오를 숨기는 그 산하기관에 지나지 않는다.

죽어가는 군체를 접촉하는 이에게 두드러기와 발진을 발생하게 하는 큰빗이끼벌레는 정체돼 썩어가는 강물의 상징일지언정 깨끗한 상수원의 지표일 수 없으므로 방치해야 할 이유가 없다. 수온이 내려가길 기다리기보다 큰빗이끼벌레가 없던 예전의 모

습으로 환원해야 한다. 곤죽이 되는 녹조와 더불어 수질오염과 생
태계 교란을 지표하는 큰빗이끼벌레는 우리에게 모래가 흐르는
강의 복원이 시급하다는 걸 웅변한다. 그렇더라도 큰빗이끼벌레
는 죄는 없다. 썩은 물이라도 생명이 남아 있다는 한숨을 허용하
지 않은가.

피해는 사회적 약자부터

　김천시 수도산에서 발원해 구미시 선산읍에서 낙동강 본류로
흘러드는 감천은 '스스로 그러한' 자연의 능력을 여실히 보여준다.
감천에서 흘러든 모래가 삼각주를 형성하며 모래를 잃은 낙동강
을 채워주지 않던가. 강이 '재자연화'되는 것인데, 감천뿐이 아니
다. 물론 낙동강만도 아니다. 머지않아 4대강은 원래의 모습을 되
찾을 것으로 보이는데, 문제는 재자연화가 혼란을 초래할 수 있다
는 데 있다. 안전을 대비하는 복원기술이 세심하게 개입하기 전에
발생하는 지천의 침식이 그것이다. 지천에 의존하는 지역의 생태
계와 주민의 생활터전이 치명적으로 파괴될 가능성이 높다고 전
문가들은 걱정한다.
　산간계류에서 지천으로 흐르는 모래는 강 본류를 채우며 바다
로 서서히 이어졌는데, 느닷없이 본류에서 6미터 깊이로 사라졌

다. 경부고속도로를 100미터 높이로 채울 양이라고 전문가들은 분석했다. 지천의 모래가 하류 방향으로 쏟아지며 강의 지형은 안정을 향해 변화하지만 대신 지천의 오래된 안정이 위험해졌다. 모래와 자갈이 휩쓸리면 생물은 서식처를 잃고 주민의 농경지는 침식될 수밖에 없다. 이른바 '역행침식'이다. 무너지거나 상판을 잃은 크고 작은 지천의 다리는 언론의 눈에 띈 작은 사례일 뿐, 4대강 사업을 추진한 정부 관계자에게 중요하지 않을 것이다.

누수가 아니라 단순한 "물 비침"이라고? '물 비침'이라는 용어는 법에도 수리학에도 없다. 누수량이 많든 적든, 보 아래의 콘크리트에서 물이 샌다면 보 자체가 무너질 수 있다는 걸 그 방면 전문가들은 당연히 안다. 지천에서 모인 모래가 본류에 삼각지 형태로 쌓인 상태에서 연천댐을 무너뜨린 정도의 폭우가 휩쓴다면 어떤 일이 낙동강을 비롯한 본류와 지류에서 발생할까? 지구온난화와 더불어 심화되기만 하는 기상이변은 예측을 불허하는데.

150년 전 라인강을 파괴한 독일, 파괴된 강을 보면서 자란 독일 카를스루에대학교University Karlsruge 베른하르트Hans Helmut Bernhart 교수는 "꿈속에서 겨우 볼 자연이 무너지는" 현장에 와서 "이렇게 백해무익한 공사는 태어나서 처음 본다"며 눈시울을 적셨다. "후손에게 재앙만 안길, 건설업계만을 위한 사업"이라고 4대강 사업을 평가했다. 강 복원의 세계적 권위자인 그는 누수현상은 큰물이 들때 보가 무너질 전조라는 걸 강조하며, 가둔 물을 사전에 흘려보내

지 않으면 4대강의 대형 보들은 상류부터 도미노처럼 무너질 수
있다고 경고했다. 보를 전부 철거해야 생태적으로 가장 합리적이
지만 현실적으로 어렵다면 최악의 상황을 모면하기 위해 수문부
터 열자는 건데, 4대강의 담수어류들은 동의할까?

　"가난한 농부의 자식으로 태어나 가뭄이나 홍수로 흉작이 지
면 굶기를 밥 먹듯 했다"고 자신을 소개한 헨리히프라이제^{Alfons}
^{Henrichfreise} 박사는 4대강 사업으로 인해 한국 농민들에게 닥칠 자연
의 복수가 두렵다고 걱정했다. 독일 정부에서 강을 관리했던 헨리
히프라이제 박사는 홍수 증가, 퇴적, 수질 악화, 농경지 피해, 지하
수 고갈, 역행침식이 거듭되면서 발생하는 경제적 손실은 상상을
초월할 거라며 "보를 전부 폭파하고 강을 원상태로 되돌리라"고
권고한다. 독일 사례를 검토한 그는 보 폭발이 가장 경제적이라고
귀띔했는데, 4대강에서 터전을 이어왔던 담수어류들은 서두르길
바라지 않을까? 큰빗이끼벌레야 사양하고 싶겠지만.

　해마다 심각해지는 '녹조곤죽'을 견딜 담수어류는 우리 하천에
없다. 큰빗이끼벌레도 견딜 수 없을지 모르는데, 그냥 떠 마실 수
있던 강물을 화학처리해서 마셔야 견딜 수 있는 사람들은 과학기
술을 믿으며 얼마나 버틸까? 낙동강에 8군데, 한강과 금강에 3군
데, 그리고 영산강 2군데를 막는 16개 보는 세계 댐학회가 '대형
댐'으로 분류할 규모다. 댐이 가로막아 생긴 호수에 쌓인 모래는
썩어갈 뿐 강물을 정화하지 못한다.

　　　　　　　　　　　　　　　　　　　　동물 인문학

홍수가 답인가? 1996년과 1999년 연천댐에서 거푸 보았듯, 생태계가 단조로워지기 전에 대형 보를 무너뜨린다면 4대강의 생태계는 드라마틱하게 복원되겠지. 하지만 정부를 믿고 강변에 남은 농민, 강가를 매립한 공업단지의 생산직 사원들은 터전과 직장을 잃을 게 틀림없다.

사회적 약자부터 받을 혹독한 피해는 당분간 회복이 불가능할 것이다. 그러니 보의 수문부터 어서 활짝 열어두자. 그런 뒤 보를 뜯어내자. 토목자본보다 후손의 건강과 행복이 우선이 아닌가. 4대강의 담수어류들이 더 사라지기 전에.

6장

◇
◇

후쿠시마 핵발전소가 원망스러운 생선

미국은 자국 낚시인에게 서해안에서 잡히는 참치를 먹지 말 것을 당부했다. 바다 생물의 먹이사슬 거의 마지막 단계인 참치는 덩치가 크고 맛도 빼어난 최고급 어종이지만, 태평양이 후쿠시마 핵발전소의 방사성 물질로 오염된 현실에서 먹는 이에게 방사능 피폭을 유발할 수 있기 때문이었다.

　1986년 4월 26일 새벽, 구소련 우크라이나의 체르노빌 하늘을 찢고 불태운 핵발전소는 북유럽 여성에게 블랙유머를 번지게 했다. 편서풍 지대 동편이므로 바람 영향이 적은 지역이더라도 낙진은 떨어질 터. 폭발한 핵발전소에서 배출한 낙진으로 암에 걸리기 싫다면 임신한 뒤 낙태하라는 소문이 파다하게 퍼진 것이다. 축적돼 몸을 위협할지 모를 이질 물질이 체내에 들어오면 산모는 그 물질을 우선적으로 태아에게 보내기 때문이라고 했다. 구소련에서

식자재를 거의 수입하지 않는 북유럽이었지만 호흡기로 방사성 물질이 체내로 들어오는 걸 무척이나 경계하는 분위기의 반영이었다.

2011년 3월 초대형 지진과 쓰나미에 이어 폭발한 후쿠시마 핵발전소 4기는 지금도 핵분열 중인 핵연료를 끌어안고 있다. 지진과 쓰나미로 전력이 차단되자 고온으로 분열하던 핵연료는 압력용기 안의 물을 증발시켰고, 물이 사라진 압력용기 안에서 수천 도의 고온으로 녹아 떡처럼 들어붙은 우라늄과 플루토늄 핵연료는 20센티미터 두께의 강철 압력용기를 녹이고 그 아래 콘크리트를 녹인 뒤 지반까지 녹이는 중으로 추정한다.

수천 킬로그램의 핵연료는 지금도 맹렬하게 핵분열 중이고 막대한 방사능은 언제까지 방출될지 아무도 모른다. 그러므로 덩어리진 핵연료를 향해 물을 충분히 들이부으며 무조건 식혀야 하지만 보이지 않아 힘겹다고 한다. 앞으로 콘크리트 아래의 땅을 서서히 뚫으며 지하수와 만나 오염수를 늘릴 텐데, 그 핵연료를 식히지 못한다면 이제껏 상상하지 못한 폭발로 이어질 수 있고 폭발은 일본은 물론 한국을 비롯한 이웃 국가들, 그리고 태평양 너머 미국도 위험할 수 있다고 전문가들은 경고한다.

어디에 있는지 정확히 모르는 핵연료를 일본 당국과 동경전력이 식히고 있지만 막연하다. 그 과정에서 고농도로 오염된 하루 수백 톤의 물이 태평양으로 스며들지만 속수무책이다. 지반을 녹이는 핵연료 덩어리가 지하수와 만나면 큰일이건만 이미 만나고 있을지 모른다. 그 양이 얼마나 될지 모른다. 만난다면 치명적으로 오염된 지하수는 지상의 생태계와 농작물뿐 아니라 태평양으로 빠져나가 해양 생태계를 광범위하게 오염시킬 수 있다.

　방사성 물질은 생물체 내부로 흡수될 때 큰 피해로 이어진다. 이른바 '내부 피폭'이다. 방사능이 외부에서 생명체의 몸을 투과할 때보다 훨씬 위험하다. 몸 안에 머물며 거리의 제곱에 반비례할 정도의 세기로 세포조직과 유전자에 방사능을 쏟아내면 돌이킬 수 없는 질병과 유전병이 발생할 수 있는 까닭인데, 먹이사슬이 이어질수록 내부피복의 위험성은 농축된다. 방사선은 피폭되는 양이 아무리 적어도 안전한 건 아니다. 위험은 피폭량에 비례할 텐데 음식으로 인한 방사선 피폭은 안전 수치가 없다. 적으면 적은 만큼, 크면 큰 만큼 치명적이다.

　후쿠시마 핵발전소 폭발 이후, 러시아를 비롯해 중국은 즉각 일본산 수산물의 수입을 중단했지만 그 흐름에 편승하지 않은 우리 정부는 시민사회의 강력한 요구에 엉거주춤 후쿠시마 핵발전소 인근 8개 현의 수산물의 수입만 금지했을 뿐이다. 그럼에도 일본은 세계무역기구에 우리나라를 제소했다. 모든 수산물의 수입을 제지하는 중국과 러시아엔 이렇다 할 대응을 자제하면서 한국만 고발하는 이유는 무엇일까? 일본은 한국과 한국인을 유독 무시하는 걸까? 워낙 전부터 많은 물량을 한국으로 수출했으니 일본 수

산계의 민원이 빗발쳤던 걸까? 도대체 일본이 우리에게 수출하고
자 하는 생선은 무엇일까? 우리나라에서 거의 잡히지 않거나 수요
가 모자라는 명태와 대구, 그리고 고등어가 전체 수입 해산물 물량
의 95퍼센트에 이른다고 한다.

킬로그램 당 100베크렐이 일본의 수산물의 방사능 기준치인데
우리가 그 기준을 따른다. 하지만 체르노빌 이후의 어린이와 성인
에게 발생하는 피해를 조사해 노벨평화상을 받은 '핵전쟁 방지를
위한 의사회(IPPNW: International Physicians for the Prevention of Nuclear
War)'는 생각이 다르다. 성인은 8베크렐 어린이는 4베크렐 이하일
때 어느 정도 안전하다고, 축정해 온 자료를 바탕으로 주장한다.
그 기준을 적용받는 독일인에 비해 우리와 일본인이 방사능에 10
배 이상 저항력이 있는 건 물론 아니다. 그럼에도 우리는 방사성
물질로 오염된 바다에서 잡아들이는 생선을 독일인보다 더 먹는
데, 명태와 대구와 고등어 외에 방어를 추가해야만 한다.

덕장을 잃은 황태

강원도 인제군 북면 용대리. 황태 덕장으로 유명한 곳이다. 강
원도 고성군 거진항에서 트럭에 가득 실린 명태가 용대리 덕장에
풀려 영하의 날씨에 얼다 녹기를 거듭하며 누렇게 변신하다 내설

동물 인문학

악 백담사를 오가는 관광객의 입에 오르내리면서 유명해졌는지 모른다. 하지만 눈부시게 파란 하늘 아래 흰 눈을 뒤집어 쓴 덕장의 명태는 이제 우리 바다에서 거의 잡히지 않는다. 나중에 태어난 화천 산천어 축제가 부러운 듯, 해마다 2월 초순이면 고성군이 거진항에서 '명태와 함께하는 겨울바다 축제'라는 주제로 벅적지근한 명태 축제를 펼치지만 내용은 허전할 수밖에 없다.

한겨울 동해의 북쪽, 검푸른 바다에서 올라오던 '명태'는 함경도 명천군의 태가 성을 가진 어부가 잡았다 하여 이름이 그렇게 붙었다는 이야기가 전해오는데, 명태는 상태에 따라 이름도 다양하다. 꽁꽁 얼렸다 얇게 떠 전으로 부쳐먹는 '동태'와 소비자 손에 넘어갈 때까지 얼리지 않아 살이 부들부들한 '생태', 햇빛이 강한 영하의 덕장에서 40일간 얼다 녹기를 반복해 부드러운 황색으로 말린 황태와 고성 해안에서 다짜고짜 두 달 동안 바싹 말려 단단해진 '북어'만이 아니다. 어린 녀석을 비쩍 말린 '노가리'와 노가리보다 조금 큰 '코다리'도 무시하면 안 된다. 주머니가 얇은 주당의 안주로 그만이 아닌가. 그토록 우리 삶에 밀착된 명태, 민속학자 주강현은 조기와 함께 제사상에 올라간다는 걸 상기한다. 인간에게 절받는 지체 높은 생선이라는 거다.

요즘 명태는 '금태'다. 금처럼 귀하다는 뜻일 게다. 요즘 제사상에 올라오는 북어는 원양선단이 오호츠크해나 베링해와 같이 동해보다 더 추운 해역에서 잡아 가져온 '그물태'를 가공했을 것이다. 금태는 '진태'다. 진태는 원양이 아닌 우리 동해안에서 잡은 진짜라는 벼슬이다. 진태라고 다 최고급은 아니다. 진태 중의 진태는 '낚시태'다. 그물로 잡은 진태는 아무래도 몸통에 흠결이 남을 터. 모름지기 값이 제일 나가는 최상의 자태는 낚시태 중에서 찾게 될 것인데, 강원도 고성 주변 해역에서 나오는 '지방태'는 도무지 알현하기 어렵다. 요즘 뜨는 벨리댄스로 분위기가 달아오르는 '명태 축제 한마당'에도 금태 두른 진짜 지방태는 쉽게 제 모습을 드러내지 않는다. 축제 한마당에 나들이 온 관광객은 '원양태'가 희미하게 풍기는 먼 겨울바다의 내음에 만족해야 속 편할지 모른다.

양명문의 시를 변훈이 1951년에 작곡한 가곡을 성악가 오현명이 불러 우리 귀에 익숙해진 '명태'를 들어보자. 명태는 아무래도 저음인 바리톤이 어울린다. "검푸른 바다, 바다 밑에서 줄지어 떼지어 찬물을 호흡하고"하며 넘어가는 가사는 "길이나 대구리가 클 대로 컸을 때, 내 사랑하는 짝들과 노상 꼬리치며 춤추며 밀려 다니다가, 어떤 어진 어부의 그물에 걸리어 살기 좋다던 원산 구경이나 한 후, 에집트의 왕처럼 미이라가 됐을 때, 어떤 외롭고 가난한 시인이 밤늦게 시를 쓰다가 쇠주를 마실 때, 캬~. 그의 안주가 되어도 좋다. 그의 시가 되어도 좋다. 짝짝 찢어지어 내 몸도 없어질지라도 내 이름만 남아 있으리라. 명태, 헛허허허허허, 명태라고 헛허허허허허. 이 세상에 남아 있으리라!" 하며 마무리 한다.

당시 종군기자였던 양명문은 명태의 생태와 명태에 얽힌 우리

동물 인문학

네 정서를 재치 있게 묘사했다. 검푸를 정도로 깊고 차가운 바다에 떼로 이동하는 명태가 미라처럼 바싹 말라 안줏거리가 되면 외롭고 가난한 시인의 시로 승화한다고 노래하지 않던가. 한데 가곡의 가사에서 '대구리'는 뭘까. 대구리는 대가리의 사투리가 아닐까? 큰 대가리 앞의 명태 입은 얼마나 크던가. 쫙 벌리면 무엇이든 먹어치울 것 같은데, 입이 큰 생선의 대명사는 단연 '대구'다. 길이가 90센티미터에 달하는 대구와 40센티미터 내외에 불과한 명태는 같은 과에 속하는 사촌간이다. 대구도 찬 물에 떼 지어 이동하는데, 대구는 자원 독점을 노린 제국주의자의 분쟁을 유발했지만 명태는 외롭고 가난한 시인의 시로 환생했다.

명태, 아직도 시를 끌어낼 수 있을까? 외롭고 가난한 시인이 사먹지 못할 정도로 비싸졌기 때문만이 아니다. 다른 나라의 바다에서 잡아오는 만큼 내 땅의 정서를 반영하지 못하는데 문화에 뿌리내리는 시어가 시인의 뇌리에 번득일 리 만무하지 않겠나. 대신, 전에 없던 생선이 동해안의 그물에 걸린다. 300킬로그램이 넘는 가오리나 보라문어가 대형 해파리와 함께 어민들의 골칫거리가 된다는 거다. 짐작하듯, 바다가 따뜻해졌기 때문이다. 급격히 감소하는 명태와 정어리는 우리의 식문화를 바꾸는데 그치는 게 아니다. 예년에 비해 1℃ 이상 높아진 동해에서 이런 추세로 50년이 지나면 학자들은 어떤 생선도 구경할 수 없을 것으로 경고한다. 아직 러시아 해역에서 잡아오니 다행이라지만 언제까지 유효할까?

기상 관측 이래 처음으로 눈 대신 비가 내리는 겨울철 모스크바를 다녀온 이는 눈이 내리지 않는 알프스가 남의 사정이 아니라는 데 동의한다. 어떤 이는 2018년 동계올림픽을 강원도 평창에서 성공리에 진행할 수 있을지 걱정이 크다. 지난 100년 동안 세계는 평균 0.7℃, 한반도는 다른 지역의 두 배 이상 기온이 상승했다는데, 더욱 폭증하는 중국의 온실가스를 반영해 그런지 최근 10년 동안 평균 0.6℃나 누적 급상승했다는데, 이런 추세가 조금도 주춤하지 않는다는데, 앞으로 명태는 볼 수 있을까? 방사성 물질에서 자유로울 수 없는 명태를 이참에 영영 포기해야 하나?

동물 인문학

고등어, '국민생선'에 등극했어도

고등어는 '高等魚'가 아니라 '高登魚'다. 어떤 이는 고단백에 등이 푸른 생선이므로 고등어라고 밑도 끝도 없이 풀이하던데,《동국여지승람》은 옛 칼을 닮았다 하여 '고도어古刀魚',《자산어보》는 푸른 무늬가 있다 하여 '벽문어碧紋魚'로 칭했다고 한 해양 전문기자는 고등어의 편력을 소개한다. 어느새 고등어는 '국민생선'의 반열에 올랐다. 뭐, 고등어가 원한 건 아니다. 남획으로 사라진 조기와 지구온난화로 급격히 자취를 감춘 명태의 뒤를 이어 '국민'이라는 작위가 하사된 것이지만 언제까지 유효할까? 제사상에 오를 날이 머지않았건만 변고를 맞았다는 뜻일까?

1983년 산울림의 김창완은《기타가 있는 수필》이라는 제목의 음반을 발표하면서 트로트 풍의 〈어머니와 고등어〉를 조용하게 불렀다. 가사는 "한밤중에 목이 말라 냉장고를 열어보니, 한 귀퉁이에 고등어가 소금에 절여져 있네. 어머니 코고는 소리 조그맣게 들리네. 어머니는 고등어를 구워주려 하셨나보다. 소금에 절여놓고 편안하게 주무시는구나. 나는 내일 아침에는 고등어구이를 먹을 수 있네. 어머니는 고등어를 절여 놓고 주무시는구나. 나는 내일 아침에는 고등어구이를 먹을 수 있네. 나는 참 바보다. 엄마만 봐도 봐도 좋은 걸!"하며 마친다. 듣기만 해도 따뜻한 내용의 담백한 가사, 그 노래가 나온 언저리부터 고등어가 국민생선의 지위에 다가간 건 아닐까?

　한 10여 년 전? 국립수산과학원이 "가장 좋아하는 생선"을 네티즌에게 물었더니 10명 중 7명이 고등어를 꼽았다고 한다. 멸치, 갈치, 조기가 차례를 잇고 명태가 그 다음이었다고 하니, 고등어가 명실상부한 국민생선이 된 셈인데, 《자산어보》에서 정약전은 간과 콩팥의 기능을 돕는 고등어는 뇌에 좋은 DHA가 풍부해 어린이의 지능을 높이며 시신경을 활성화하고 치매까지 예방한다고 했다. '高等魚'하고 해도 무방하다 하겠는데 2011년 3월 11일 이후 태평양으로 거침없이 확산되는 방사능이 우리의 국민생선을 성가시게 한다. 혈관의 피를 뭉치지 않게 하는 EPA가 많아 순환기에 좋고, 항산화제인 비타민E가 적지 않아 노화를 방지하며 아토피를 막을 뿐 아니라 중성지방까지 줄인다지만 방사성 물질을 포함한다면 소용없는 일이다. 별안간의 고등어, 걱정스런 국민생선이라는 저주를 떠안을 위기를 맞았다.

　등 푸른 생선의 대명사 중의 하나인 고등어는 가을이 제철이다. 그간 잘 먹어 지방이 20퍼센트 가까이 축적될 테니 부드러운 감칠맛이 한결 높기 때문인데, 일찍이 정약전이 지적했듯, "수압이 낮은 얕은 물에서 살아 육질은 연하지만 쉬 상한다" 따라서 낚은 현장에서 진미를 확인해야 제격이겠지만 아직 후쿠시마 영향권에서 먼 우리 해역에서 잡은 고등어라야 한다. 지렁이와 새우도 물지만, 멸치 흉내낸 플라스틱 미끼만으로도 연실 낚을 수 있다니 초보자

동물 인문학

도 겨울까지 손맛과 입맛을 만끽할 수 있다고 한다. 그러나 그 고등어가 후쿠시마 연근해를 회귀하지 않았다는 확신이 선행되어야 한다. 확신이 없다면 그림의 떡일 따름이다.

바닷물이 따뜻해지는 5월에서 7월 사이. 수만 개의 알에서 부화한 고등어는 동물성 플랑크톤, 저보다 작은 물고기, 오징어와 멸치를 먹으며 무럭무럭 성장, 2년이면 알을 낳을 정도로 성숙하는데, 50센티미터까지 자라는 고등어를 우리는 그저 30센티미터에 싹 잡아들인다. 알 낳을 날이 많이 남은 어린 고등어마저 음파로 어군을 탐지하는 어선들이 싹쓸이하는 탐욕이다. 그 결과는 무엇일까?

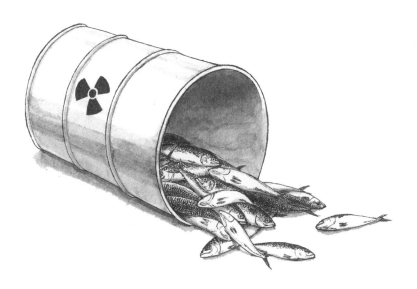

일본의 세계무역기구에 한국 제소였나? 우리 어장을 풍요롭게 하던 고등어가 남획으로 줄어들자 일본의 수입업자가 돈을 반사적으로 벌어들였겠지. 자국의 고등어를 2011년 이전보다 덜 먹는 일본은 우리의 건강을 염려하지 않는데, 우리 해역의 고등어는 일본의 세계무역기구 제소를 반겨야 할까?

따뜻한 연안을 따라 이동하는 고등어는 대략 3센티미터만 넘으면 비슷한 크기의 개체들이 커다란 군집을 이룬다. 천적의 공격으로 인한 희생을 효과적으로 줄일 수 있겠지. 가는 나무에 실을 도톰하게 감은 듯, 어뢰처럼 둥근 몸이 방추형을 이루다 꼬리에서 가늘어지는 고등어는 돌고래나 물범과 같은 천적이 나타나면 즉각 목숨을 건 군무에 들어간다. 파도 무늬의 청록색 등을 별안간 돌려 은백색 배를 노출시키는 거대한 무리는 방향을 일제히 바꾸는데, 웬만한 천적은 정신이 쏙 빠질 것 같다. 막대한 그물로 바다를 둘러막는 어선만 아니라면.

냉장고에서 어머니의 사랑을 새삼 한밤중에 확인한 김창완은 자반고등어의 감칠맛을 즐길 게 틀림없지만 쉬 상한다. 어부들이 "살아 있어도 부패한다"고 말하는 고등어는 푸른 등부터 상하면서 자칫 알레르기를 유발하는 히스타민이 발생될 수 있다. 바다가 먼 안동에서 '간고등어'가 명품이 된 이유는 정확하게 20그램의 굵은 천일염으로 부패를 막은 염장 고등어의 맛이 빼어나기 때문이리라.

동물 인문학

우선 지느러미를 잘라내고 비늘을 벗긴 뒤 배를 가른다. 솜씨 좋게 머리를 끊으면 내장이 붙어서 나올 터. 잘 씻어 용도에 맞게 토막을 내자. 레몬이나 청주, 생강즙으로 비린내를 없앴다면 거의 다 됐다. 파, 마늘, 깻잎과 같은 갖은 채소와 양념을 준비하고, 독특한 풍미를 원한다면 카레나 녹차가루를 추가해도 좋겠지. 고등어를 졸이는 거다. 무와 감자, 호박도 듬성듬성 잘라 넣으면 잘 어울린다. 묵은 김치와 졸이려면 양념은 좀 빼도 되겠지. 후추와 소금을 적당히 뿌린 뒤 튀김가루를 입히면 고등어 튀김으로 이어지고, 양념을 덮고 실고추를 뿌린 뒤 찌면 따끈한 자반고등어 찜이 밥상에 올라온다. 밥도둑이지만 당연히 방사성 물질이 없어야 한다.

모슬포는 방어를 사수하겠지만

삼면이 바다인 우리나라는 장점이 많은데, 그중 하나는 다채로운 미각을 사시사철 만족시킬 수 있다는 데 있다. 채소가 일찌감치 시들고 추수도 끝났다면 육지의 겨울은 저장식품이나 계절에 관계없는 축산물에 의존하지만, 우리나라 삼면을 광대무변하게 감싸는 바다는 어떨까? 모든 지역에 평등하고 정의로울까? 꼭 그런 건 아니다. 다채로운 어패류가 지역마다 다르고 자연재해의 크기와 빈도가 모든 지역에 평등하게 돌아가지 않는다. 하지만 독특한 먹을거리를 지역에 따라 다르게 제공하므로 평등하다. 겨울에 제주도 남방 모슬포 해역에서 주로 잡는 방어도 그 특산물 중 하나다. 북한의 연평도 포격 이후 중요성이 커진 방어防禦는 본의 아니게 제주도의 방어를 모처럼 유명하게 만들었는데, 일본인들이 외면해서 그럴까? 후쿠시마 핵발전소 폭발 이후 제주도 모슬포는 전에 없던 풍어를 맞는다.

참치처럼 꼬리가 잘록한 커다란 생선이면서 고등어처럼 등이 푸른 방어는 산지가 아니라면 좀처럼 맛보기 어려웠는데, 풍어 덕분인가? 2011년 이전, 초대된 고급 식당에서 회로 대면하는 행운을 누렸다. 하지만 오래가지 못했다. 아니 못해야 한다. 불긋한 살점이 부드러우면서 고소한 방어를 처음 맛보며 입맛을 다셨지만 2011년 이후 아쉬워도 참아야 했다. 이성은 감성을 이기지 못하나 보다. 말초적 미각은 경각심을 무디게 한다. 바다와 연한 인천이므로 평소 우럭, 광어, 농어는 자주 먹어도 서해안으로 오지 않아서 그랬는지 존재를 몰랐는데, 방어 맛에 반한 사람이 늘어나면서 겨울마다 수도권의 횟집 수족관에 넘친다. 그것도 지나치게 어린 방어를. 운반트럭은 물에 항생제를 얼마나 넣었을까?

고흥 앞바다에서 주로 잡히는 삼치는 여간해서 수도권까지 살아서 오기 어렵다. 대개 냉동 상태로 가져와, 주점은 구이로 손님 상에 내놓는다. 부드러운 삼치회를 원한다면 고흥의 어촌을 찾아가길 어부들은 권한다는데, 삼치보다 통통한 모슬포의 방어도 사정이 비슷하다. 몸이 1미터 가까이 자라는 방어를 낚시로 잡아 뱃전에 올려놓으면 몇 번 펄떡이다 이내 조용해지고 마니, 얼음물에 담가놓던가 냉동해야 수도권 식당에서 선어회로 내놓을 수 있다. 강력한 지진과 쓰나미 뒤 후쿠시마 바닷가의 핵발전소 4기가 연달아 폭발하기 전부터 양판점에 낮은 가격으로 선보였던 방어회가 그랬다.

지속 가능한 어업을 생각하는 소비자라면 한 번도 알을 낳지 않았을 게 틀림없는 어린 방어는 외면해야 옳지만, 더 큰 위험이 2011년 이후 생겼다. 방사성 물질의 내부피폭을 염려해야 했다. 내 노후와 후손의 건강을 위해 책임 있는 소비 행위가 중요하다는 데 동의한다면 방어회로 우리 몸에 들어오는 방사성 물질은 최대한 피해야 하지 않나? 게다가 먹성이 빼어난 방어는 먹이사슬 최상위 어류에 해당한다. 먹이사슬의 단계가 더해질수록 방사성 물질의 농도는 기하급수적으로 높아질 수 있으므로 방어를 반기는 겨울철 소비자들은 자신의 입맛을 자제해야 한다. 몸에 들어오는 방사성 물질이 플루토늄이라면 특히 위험하다.

'지옥의 여신'이라는 별명을 가진 플루토늄은 원래 자연에 없었다. 플루토늄은 우라늄을 연료로 사용하는 핵발전소의 핵분열 과정에서 형성되는 맹독성 방사성 물질이다. 핵연료의 97퍼센트를 차지하는 우라늄-238은 안정되어 핵분열에 능동적으로 동참하지 않지만 핵연료의 3퍼센트에 불과한 우라늄-235는 중성자를 맞으면 핵분열하며 막대한 열과 중성자를 내놓는다. 그 중성자 하나를 받은 우라늄-238은 이 플루토늄-239가 되는데, 매우 불안전한 물질이므로 안정화되는 과정에서 막대한 방사선을 내뿜는다. "지옥의 여신"이라는 별명을 가진 플루토늄 1그램이면 60만 명을 폐암으로 사망하게 만들 정도라고 전문가들은 분석한다.

플루토늄은 무척 무겁다. 쇠가 더 가벼우니 후쿠시마 해안 아래 상당히 가라앉았을 텐데, 바닥에 많은 어패류가 알을 낳으며 산다. 커다란 어류의 주요 먹이인 까나리와 오징어도 바닥에 사는 종류인데, 덩치만큼 먹는 양도 상당한 방어는 제주도에서 쿠로시오 난류를 따라 오호츠크 일원의 태평양으로 회유하는 도중에 동해안이나 후쿠시마 앞바다를 경유하며 바닥의 어패류를 허겁지겁 먹을 가능성이 매우 높다. 물론 플루토늄까지. 중성자가 느닷없이 하나 추가된 플루토늄은 알파선을 내뿜는데, 반감기가 무려 2만 4000년 이상이다. 전문가는 반감기의 20배 기간이 지나야 안심할 수 있다고 추정한다. 대략 50만 년이다.

삼치는 구이가 제 맛이고 참치는 회를 비롯해 다양한 요리를 가능하게 하지만 방어는 오로지 회라야 제 맛이라고 미식가는 변별한다. 어느새 산지 직송 택배로 싱싱하게 거래되는 방어를 어떤 문인이 "두껍게 썰어 굽지 않은 김에다 싸 먹으면 싱싱한 사과를 한 입 베어 문 것처럼 입안에서 아삭거리고 김의 풍미와 어우러져 방어 특유의 진한 맛이 입안에 확 퍼진다"고 했다. 그래서 더 불안한 거다.

　입맛 잃기 쉬운 겨울철의 싱싱한 횟감은 물론이고 초밥 재료로 일본에서 인기가 높은 방어는 온대성 어류로 동해안에서 하와이 일원의 태평양에 두루 퍼져 산다. 우리 연안에서 잡히는 무리는 쿠로시오 난류의 영향권에 분포하는 것으로 알려져 있는데, 2월에서 6월 사이 따뜻한 바다에서 부화한 어린 방어는 수초에 모여 새우와 같은 무척추동물들을 먹다 4개월 만에 몸이 15센티미터에 이르고, 이른 여름이면 난류를 따라 캄차카 반도로 이동한다. 방어는 수온이 내려가는 가을이 되면 월동과 산란을 위해 따뜻한 남쪽 바다로 내려오는데, 이른 겨울부터 제주도 모슬포 앞바다가 활기를 띠는 이유가 거기에 있다.

　물살이 거센 바다에서 시속 40킬로미터 이상의 속력으로 멸치와 오징어, 전갱이 같은 작은 물고기를 닥치는 대로 먹으며 성큼성큼 자라는 방어는 5년이 안 돼 60센티미터를 넘긴다. 짙은 청록색 등과 은백색 배를 과시하는 방어는 눈부터 꼬리까지 옆구리에 노란색 띠를 비치며 1미터 이상 성장하는데, 산지 어부들은 4킬로그램을 기준으로 넘으면 '대방어' 모자라면 '중방어'로 구별한다.

　DHA나 EPA와 같은 불포화지방산과 비타민D가 특히 많아 골다공증이나 치매를 막을 뿐 아니라 동맥경화나 각종 암과 같은 성인병을 예방하는 데 큰 효과가 있다고 홍보하는 방어는 특이하게도 몸집이 클수록 빼어난 육질을 가진다. 캄차카 반도 해역에서 살이 통통하게 오른 방어가 먼 거리를 헤엄쳐 온 겨울철, 모슬포 해역의 방어는 찰진 육질이 더욱 탁월하다는 게 어민들의 자랑인데…….

《세종실록》에 대구, 연어와 더불어 함경도와 강원도 해안에서 가장 많이 잡히는 물고기 중의 하나로 기록된 방어는 1800년대 후반만 해도 끌어올리지 못할 만큼 그물에 걸려들었다고 한다. 그 후 어획고가 크게 줄어들었는지 제주도 일원의 시민이나 애호가가 아니라면 방어의 존재를 한동안 몰랐다. 멸치 떼 뒤에 몰려오는 여름철의 방어는 울릉도 일원에서 낚시꾼을 유혹했다지만 그 소문을 아는 미식가는 드물었다. 모슬포 이외에서 방어를 조우하기 어려웠는데, 이젠 방사성 물질을 무시하는 미식가들 사이에서 인기몰이를 한다. 택배 시장도 커졌다.

방어는 부시리, 잿방어, 참치방어와 더불어 4종류로 불리는데, 횟감으로 그칠 수 없는 생선이라고 어부들은 귀띔한다. 살이 붉은 등과 기름기가 많은 배는 횟감으로 그만이지만 몸통을 반으로 갈라 구워도 맛이 향긋하고 묵은 김치를 넣어 매운탕을 끓여도 손색없다고 미식가들은 전한다. 일본인은 된장과 완두콩을 넣어 조려 먹고, 제주도 사람들은 소금에 절여 두고두고 먹는다는데, 회도 즐겼겠지. 위턱의 모서리가 칼 같이 각진 방어와 달리 둥글어서 구별되는 부시리는 여름에 먹어야 제 맛이라고 모슬포 어부들은 덧붙이지만 부시리도 회유한다. 방어와 생태 조건이 다르지 않다.

최근 방사성 물질을 염려하는 일본인들이 외면하기에 그럴까?

동물 인문학

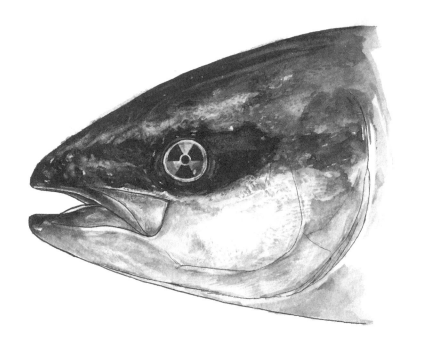

모슬포에 방어가 더 많이 모여든다고 한다. 어린 방어가 수도권의 활어회 수족관에 늘어나는 이유에 대한 설명이다. 생계를 먼저 생각하는 모슬포의 활어회 운반업체와 택배업자들이 일부러 무지한 척하더라도 수도권의 소비자가 현명하면 좋겠는데, 현실은 안타깝기만 하다. 수도권의 소비자들이 무책임할수록 모슬포는 방어를 더욱 수호하려 하겠지? 그래서 기막힌 맛의 겨울철 방어가 원망스럽다.

핵발전소가 다시 폭발한다면

우리나라와 일본 그리고 중국 해역의 수온은 유난히 따뜻하다. 핵발전소와 화력발전소의 밀도가 세계에서 유래가 없을 정도로 높은 사실과 무관하지 않으리라. 터빈을 돌린 고온 고압의 수증기를 식히는 물을 바다에서 퍼, 초당 50톤에서 100톤의 온배수를 내놓지 않은가. 최근 100년 사이 섭씨 0.7도 상승한 다른 해역보다 1.5도 이상 높아졌다고 전문가는 주장한다. 발전소의 온배수 때문이든 고도의 산업화로 온실가스 배출이 심한 지역이라 그렇든, 한반도 인근 해역의 수온 상승은 한대성인 명태가 외면하고 싶을 정도일 텐데, 2013년 부경대학교 연구팀은 새로운 사실을 밝혀냈다. 다분히 의도적인 남획이었다.

2010년, 연간 30만 톤이 넘는 명태는 우리의 최대 소비 해산물이었다. 일본은 '멘타이'로, 중국은 '밍타이위'로, 그리고 러시아는 '민타이'로 불렀으니 이웃나라에 이름까지 선사한 명태는 명실상부한 국민생선이었는데 어떤 이유로 어획량이 1981년 16만 톤에서 2000년 1000톤 이하로 급감했을까? 동해안의 수온이 아무리

상승해도 명태가 주로 사는 수심 200에서 350미터 깊이의 온도는 변화가 없었다는 걸 주목하는 부경대학교 연구팀은 1970대 중반부터 노가리를 집중적으로 남획했다는 사실을 찾아냈다. 원산 앞바다에서 산란하는 명태를 보호하면 북한만 살찐다는 냉전 논리가 작용해 1974년 수산 당국이 노가리 어획금지규정을 폐기했다는 게 아닌가.[1]

산란장을 잃은 생선이 사라지는 예는 명태에 그치지 않는다. 광활하게 갯벌이 매립된 이후 조기도 우리 연안에 다가오지 않는다. 명태에 이어 국민생선의 반열에 오른 고등어의 어획량도 줄어들어 어느새 예년의 4분의 1에 불과하다. 먼 바다에서 싹 쓸어와 소비를 충족시키지만 언제까지 가능할까? 그 먼 바다는 어디일까? 폭발한 후쿠시마 핵발전소의 방사성 물질 영향권은 아닐까? 부산광역시 기장군에 위치한 고리핵발전소 1호기를 폐쇄하라고 2015년 6월 12일, 우리 정부가 공식 권고했으니 사고뭉치 하나는 사라지겠지만, 시간이 지날수록 낡아가는 나머지 핵발전소 역시 잠재적 위험요인이다. 우리의 동해나 황해에 영향을 주는 핵발전소가 후쿠시마의 경우처럼 폭발한다면 남은 명태나 고등어마저 외면해야 하리라. 우리는 생존을 위해 바다를 버려야 할지 모른다.

---

1 강수정 · 박정호 · 김수암, 1970~1990년대 동해에서 어획된 명태(Teragra chalcogramma)의 체장에 따른 체급별 어획 마릿수 추정, 〈한국수산과학회지〉 한수지 46(4): 445~453, 2013. 〈한겨레〉 2013. 11. 20 기사 참조.

해마다 11월 중순이면 제주도 모슬포는 '최남단 방어축제'를 연다. 맨손으로 잡고 실컷 먹는 대회, 노래와 장기자랑으로 떠들 썩한 축제의 내용이 천편일률적이지만 해마다 30만 가까운 인파를 끌어들였다고 자랑한다. 후쿠시마 핵발전소 폭발 이후 재고가 남아돌아도 전국으로 날개 돋친 듯 택배로 팔려나가므로 걱정이 없다지만, 그건 위험한 생각이다. 후쿠시마 연근해의 방사성 물질의 농도가 현저하게 줄어들려면 최소 수십만 년이 지나야 한다. 그 사이 다른 핵발전소의 사고가 반드시 없어야 하는데 핵발전소들은 낡아간다. 그뿐인가? 핵발전소마다 감추려드는 고장이 잦다. 명백한 발암물질인 방사성 물질의 내부피폭이 계속되면 몸에 축적되고, 나이 들면 암이 발생할 확률이 높아지는데, 방어축제라니? 안전을 확신할 수 없는 방어를 일부러 먹어 내부피폭을 굳이 걱정해야 하나?

북어는 3일에 한번 패야 한다고? 딱딱한 북어를 연실 패대기치고 끓여야 국물 뽀얀 북엇국을 '쇠줏잔'을 걱은 뒤에 맛볼 수 있지만, 지구온난화가 계속되면 머지않아 언감생심이 될 테지. 명태든 북어든 자제해야 한다. 노가리나 코다리도 마찬가지다. 제주도 인근에서 잡히는 대구와 고등어는 후쿠시마 해역을 외면했을까? 그렇다면 감지덕지인데, 바다로 하루 수백 톤 흘러나가는 것으로 알려진 후쿠시마의 방사성 물질은 오늘도 일본 정부의 방임 하에 줄기차게 확산된다. 우리 바다는 언제까지 안전을 확신할 수 있을까? 우리 식욕은 제주도에 머물지 않는데.

불과 십 수 년 전, 동해안의 어진 어부에게 걸린 명태는 파란 하늘 아래 자작나무가 눈부신 용대리의 눈 덮인 덕장을 아름답게 빛냈는데, 요즘은 수입 명태를 걸어도 그 양도 줄어들었다. 차라리 다행인가? 이래저래 후쿠시마 핵발전소가 만든 현실이 원망스럽다.

7장

◇　◇

숨죽이던 터전을 떠난 맹꽁이

못생긴 나무가 산을 지킨다고 했던가? 요즘 들어 여기저기에서 선뜻 제 모습을 드러내는 맹꽁이가 인간의 무한한 개발욕구에 냉정함을 요구하기 시작했다. 못생긴 데다 미련하기까지 한 동물의 대명사, 맹꽁이가 개발현장에서 소외된 인간에게 숨 쉴 공간을 열어주려는 겐가? 그럴 리 없다. 사람의 고약한 편견을 제거하면 아무리 보아도 미련하거나 못생기지 않은 맹꽁이는 그저 자신이 살아갈 만한 곳을 탐색할 뿐, 개발을 막으려 하지 않는다. 법적 구속력이 있는 보호대상종으로 지정한 사람이 있던 까닭에 맹꽁이를 앞세워 개발 행위에 제동을 거는 사람이 있고, 개발을 서두르던 사람이 그 때문에 당황하게 되었으리라. 사람이 맹꽁이를 진실로 좋아하거나 겉으로 고마워하건 말건, 맹꽁이는 자신의 터전을 확장하며 짝을 찾을 따름이다.

보리타작할 때 열무김치를 담던가? 마트의 식품매장에 가면 언제든 열무를 구할 수 있고 잘 담근 갖가지 열무김치도 얼마든지 구입할 수 있는 세상에서 보리는 어느새 '웰빙 곡식'이 되었다. 보리밥에 열무김치를 푸짐하게 얹고 참기름과 고추장을 넣어 석석 비벼먹는 즐거움은 앉을 틈 없이 북적이는 식당에 가야 감지덕지 맛볼 수 있지만, 불과 한 세대 전만 해도 달랐다. 추수 전에 쌀이 떨어지는 농촌에서 보리타작은 선택의 여지가 없는 고충이었다. 그때 밭에서 열무도 서둘러 뽑아야 했나보다. 곧 장마철이 다가올 것이므로. 왕년의 인기가수 박재란은 '맹꽁이 타령'에서 열무김치 담글 때와 보리타작할 때 임 생각이 절로 나는데 그때 꼭 맹꽁이가 울어 걱정 많은 심정을 흔들고 설움 많은 가슴을 달래준다고 애잔하게 노래했다.

옛말에 "맹꽁이가 처마 밑에 들어오면 장마 진다"고 했다. 6월 말 이전에 시작된 장마가 한 달 가까이 대기를 후텁지근하게 만들다 물러서면 불볕더위가 제 세상을 만난다. 불볕더위는 장마철에 고인 물을 금세 말라버리게 하니, 맹꽁이는 불볕더위가 기승을 부리기 적어도 보름 전까지 일체의 번식 행위를 마쳐야 한다. 맹꽁이 알은 더 바쁘다. 서둘러 부화해 성체가 돼야 한다. 마음 급한 성체는 5월 말, 한낮이 제법 뜨거웠던 날 저녁에 한바탕 비가 내리면 울지만, 대개는 장마전선이 제 모습을 드러내야 본격적으로 울어 젖힌다. 큰비가 본격적으로 내릴 즈음이다. "맹~꽁~", "맹~꽁~" 땅

동물 인문학

속에 빗물이 따뜻하게 스밀 때 비로소 자극을 받는 모양인데, 어떤 생물학자는 짧은 시간 내에 짝을 찾아야 유전자를 후세에 전할 수 있으므로 서두르는 것으로 분석할지 모른다.

알현하기 어려운 맹꽁이

사막에도 개구리가 살까? 한 생태 다큐멘터리는 우기의 물웅덩이에 잠시 나타나 번식에 들어가고, 물이 마르기 전에 올챙이에서 성체까지 얼른 변한 뒤 사라지는 개구리를 사막에서 보여주었는데, 맹꽁이도 그렇다. 달구지 바퀴가 움푹 패어 놓은 길가는 온갖 풀로 덮여 있고 빗물은 거기부터 스며드는데, 맹꽁이는 그런 곳을 좋아한다. 질척질척한 두엄 사이에 빗물이 고여도 마다하지 않고 들어가 우렁차게 운다. 너구리나 부엉이의 눈에 띄지 않거나 빤히 보여도 다가갈 수 없는 곳이 바로 그곳이다. 어쩌다 처마 밑까지 들어오는 녀석도 있겠지만, 장마가 거셀 걸 예감했다기보다 경쟁에 밀렸기 때문일지 모른다. 그렇지 않다면 천적에게 발각되기 쉬운 위험천만한 곳으로 다가갈 리 없지 않은가?

울음소리가 아무리 커도 맹꽁이 알은 찾기 어려운데, 비가 잠시 그치고 달빛이 그윽할 때 살금살금 다가가 보자. 빗소리가 거셀 때보다 훨씬 민감해진 녀석들은 다가오는 인기척에 긴장해 일순 조용해지는데, 맹렬하게 울던 지점의 풀숲을 젖혀 보면 은단보다 작은 구슬들이 물 표면에 흩어져 반짝이는 게 보일 게다. 맹꽁이 알이다. 한 번에 열댓 개 씩 여기저기 흩뿌려 낳는데, 따뜻한 물에서 하루가 지나면 올챙이로 부화된다. 어린 올챙이는 연한 풀뿌리를 뜯거나 사람 눈에 잘 보이지 않는 물 속 벌레를 잡아먹으며 무럭무럭 자라, 보름이면 비록 콩알만하지만 앞다리와 뒷다리가 나온 성체의 면모를 갖춘다. 그때 장맛비는 소강상태로 접어들고 드문드문 울던 맹꽁이도 어느덧 자취를 감추는데, 엷어진 구름 사이로 햇살은 벌써 뜨겁다. 웅덩이는 곧 마를 것이다.

맹꽁이 우는 모습을 꼭 보고 싶은가? 그렇다면 빗소리를 압도하려는 듯 거세게 울 때 커다란 우산과 회중전등을 들고 나서자. 녹음기를 가지고 가는 게 나을 것이다. 참, 요즘은 전화기로 녹음이 가능하지? 아무튼 인기척을 느끼고 조용해질 찰라, 몸을 낮추고 잠시 꼼짝달싹 하지 않으면 경쟁에 돌입했던 맹꽁이들은 조금 전 관성에 따라 일제히 목청을 높일 게고, 그때 녹음을 길게 해두라. 이어 정확한 지점을 찾아 살금살금 한발 한발 옮기면 맹꽁이들이 다시 조용해질 터. 녹음한 부분을 재생할 때다. 경쟁자가 바로 앞에 있다고 느끼는 맹꽁이는 인기척에 아랑곳하지 않고 목청을 가다듬을 테고, 결사적인 녀석은 회중전등의 불빛에 아랑곳하지 않고 턱 아래 울음주머니를 부풀리는 모습을 볼 수 있을 것이다. 잘 안 보이면, 울음소리 박자에 맞춰 들썩이는 풀잎을 찾아 가만히

동물 인문학

들춰보라. 스포트라이트를 받으며 능청스레 우는 녀석을 만나는 행운을 만끽할 수도 있으리라.

맹꽁이는 "맹~꽁~, 맹~꽁~" 하고 울지 않는다. 사람도 그렇듯 맹꽁이 울음소리에도 스펙트럼의 폭이 있는 법. 어떤 녀석은 "맹~"에, 어떤 녀석은 "꽁~"에 가깝다. 그런 녀석들이 경쟁적으로 우니 "맹~꽁~"으로 들릴 수밖에. 그런데 깜빡 잊고 녹음기나 전화기를 갖고 가지 않았다면, 일순 조용해진 맹꽁이를 다시 자극해야 한다. 엄지와 검지로 코를 틀어막고 "맹~" 해보자. 코맹맹이 소리에는 아무래도 "꽁~"보다 "맹~"이 낫다. 맹꽁이도 잘 속는다. 어설프나마 "맹~" 하면 머뭇머뭇 몇 마리가 따라 울다, 이내 "맹~꽁~", "맹~꽁~" 와글와글한다. 그때 회중전등을 켜면 된다. 조수가 있다면 비 내리지 않는 밤, 카메라를 들이대며 초점을 맞출 수 있겠지. 하지만 녹록치 않다. 울음주머니가 제 몸 만큼 부풀었을 때 찍어야 제격인데 타이밍 맞추기가 참 어려우니, 내 한 몸 모기에게 바칠 각오가 필요하겠다.

맹꽁이는 맹꽁이가 아니다

코맹맹이 소리는 칭얼대며 우는 아이들의 전매특허다. 아이는 언제 칭얼대는가? 지나가다 마음에 드는 물건 사달라고 떼를 쓰거나, 이런 문제도 풀지 못하냐며 큰누나가 "이런 맹꽁이!" 하며 머리통을 쥐어박을 때 코맹맹이로 운다. 그래서 맹꽁이가 미련한 동물의 대명사가 되었으니 맹꽁이는 얼마나 어처구니없어할까? 하지만 그런 사연을 알 리 없고, 관심조차 없을 맹꽁이는 중국 동북부 지방에서 우리나라 일원의 해발고도가 낮은 평야지대에 퍼져 오로지 장마철에만 운다. 이름이 촌스러운가? 그것도 편견이다. 맹꽁이는 인간에게 작명을 의뢰한 적이 전혀 없다.

황갈색 바탕에 청색을 띠는 45밀리미터 정도의 몸은 통통하기보다 뚱뚱한데, 자잘한 돌기가 산재한 등을 살살 건드리면 부풀면서 이내 척척해진다. 그다지 치명적이지 않아도 독을 분비한 거다. 등을 만진 손은 깨끗한 물에 씻는 게 좋다. 멋모르고 눈을 비볐다가는 한동안 낭패를 볼 수 있다. 황색 바탕에 검은색 얼룩무늬를 가진 옆구리에 짤막한 발로 엉금엉금 기거나 폴짝거리는 맹꽁이도 거무튀튀한 돌멩이처럼 목표물에 다가가거나 꼼짝 않고 기다리다 쥐며느리나 거미를 냉큼 잡아먹는데, 뚱뚱한 몸에 붙여놓은 듯 작은 주둥이로 잘도 집어삼킨다.

징그럽다고? 처음 잡았을 때 약간 질척한 게 징그럽더라도 사람 손아귀에서 빠져나가려 몸부림치는 맹꽁이의 처지에서 생각해보라. 맹꽁이가 더 징그러워할 게 틀림없지 않겠나? 놓아주면 몇 발 펄쩍펄쩍 후미진 곳으로 달아나자마자 뒷발로 젖은 땅을 파면서 필사적으로 몸을 숨기는 맹꽁이. 요즘은 생태계 보전을 요구하

동물 인문학

는 환경운동가들에게 더없이 반가운 진객이 되었다.

두엄 속의 맹꽁이와 맨홀 속의 맹꽁이, 어느 쪽이 더 행복할까? 어리석은 질문이다. 두엄 속에서 울던 맹꽁이는 맨홀을 몰랐고 맨홀 속의 맹꽁이는 두엄을 모른다. 썩어가는 두엄은 맹꽁이 피부에 큰 문제를 일으키지 않지만 논과 밭에 뿌리는 살충제와 제초제는 치명적이다. 그래서 맹꽁이는 요즘 논과 밭에 얼씬도 하지 않아 한동안 보이지 않았다.《침묵의 봄》을 읽고 경각심을 가진 이가 늘어 그런지, 레이첼 카슨이 죽은 지 40년이 넘은 미국에는 봄이 와도 새가 운다고 한다. 하지만 우리나라는 다르다. 새소리와 개구리 소리가 크게 줄었다. 반드시 농약 때문이라고 단정하기 어렵더라도 농약이 큰 원인인 건 틀림없다. 맹꽁이도 마찬가지다. 모내기 전후로 농약과 화학비료가 흥건해지지 않았던가. 한데 언젠가부터 텃밭이 산재했던 도시 근교에서도 맹꽁이가 운다. 가끔은 생활하수가 질펀한 맨홀에서도 운다.

수킬로미터 높이의 빙하가 밀어내 편평해진 유럽에는 알프스 이외에 이렇다 할 산이 없는데 가끔 도시 주위에 작은 봉우리가 생뚱맞게 불쑥 올라오기도 한다. 쓰레기를 쌓은 곳이다. 음식 섞인 생활쓰레기가 모였기에 매립을 마쳐도 30년은 안전관리하며 시민의 접근을 차단하는데, 우리는 아니다. 7회 연속 월드컵 진출을 앞두고 국가대표 평가전이 몇 차례 열린 서울 상암동 월드컵경기장은 하늘공원과 노을공원을 마주보는데, 그 공원은 1995년 붕괴된 삼풍백화점 쓰레기를 마지막으로 매립한 서울시의 생활쓰레기 매립장이었다. 2002년 한·일 월드컵 행사를 앞두고 부랴부랴 조성한 하늘공원과 노을공원은 개방하자마자 사람들로 북적였지만 부등침하不等沈下가 진행 중이다. 하필 거기에 맹꽁이가 산다. 장마철이면 맨홀 속에서 자신의 존재를 과시하면서.

대체서식지는 싫어요!

월드컵공원은 맹꽁이를 상징 동물로 천거, 별도로 마련한 서식지에 맨홀에서 구한 맹꽁이를 정성스레 옮겨주지만, 이상스럽게 알 낳을 때마다 맨홀을 고집한다. 햇볕에 마르지 않을 곳이 거기라 믿기 때문인가? 그래도 월드컵공원에 남으려 하니 얼마나 고마운지 모르는데, 뉴타운이 예정되었던 은평구에서도 울어대기 시작했다. 2000년대 초의 일이다. 마침 그 지역에 사무실을 둔 환경단체에서 보호를 요구하고 나서니 서울시는 난감했을 것이다. 그래도 마음 고쳐먹은 담당자의 노력 덕분에 사람보다 먼저 깃들었을 맹꽁이는 시멘트로 칠갑이 된 은평뉴타운에서 손바닥 만한 서식지를 분양받았는데, 맹꽁이가 울 때 보리타작하지 않을 시민들이 시름을 달래야 한다는 듯, 주민들과 습지를 공유하도록 설계돼 있다. 장마철은 맹꽁이 연주회가 벌어지는 계절이 된 셈인데, 그나마

동물 인문학

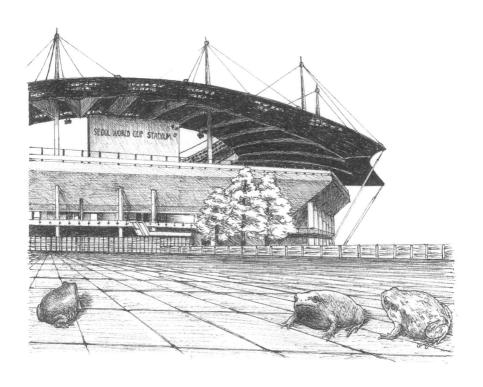

보전될 수 있었으니 다행이긴 하다. 맹꽁이로서는 죽지 못해 살 따름이겠지만.

한강물을 끌어들이는 공사를 계획하려던 강서습지공원에도 맹꽁이가 울었다. 소금기가 있는 한강물이 들어오면 맹꽁이에게 치명적이라며 환경단체가 손사래 치며 나섰고, 서울시 한강사업본부는 화답했다. 처음부터 쌍수를 들고 환영했는지 알 수 없지만 맹꽁이 보호지역을 설정했고, 맹꽁이가 안착하자 여름방학 특별 프로그램인 '맹꽁이 축제'를 기획했다. '맹꽁이 도전 골든벨', '맹꽁이 보금자리 직접 만들어 주기', '짚과 종이로 맹꽁이 만들기', '양서류와 맹꽁이 세밀화 전시' 같은 다양한 프로그램으로 "어린이들이 한강의 자연과 환경의 소중함을 느낄 수 있도록 하겠다"는 취지였는데, 그 행사에 동원된 맹꽁이들는 결코 자원하지 않았다.

인간의 갈채 속에 떠들썩하게 맹꽁이의 보금자리가 마련되는 경우는 흔하지 않다. 외면하거나 마지못해 서식지를 마련하는 경우가 훨씬 많은데, 그나마 환경부에서 2005년 3월, 멸종 위기 2급 야생동물로 규정해 보호하는 야생동물이라기보다는, 그 이유로 개발을 저지하려는 환경단체들의 거듭되는 요구가 귀찮을 정도로 집요한 까닭일 것이다. 무시하자니 언론에 나올 것 같고, 언론보도를 보고 짜증을 낼 정치인의 요구가 고위층을 움직이게 할 테니 울며 겨자 먹기로 보호대책을 세울 수밖에 없었는지 모른다.

한창 아파트 공사가 진행되던 서울 신정지구에 맹꽁이가 나타나니 이번엔 공사 발주업체가 난감했을 것이다. 그래도 어쩌랴. 환경단체의 요구로 공원부지 일부에 맹꽁이 서식지를 만들어주기로 했다. '한강 예술섬'이라 이름 붙여 오페라하우스와 청소년 야외 음악공원을 만들려 휘황찬란한 계획을 발표했는데 맹꽁이가 나타났다. 당황한 서울시는 엉겁결에 더 좋은 환경으로 옮겨주겠

동물 인문학

다고 제안했지만 환경단체는 노들섬에 자리잡은 맹꽁이에게 가장 좋은 환경은 바로 노들섬이라며 공존 방안을 요구했고 체념한 담당자는 인근에 대체서식지를 마련했다. 그 맹꽁이들이 지금까지 잘사는지 궁금하다. 시장이 바뀐 서울시는 오페라하우스가 들어설 자리에 논을 만들었는데, 그 논배미의 이름이 하필 "맹꽁이 논"이다. 그렇다면 대체서식지로 강제 이주된 맹꽁이들은 옛 터전으로 돌아왔을까?

아파트 단지로 둘러싸이기 전, 청주 '원흥이 방죽'에 나타난 맹꽁이도 수년 동안 보전을 요구한 환경단체의 끈질긴 노력으로 비좁기는 해도 서식지를 구할 수 있었고 생태하천을 계획 중이던 인천의 굴포천 도심 구간에 모습을 드러낸 맹꽁이도 환경단체의 요구에 따른 구청의 설계 변경으로 서식공간을 확보할 수 있었다. 알려지지 않아 그렇지 그 밖의 도시에도 비슷한 사례가 더 있을 것이다. 대부분 환경단체를 중심으로 보전을 요구하는 행동에 돌입했기에 제한된 서식지라도 마련할 수 있었다.

환경단체가 몰랐다면? 맹꽁이 서식지가 슬쩍 뭉개졌을 가능성을 배제할 수 없겠지. 공사 시작 전에 충분한 사전 환경성 평가를 실시해 맹꽁이와 같은 보호대상종의 분포 여부를 파악해달라는 환경단체의 요구가 개발자에 의해 능동적으로 시행된 사례는 아직까지 없지 않은가. 그나마 보호대상종이니 마지못해 배려했을 뿐, 그렇지 않다면 환경단체의 요구는 당연히 묵살되었을 것이다.

인천의 경제자유구역인 청라지구에 폭넓게 서식하던 맹꽁이는 대체서식지로 이동할 예정이었는데, 환경단체의 요구에 마지못해 응한 개발자는 비좁은 공간으로 몰아넣고 말았다. 그 맹꽁이들도 지금 잘살고 있을까? 갯벌을 매립한 청라지구에 물이 고여 소금기가 제거되면서 이웃 미나리꽝에서 하천을 따라 들어와 퍼졌거나 개발을 위해 외부에서 퍼온 흙에 들어있었을지 알 수 없으나 좁아 터진 대체서식지에서 보전되기를 바랄 뿐이다.

인천의 진산인 계양산에서 발견된 맹꽁이는 생존이 불안한 상태다. 국내 굴지의 기업이 환경단체에서 주목하는 양서류가 나타나자 그 장소에 독극물을 풀거나 삽으로 찍어 죽였다는 의혹에서 자유롭지 못했기 때문인데, 초고층빌딩을 위해 군사 비행장의 활주로 각도까지 변경시킨 그 무소불위의 기업은 맹꽁이 서식을 마냥 무시한 바 있다. 골프장 신축을 염두에 두었기 때문인데 골프장이 사실상 물 건너간 지금, 맹꽁이는 제 자리를 힘겹게 지킨다.

요사이, 공사 현장 여기저기에서 발견되는 맹꽁이들은 어디에서 온 걸까? 원래 많았다면 환경부가 보호대상종으로 지정할 리 없으니 최근에 갑자기 늘어난 걸까? 다른 개구리 종류에 비해 알을 많이 낳지 않아도 천적이 드물기 때문일까? 저보다 큰 동물을 보면 허둥지둥 달아나는 걸 보면 꼭 그런 거 같지 않다. 개발을 제지하려고 환경단체가 풀어준 건 아닐까 의심하는 개발업자도 있을 정도로 자주 나타나는 요즘의 맹꽁이에게 주목해야 할 것은 하

동물 인문학

필 도시에, 그것도 개발이 예정되었거나 개발이 진행 중인 지역에서 모습을 드러낸다는 점이다. 희한한 일인데, 오죽하면 더럽고 시끄러운 도시까지 와야 했을까?

장마철 이외에는 거의 보이지 않는 맹꽁이가 아스팔트와 시멘트로 칠갑이 돼 지독한 사막이나 마찬가지인 도시를 좋아할 리 없는데, 어떤 연유가 있는 걸까? 혹시 농약이 도시에 드물어 그런 게 아닐까? 농약을 쓰지 않는 텃밭이나 근교 녹지의 작은 습지에 내린 장맛비가 아스팔트와 시멘트를 전전하던 빗물과 만나면서 퍼진 건 아닐까? 물론 개발을 위해 먼 데에서 가지고 온 흙에 무임승차했을지 모른다. 갯벌을 매립한 남동산업단지와 그 이웃인 연수구 아파트 단지의 차단녹지에도 적은 수의 맹꽁이가 해마다 운다. 매립을 위한 흙에 섞였거나 주변 녹지에서 이동해 왔을 것이다. 얼마 전부터 송도 신도시에서 울기 시작한 맹꽁이는 공원을 만들 때 가지고 온 흙에 섞였을 가능성이 큰데, 사실 주변 소음 때문에 목청을 더 높이다 환경단체와 언론의 주목을 받아 그렇지, 발견되는 맹꽁이의 수는 그리 많지 않다.

장맛비가 퍼붓는 칠흑 같은 밤, 자동차가 드문 아스팔트를 빗물에 섞여 이동했든, 흙을 따라 들어왔든, 농약 농도가 낮은 땅속 깊은 곳에서 숨죽이다 도시의 작은 습지에 일부가 성공적으로 정착하게 되었는지 모른다. 전국의 깨끗한 계곡에 두루 분포하던 꼬리치레도롱뇽이 몹시 드물어졌듯, 장마철이면 농촌마다 우렁차게 울던 맹꽁이도 거의 자취를 감췄는데, 산허리를 마구 끊고 오염시키는 도로와 골프장으로 더욱 드물어진 꼬리치레도롱뇽과 달리 적응력이 좋은 맹꽁이가 개발 압력이 심한 도시의 녹지에 은밀히 퍼지게 되었는지 모른다.

여전히 보호해야 할 맹꽁이

2005년 환경부는 보호대상종이던 꼬리치레도롱뇽을 목록에서 뺐다. 천성산 도롱뇽의 안위를 걱정하는 지율스님이 경부고속전철 천성산 구간 터널공사 환경영향평가의 재실시를 요구하며 단식을 거듭하자 그랬다는 의혹에서 자유롭지 않은데, 당시 지율스님은 천성산의 꼬리치레도롱뇽 사진으로 시민들의 공감대를 넓히고 있었다. 경상남·북도 일원의 계곡에 제한 분포하는 고리도롱뇽도 목록에 넣지 않았다. 넣었다면 고리원자력발전소의 증설은 순탄하지 않았을 것이다. 그뿐 아니다. 계룡산과 속리산 일원에 희귀하게 서식하는 이끼도롱뇽도 외면했다. 이끼도롱뇽이 포함되었다면 계룡산 관통도로 공사는 이끼도롱뇽 사진을 들고 나오는 환경단체 때문에 성가셨을지 모른다. 두꺼비는 왜 뺐을까? 청주 원흥이방죽에 집단 서식하는 두꺼비 때문에 곤혹을 치렀던 개발자의 경험을 참조하지 않았을까? 환경단체는 그런 의혹을 지우지 못한다.

앞으로 맹꽁이는 보호대상 목록에서 지워지는 건 아닐까? 지금이야 마지못해 서식지도 마련하고 대체서식지로 옮겨주지만, 빗발치는 개발자의 민원에 더욱 약해질 게 분명한 환경부가 개발 훼방꾼인 맹꽁이를 목록에 남길 것이라 기대하기 어렵다. 시골에 가서 노인들에게 물어보라. "여기 요즘에도 개구리 울어요?", "개구리? 쌨지!", "두꺼비는요?", "두꺼비도 쌨어." 쌨다는 건 쌓일 정도로 많다는 뜻인데, 과연 그럴까? 다시 구체적으로 물어야 한다. "언제 어디에서 보셨어요?", "몇 년 돼. 몇 십 년인가… 요즘은 통 보이지 않네" 하고 얼버무릴 것이다. 개발부서에 유난히 약한 환경부가 개발업자에게 의견을 물으면 들으나마나, "말도 말아요, 쌨어요!" 하고 화답할 테고, 울음소리가 큰 맹꽁이는 그만 위기를 맞을 것이다.

우리는 맹꽁이에 대해 아는 게 거의 없다. 장마철에 운다는 것, 어떻게 생겼고 어디에 알을 낳아 얼마 만에 성체로 변태해 사라진다는 정도만 알 뿐, 장마철 전후에 어디에 머물며 무엇을 먹고 얼마나 동면하는지는 거의 모른다. 맹꽁이 생활사 따위에 연구비를 주는 정부기관이 없으니 연구자도 없다. 막 변태한 어린 맹꽁이는 어린이 새끼손톱만한데, 다음 장마철에 나타나는 성체는 45밀리미터나 된다. 그 사이의 행적이 미스터리다. 요즘 여기저기에서 개발업자들을 긴장시키는 맹꽁이의 유전 다양성의 폭이 환경변화에 적응할 수 있을 정도로 충분히 넓은지 역시 모른다. 생명공학에 퍼부어지는 연구비의 이자에 이자만 찔끔 제공해도 너끈히 밝힐 수 있겠지만, 맹꽁이 연구에 들어가는 돈은 여전히 불요불급한 모양이다. 제발 가만히 두라고 하소연할 맹꽁이도 사람들의 연구를 그리 탐탁하게 생각하지 않겠지만.

"자연의 일부인 인간에게 자연에 대한 존경심을 회복시킨다"는 환경운동의 일환으로 자연물에 상을 드리는 '풀꽃세상을 위한 모임'은 2009년, 제15회 풀꽃상을 맹꽁이에 드리기로 결정했다. 다시 모습을 드러내어 숨 쉴 공간을 후손에게 남기는 데 기여해준 맹꽁이에 감사하는 마음의 발로다. 환경부에서 보호대상종 목록에서 제외하든 하지 않든, 맹꽁이와 그들의 서식지와 서식환경을 보호해야 할 책임과 의무가 자식 키우는 우리에게 있다는 점을 시민들에게 알리려는 건데, '풀꽃세상을 위한 모임'의 결정에 호응해 맹꽁이가 시상식장에 나왔을까? 찬바람 불었던 시상식장보다는 안전한 땅속으로 들어갈 궁리를 했겠지.

도시에서도 사라지려나

1960년대 대중의 심금을 울리던 박재란은 "장마철에 맹꽁이야 너는 왜 울어, 걱정 많은 이 심정 흔들어주나" 하고 노래했는데, 대도시 아파트 단지 완충 녹지대에서 태풍 속에서 울던 맹꽁이가 장마가 시작되어도 조용하기만 하다.

아파트 단지로 점철된 인천 연수구는 맹꽁이가 많은 농촌이었다. 인근 갯벌을 메워 넓은 주택단지를 조성하면서 논밭 위에 아스팔트와 철근콘크리트를 뒤덮자 대부분의 사라졌어도 장마철이면 한두 마리 완충녹지대에서 울었다. 2015년도 장마철 이전, 한차례 비가 내리자 몇 마리 울었지만 이후 햇볕이 뜨거운 날이 계속되자 조용해졌다. 빗물이 바싹 말랐기 때문이리라. 태풍 찬홈이 비를 뿌리자 한 마리 나와 울었는데 장마가 와도 조용했다. 지난해 장마철에는 수컷 여러 마리가 경쟁적으로 울어댔는데… 도시의 가엾은

맹꽁이는 자취를 감추려나?

아파트가 드물고 주변에 습지가 많던 예전에 모기가 물면 그 주
변이 밤톨만큼 부풀어 며칠 가려웠지만, 홑이불 밖의 손발을 지분
거리는 요즘 모기는 이삼십 분 바싹 가렵게 만들다 만다. 요즘 모
기는 예전과 종류가 다른 걸까? 예전의 모기는 사라졌을까? 모기
따위가 사라지든 말든 관심이 없겠지만 맹꽁이가 사라진다면 좀
서운하겠지. 한데 도시와 그 주변에서 사라진 '자연의 이웃'은 많
다. 땅강아지와 집게벌레, 버들붕어와 송사리, 참개구리와 무당개
구리, 도마뱀과 실뱀은 모두 어디로 갔나? 흔하던 때까치도 보이
지 않는데 서울시는 제비를 보호대상종으로 지정했다. 사람들은
참새마저 도시에서 드물어졌다는 사실을 잊고 지낸다.

많은 생태학자들은 지금을 '제6의 멸종'에 접어든 시대라고 경
각심을 전한다. 지금부터 2억 5000만 년 전 분포하던 생물의 거의
90퍼센트를 사라지게 한 대멸종을 비롯해 가장 최근인 6500만 년
전의 대멸종까지, 4억 4000만 년 전부터 5차례 지구의 생태계를
강타한 대멸종은 화산이나 운석과 같이 급격한 환경변화가 원인
이었다고 연구자들은 분석한다. 한데 현재 진행 중인 '제6의 멸종'
은 순전히 사람 때문이라는 게 관련 연구자들의 공통된 주장이다.
자연의 흐름을 뒤죽박죽으로 만드는 탐욕스런 개발행위로 생태계
가 무너질 위기에 있다는 경고다.

아파트 단지로 뒤바뀐 대도시에서 맹꽁이는 터전을 잃었다. 기

상이변은 가녀리게 남은 맹꽁이의 삶을 위기로 몰아넣는다. 그칠 줄 모르는 개발은 속도를 줄이지 않는다. 플라스틱 쓰레기는 곳곳의 해양생태계를 절멸시켰다. 농약뿐 아니라 수많은 의약품 성분이 상수원에 섞여 나온다. 무기와 발전소에서 쏟아진 방사선은 빙하까지 오염시켰는데, 사람들은 주야장천 안전할 수 있을까?

요즘 장마철의 맹꽁이는 탄광의 카나리아 같은 존재다. 카나리아가 살 수 없는 탄광에 인부가 들어갈 수 없듯, 맹꽁이가 살 수 없는 환경에 사람도 살아갈 수 없을 것이다. 맹꽁이가 장마철마다 우렁차게 울어대던 시절에 지구 생태계에 모습을 드러낸 사람은 꽤 오랜 세월 맹꽁이와 더불어 살았지만 이제 자신은 물론 생태계의 안정성마저 해친다. 석유와 과학기술로 자신의 적응력을 비참하게 위축시킨 사람은 지구온난화와 그로 인한 기상이변에 둔감하다. 맹꽁이 한두 마리가 남았을 뿐인데.

8장

◇ ◇

입국사증과 달리 수난되는 안팎의 동물

1980년대 중반, 인천항 원목부두에서 한 마리의 커다란 도마뱀이 인하대학교의 한 연구실로 운송돼 왔다. 급히 구입한 대형 수조에 들어간 녀석은 인도네시아 왕도마뱀이었는데, 미꾸라지를 한동안 잡아먹다 포르말린에 몸이 고정되고 말았다. 몸 움직이기에 좁아터진 수조에서 추위를 견디기 어려웠으리라.

이듬해 이른 여름이었나? 지금은 아파트 단지로 바뀐 농촌에서 거대한 개구리 한 마리가 잡혀왔다. 밤새 황소 울음소리가 나 웅덩이를 퍼냈더니 이놈이라며 가져온 황소개구리를 하는 수 없어 왕도마뱀이 머물던 수조에서 넣었는데, 수조 속의 연구용 청개구리를 한동안 축내던 녀석도 표본병 속의 포르말린에 잠기고 말았다. 인도네시아 왕도마뱀은 영문도 모르는 채 입국사증入國查證 없이 밀입국하다 봉변당했다면 양식용 황소개구리는 입국사증 내용과 다른 곳에 머물다 생포돼 수명이 단축되고 말았다.

검역이 강화되면서 입국사증(비자) 없이 들어오는 외래동물이 드물어진 요즘, 입국사증에 허가되지 않은 곳에서 번식하며 살다 문제 일으키는 외래동물은 늘어난다. 원조곡물에 외래곤충의 알이 묻어오거나 아열대 파충류가 원목에 무임승차하는 사례는 대폭 줄어들어도 애완동물로 들어왔지만 싫증나자 슬그머니 방생하는 사례가 늘어난 거다. 황소개구리나 베스와 블루길처럼 양식 목적으로 들여왔다가 돈이 되지 않자 방치해 전국에 흩어진 외래동물들은 싫든 좋든 우리 생태계의 일원이 되고 말았다. 구제를 위한 이벤트가 지방자치단체에서 이따금 벌어졌지만 결과는 신통치 않았다. 작은 수족관의 애완동물이던 붉은귀거북도 거의 토착화되었다.

수입 애완동물은 호기심만큼이나 다양하다. 희귀 품종의 개나 고양이, 고가의 앵무새나 카나리아 같은 명금류鳴琴類, 화려한 열대어나 바닷물고기에서 그치지 않는다. 크고 작은 원숭이와 슈가글라이더Sugar slider라는 날다람쥐, 사료가 까다로운 코알라와 대평원에 땅을 파고 사는 프레리도그prairie dog와 같은 포유동물이 들어온다. 악어를 키우는 사람도 있고, 대형 육식동물인 악어거북이나 늑대거북, 파이톤Python이라는 구렁이 종류, 작고 알록달록한 뱀들, 이구아나와 카멜레온과 같은 파충류도 흔해졌다. 목도리도마뱀도 실려 온다. 타란툴라Tarantula라는 큼직한 거미, 독 없는 전

동물 인문학

갈, 색이 화려한 가재와 달팽이가 수입되고, 애완용 딱지를 붙인 열대 개구리도 가정으로 팔려나간다. 대부분 생태조건을 만족시키지 못하는 환경에서 사육되다 죽어나가는 외래동물이다.

키우다 싫증나거나 경제 여건이 어려워지면 문제가 발생한다. 동호회를 통해 다른 가정으로 입양된다면 그나마 다행이지만 습성에 맞지 않는 우리 자연에 풀어놓아 말썽을 빚는다. 제공하는 먹이에 의존하는 외래동물은 방생되면 거의 죽고 말지만, 모두 그런 건 아니다. 남생이와 자라 같은 고유 거북을 몰아내고 공원의 호수를 점령해 작은 물고기들을 먹어치우는 붉은귀거북처럼 고유 생태계를 교란할 가능성을 배제하기 어렵다. 자연에 나온 악어거북으로 몸살 앓는 일본의 경험이 우리나라라고 예외일 수 없다.

법적으로 허가된 외래동물이라도 입양하려면 책임감을 가져야 한다. 단순히 호기심이나 자랑하고 싶은 마음으로 들여놓았다가 귀찮아 방치하거나 버리는 태도는 생명에 대한 폭력이고 외래동물의 개성을 무시하는 결례다. 유리상자 안에 꼼짝 못하고 던져주는 먹이만 받아먹는 외래 개구리, 몸 돌리기 비좁은 응접 테이블에 갇힌 악어, 에어컨 켜 놓은 거실 한 구석에 웅크린 채 투명한 상자를 두드리는 사람을 외면하는 카멜레온, 이구아나와 목도리도마뱀은 죽지 못해 살아갈 따름이다. 처지를 바꿔 그들의 복지를 생각해 보라.

애완용으로 수입되는 외래 야생동물은 포획 수입하는 과정에서 수많은 희생을 전제로 한다. 유인원은 그 정도가 심하다. 새끼 몇 마리를 포획하기 위해 일가족을 쏘아 죽이는 일도 서슴지 않는다. 희소가치가 클수록 값이 오르니 값비싼 야생동물을 수집하려는 사냥꾼들로 인해 생태계는 헤집어지고, 멸종 행렬은 길어지기만 한다. 자연계의 많은 앵무새들이 그렇게 사라졌다. 외래동물만이 아니다. 애완동물로 버젓이 소개되는 우리의 고슴도치와 하늘다람쥐도 요즘은 자연에서 거의 보이지 않는다. 다람쥐마저 드물어졌다.

2010년 겨울, '꼬마'가 탈출했다. 서울대공원에서 수많은 관광객을 상대해야 했던 '꼬마'는 수컷 말레이곰으로, 따뜻한 고향을 떠난 지 4년 만에 사육사가 방심한 사이 청계산으로 스며들었다. 덩치가 더 큰 우리 반달가슴곰처럼 가슴에 반달무늬를 옅은 색으로 가진 꼬마는 9일 만에 기진맥진한 상태에서 서울대공원으로 돌아왔고, 서울대공원은 탈출 사고를 계기로 유명인사가 된 꼬마에게 걸맞은 시설을 보강하고 친환경을 내세웠다. 하지만 담은 높아지고 잠금장치는 두터워졌다. 저보다 늙은 암컷을 거들떠보지 않던 꼬마는 가족을 이뤘을까? 이후 언론이 주목하지 않아 알지 못하는데, 등산로의 과일 쓰레기와 도토리로 허기를 참은 꼬마는 청계산이 그리울까?

동물 인문학

적응력을 과시하는 겨울의 뉴트리아

해충 구제를 위해 아프리카에서 개구리를 도입한 칠레는 비상
이 걸렸다. 농작물을 그 자리에 심었기에 축냈을 따름인 곤충, 그
래서 악명을 뒤집어 쓴 해충은 물론 토착 곤충까지 잡아먹으며 폭
발적으로 늘어난 그 개구리들이 비 내리는 밤, 도로를 덮으며 이동
하는 게 아닌가. 개구리를 밟고 미끄러진 자동차 사고로 교통이 마
비될 지경이었다는데, 오죽 해충이 들끓었으면 외국 개구리의 도
입을 모색했을까? 토종 개구리가 감당하지 못할 만큼 해충, 아니
어떤 곤충이 늘어난 건 대부분 거대한 규모로 경작한 단일 농작물
탓이다. 삽시간에 늘어나는 그 곤충을 살충제로 감당하지 못하자
황급히 외국 개구리를 도입했는데 그게 화근일 줄이야! 도입 당시
에는 예상하지 못했겠지.

2008년 10월 제10차 람사총회, 다시 말해 "물새 서식지로서 국
제적으로 중요한 습지에 관한 협약" 총회가 열린 경남 창원의 '우
포늪'은 '용늪'에 이어 우리나라에서 두 번째로 지정된 '람사습지'
고, 1973년 전까지 천연기념물이었다. 일제가 1933년 지정했으나
철새가 줄어들었다며 취소했는데, 보전 가치를 되새기는 사람들
이 늘어나면서 천연기념물로 다시 등극했다. 한데, 그 언저리, 초
대받지 않는 손님 때문에 난감해졌다. 노랑부리저어새와 큰고니
같은 겨울철새가 답지하는 습지에 뭐라고? '늪너구리'가 출몰한다

는 게 아닌가.

늪너구리? 너구리가 늪에 적응해 나타난 건 아니다. 남미 아르헨티나와 우루과이 일원에 분포하는 뉴트리아를 엉겁결에 그리 부른 모양인데, 사실 생김새는 물론 사는 방식이 우리나라 너구리와 달라도 한참 다르다. 흙탕물처럼 보이는 연갈색의 통통한 몸은 50센티미터 이상 자라지만 기다란 앞니를 드러낸 머리는 영락없이 쥐를 떠올리게 한다. 뉴트리아는 40센티미터에 달하는 꼬리가 쥐처럼 가늘기 그지없다. 그래서 그런가? '뉴트리아 쥐'로 칭한 이도 있었다. 짧은 다리로 뒤뚱거리지만 일단 호수와 같은 습지에 들어가면 거칠 게 없다. 발가락 사이의 물갈퀴로 제 세상을 만끽한다.

어쩌다 모습을 드러내던 뉴트리아가 우포늪 전역에서 활개를 치게 된 까닭은 무엇일까? 황소개구리나 베스가 퍼져나간 시나리오와 비슷하겠지. 사육으로 한 밑천 잡으려다 시들해지자 관리가 소홀해졌고, 그러자 몇 마리가 울타리를 벗어나면서 급격히 퍼져나간 거다. 1985년 프랑스에서 모피와 고기를 위해 100여 마리 수입해 경상남도 일원에서 사육한지 이제 30년. 수명이 10년인 뉴트리아는 천적이 없는 늪에서 마음껏 증식, 그 주변의 습지를 거의 잠식했다. 머지않아 금강과 한강으로 세력을 넓힐 태센데, 거긴 아직 춥다.

우리 생태계에 없으므로 호감가지 않아도 장점이 한두 가지 아

동물 인문학

니라며 도입했다. 습지의 척추동물답게 털이 치밀하면서 고와 모피의 질이 좋을 뿐 아니라 기름기가 적고 불포화지방산이 풍부한 고기가 부드러우면서 쫄깃쫄깃하니 일석이조라고 띄웠다. 면역력이 강해 질병이 거의 없고 사료도 아무거나 잘 먹으며, 마구 자라는 늪의 수초도 거뜬히 먹어치우는 뉴트리아는 세심하게 관리하지 않아도 1년에 두세 차례, 한 배에 서너 마리 이상 새끼들을 낳아 잘 자란다고 광고하지 않았나? 그러니 축산 실패로 시름에 잠긴 이의 호기심을 끌기에 충분했다. 사육장에 악취가 발생하지 않을 뿐 아니라 배설물은 양질의 비료가 되어 수초와 벼 생산에 도움이 된다니 들여놓기만 하면 금방 부자가 될 것 같았겠지.

보여주고 싶은 것만 보여주는 게 광고라는 건 대개 나중에 안다. 2000년 무렵, 8000마리 이상 증식된 뉴트리아는 남미나 유럽처럼 각광 받지 못했다. 혐오스런 모습 때문에 모피와 고기마저 소비자가 외면한 건데, 돈벌이에 실패한 사업자가 방치하자 뜻하지 않은 문제가 발생했다. 물고기의 산란장인 수초를 마구 먹어댈 뿐 아니라 우포늪의 멸종 위기종인 가시연을 뜯는데 그치지 않았다. 가시연에 앉은 철새의 다리를 물고 잠수, 질식시킨 뒤 게걸스레 먹어치우는 게 아닌가. 먹이를 습지에서 만족하지 않았다. 인근의 밭으로 들어가 감자나 당근을 거덜내더니 논으로 들어가 익어가는 벼까지 훑어냈다.

제 몸무게의 4분의 1을 하루 만에 먹어치우는 뉴트리아에게는 천적이 없으니 문제를 해결할 방도가 마땅치 않다. 악어가 없는 우리나라에서 수를 조금씩 늘리는 수달은 맑은 하천을 떠나려 들지 않는다. 물수리는 태화강에서 숭어 잡는 데 여념이 없고, 참매는 늪까지 염탐하지 않는다. 뉴트리아는 늪을 외면하는 삵이나 오소리도 두려워할 필요가 없다. 영하로 치닫는 겨울 추위가 두렵지만 그것도 호수 가장자리에 20미터 이상의 굴을 파면서 극복했다. 겨울이 따뜻해지면 굴에서 나와 철새를 물어뜯으니 우포늪 관계자는 당혹스럽기 그지없다.

천적 눈치 볼 일이 없으니 뉴트리아는 우포늪에서 다른 습지로 퍼져나갔다. 참다못한 밀양시와 부산시도 포상금을 내걸고 포획에 나섰지만 성과는 미미했다. 민원에 호응한 환경부가 2009년 6월 유해조수로 지정했으니 뉴트리아가 눈에 잘 띄는 계절을 맞아 대대적인 퇴치 작전에 돌입한 것인데, 그런 사정은 우리나라만이 아니었다. 일찌감치 수입해 사육하다, 모피산업이 시들해지자 숲으로 내버린 미국도 마찬가지였다. 뉴트리아가 루이지애나 늪지대에 퍼지며 수중 생태계를 심각하게 파괴하기에 이르자 꼬리 하나에 5달러의 포상금을 내걸었지만 결국 실패했고, 소시지와 버거 같은 메뉴를 개발해 식용을 위한 사냥을 유도했지만 워낙 뛰어난 번식력 때문에 그마저 소용없었다고 한다.

미국 남부보다 쌀쌀하고 늪이 넓지 않아도 미국 이상 퍼질 가능성은 높다. 지구온난화로 호수의 얼음이 한겨울에도 푸석푸석한 상태가 아닌가. 얼음이 약해지는 우리 겨울에 완전히 적응한다면 4대강 사업으로 대구 언저리까지 호수가 이어진 낙동강 주변으로 확산될 가능성을 배제할 수 없으리라. 이미 비슷한 민원이 유발되었듯, 낙동강 주변의 비닐하우스에 대거 들어가 겨울딸기를 축낼지 모른다.

걱정은 꼬리를 물고 이어질 수 있다. 거대한 호수의 제방에 복잡한 굴을 길게 파놓는다면 어떤 일이 일어날까? 집중호우로 제방이 붕괴된 연천댐처럼 낙동강을 넘어 금강과 영산강에서 재현될 수 있다. 4대강 사업 낙동강 구간의 가장 하류인 함안에서 발생한 사고의 예후가 심상치 않다. 함안보로 물길이 이어지는 호수에 빗물이 순식간에 모여들자 뉴트리아가 파 놓은 굴 때문에 제방이 붕괴된 것이다. 그때 발생한 겨울딸기 농부들의 민원은 애교에 불과할지 모른다.

수초가 사라진 겨울철 늪에서 유영하면 아무래도 눈에 잘 띈다. 때를 노린 포수의 총탄이 동료를 쓰러뜨리면 뉴트리아는 낮에는 얼씬도 하지 않을 가능성이 높아진다. 야행성인 뉴트리아에게 총도 소용없어진다는 건데, 앞서 경험한 다른 나라들처럼 주어진 환경에 금방 적응하는 뉴트리아가 우리 땅에 퍼진 이상, 발본색원할 가능성은 없어 보인다. 불고기나 로스구이로 소비를 진작하려 해도 경험상 효과가 없을 것 같은데, 만일 고기나 가죽의 인기가 높아진다면 줄어들까? 사육농가가 늘어나는 건 아닐까?

퇴치한다는 건 결국 죽여 없애자는 뜻인데, 들어올 때 그리 애지중지하더니 이제와 죽이겠다고? 뉴트리아는 억울하겠지. 하소연할 데가 없는 뉴트리아를 우리는 어떻게 구제해야 할까? 서해안의 무인도에서 흑염소를 잡는 우리 맹금류를 초청해야 하나? 남부지방의 늪에서 뉴트리아를 퇴치할 수 없다면 황소개구리나 베스처럼 어쩔 수 없이 최소 범위에서 공존해야 하지 않을까? 그렇다면 뉴트리아가 퍼져나갈 환경 조건을 최대한 억제시키고, 우리 자연에서 천적이 나타날 수 있도록 배려해야 할 텐데, 4대강 사업은 그 의지를 소용없게 만들고 말았다.

주홍날개꽃매미가 전하는 메시지

요즘 도시는 물론 시골에도 보기 어려워졌지만, 어릴 적 도심에서 떨어진 마을에는 참중나무가 많았다. 안방과 건넛방 사이에 마루가 있고 마루 뒤에 부엌이 있던 기와지붕의 단층집은 동네에 흔했는데, 그런 우리 집 뒤에 참중나무 여러 그루가 울타리처럼 어깨를 잇고 있었다. 아버지도 집장수도 심지 않은 참중나무. 어디선가 수백 마리의 참새들이 날아들어 아침마다 재잘댔다. 도저히 늦잠을 청할 수 없었던 그 집의 꽃밭에 서리 내릴 즈음, 친지와 팔 걷어붙인 어머니는 담 높이로 배추 절여놓고 김장에 나섰는데, 그 집은 참중나무와 더불어 사라진 지 오래다.

참중나무와 아주 비슷한 나무가 가중나무다. 요즘에는 도시든 시골이든 보이지 않는 곳이 없는 가중나무는 중국이 원산지지만 우리나라뿐 아니라 유럽에도 많은데, 번식력이 보통 아니다. 일단 뿌리를 내리면 줄기가 금방 두툼해지면서 20미터 이상 자라, 회색 도시를 빨리 녹화하는 데 유용했다. 하지만, 그것 참! 잘 가꾸어 놓은 공원의 조경수마저 집어삼킬 태세로 늘어나는 게 아닌가. 담당 공무원들을 여간 골치 아프게 하는 게 아니라는데, 전문가들은 가중나무와 같이 우리 땅에 완전히 적응한 식물을 "귀화식물"이라고 말한다. 같은 개념으로 귀화한 동물도 여럿 있다.

봄철 어린잎은 나물로 무쳐먹고 새순은 죽순처럼 먹을 수 있어

서 '죽나무', 또는 스님들이 즐겨 '중나무'라고도 했다는 참중나무
는 우리 땅에 오래 살아오면서 일용한 양식을 제공하는 데 그치지
않았다. 저녁 무렵 참새들에게 잠자리를 펼쳐 주었고 수많은 애벌
레들이 잎을 먹으며 내일을 기약할 수 있도록 베풀었을 텐데, 중국
에서 넘어온 가중나무는 우리 땅에 막 들어온 신출내기답게 쌀쌀
맞기 그지없다. 사람에게 나물은커녕 이 땅의 어떤 곤충에게도 이
파리 하나조차 배려하지 않는다. 녹지직 공무원들은 애초에 그 점
이 마음에 든 걸까? 덤벼드는 벌레가 없다고 가로수로 심기까지
했으니.

　한데 웬걸! 가중나무에 천적이 달라붙기 시작했다. 수액을 빨아
먹는 녀석들이다. 흔히 '중국매미'라 하는, 중국 남부와 동남아시
아 일대에 분포하는 주홍날개꽃매미가 그들이다. 십여 년 전? 남
쪽 지방에 한두 마리 보여 희한해 하고 말았는데, 이제 중부지방을
넘더니 전국에 흔해졌다. 가중나무처럼 늘어나 귀화동물로 구분
해야 할 정도다. 가중나무뿐이 아니다. 가중나무보다 당분이 훨씬
많은 복숭아, 사과, 자두와 포도나무를 비롯해 감귤과 탱자나무의
줄기와 가지를 뒤덮는다. 어느새 버드나무까지 가리지 않는다.

　3센티미터 남짓 도톰한 몸을 가진 주홍날개꽃매미는 등딱지의
투명한 날개로 넓적한 몸을 위에서 덮는 우리의 매미와 아주 다르
다. 온몸을 연갈색 날개로 감싸 언뜻 나방처럼 보이지만 더듬이가
돌출되지 않은 꽃매미다. 밝은 나무껍질과 엇비슷하게 보이는 두

　　　　　　　　　　　　　　　　　　동물 인문학

장의 연갈색 겉날개는 수십 개의 검은 점 무늬가 산재하는 윗부분과 미꾸라지 뒷지느러미처럼 촘촘한 세로로 잔 점들이 옆으로 펼쳐지는 아랫부분이 뚜렷이 구별되는데, 사람 눈에 두드러지는 건 주홍색 속날개다. 나무껍질에 침을 꽂고 꼼짝 않다 사람이 다가오면 마지못해 팔랑팔랑 낮게 달아나는 주홍날개꽃매미는 분홍색 날개를 섬뜩하게 드러낸다. 경계색인가? 다른 동물도 비슷하게 느끼는 걸까? 주홍날개꽃매미를 노리는 천적이 도통 보이지 않는다.

날씨가 선선해지는 9월경 짝짓기를 해 포도나 가죽나무 껍질에 500개 가까운 알을 2~3센티미터 정도 뭉쳐 낳는데, 이듬해 5월 부화하는 유생은 나무껍질을 휘감고 수액을 빨아먹으며 성장한다. 그렇게 포도나무를 말라죽이며 민원을 발생시키자 지방자치단체는 희망근로자와 산불진화대원을 대대적으로 동원, 알을 수거해 불사르는 방제작업에 돌입했다. 하지만 효과는 그때뿐. 많은 지역에서 대거 살포한 살충제처럼 한계가 분명했다.

1970년대 말 처음 목격된 이래 2006년 무렵 가죽나무 주변에서 조금씩 보이던 주홍날개꽃매미가 이처럼 늘어난 건, 많은 이가 지적하듯 지구온난화와 무관하지 않겠지. 따뜻한 지역에 자생하다 태풍이나 선박을 타고 드문드문 들어와도 제대로 번식하기 어려웠지만, 더워졌을 뿐 아니라 가죽나무가 도처에 흔하니 조건은 완비되었다. 게다가 천적까지 없으니 낳은 알이 성체로 성장하는 건 식은 죽 먹기! 개체가 늘자 가죽나무로는 모자랐고, 조심스레 과일나무를 건드려 보니 그 또한 별식이라! 그래서 주홍날개꽃매미가 마음껏 퍼졌을지 모른다. 살충제가 소용없자 손으로 떼어내던 농부는 그만 피부병에 걸렸고.

주홍날개꽃매미의 자생지에도 천적이 없을까? 그럴 리 없다. 우리나라에 그 천적을 들여와 해결하자는 뜻이 아니다. 그런 방식은 부작용이 더 클 수 있다. 주홍날개꽃매미의 천적과 유사한 동물이 우리나라에도 틀림없이 있을 테니, 그 동물이 주홍날개꽃매미가 들끓는 과수원에 접근할 수 있도록 길을 내주자는 제안이다. 살충제를 뿌리면 주홍날개꽃매미만 줄어드는 게 아니다. 다른 곤충도 자리를 뜰 테니 주홍날개꽃매미를 먹을 새와 도마뱀 종류가 접근할 리 없다. 농약을 치지 않는 가로수와 자투리 녹지를 되도록 우리 생태계에 자생하는 나무로 심고, 그런 나무와 풀이 녹지축으로 이어진다면 주홍날개꽃매미를 신이 나서 먹어치울 천적이 도시에도 나타나리라.

황소개구리가 조용하다. 사라진 건 아니다. 커다란 덩치가 섬뜩해 건드리지 않던 동물들이 황소개구리와 그 올챙이를 푸짐하게 먹으며 개체수를 조절해 주기 시작했기 때문이다. 수달과 너구리는 황소개구리를 얼마나 반기는지 모른다. 물가를 성큼성큼 걷는 백로와 왜가리는 몸이 숟가락만큼 커다란 황소개구리 올챙이를 잡아 새끼들을 든든하게 먹인다. 흐름이 느린 물웅덩이의 터줏대감인 가물치도 거들고 나섰다. 처음 듣던 황소 울음소리를 외면했

동물 인문학

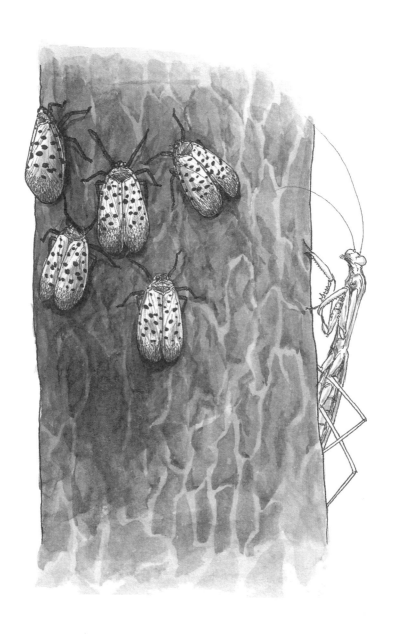

지만 토실토실한 게 먹이로 그만이었나보다. 가물치는 베스나 블루길까지 먹어치운단다.

그러면 그렇지. 우리의 사마귀와 커다란 잠자리가 주홍날개꽃매미를 잡아먹기 시작했다는 소식이 들린다. 주홍날개꽃매미도 머지않아 적절하게 조절되리라 믿는데, 그런다고 민원에 시달리거나 민원 띄우느라 열 올랐던 사람들이여, 손 털고 긴장마저 풀어도 될 순간은 결코 아니라오. 지구의 평균보다 온난화 속도가 빠른 우리 땅에 느닷없이 나타나 세력을 늘리는 귀화동·식물의 명단은 더욱 길어질 게 틀림없으니, 긴장을 풀면 안 된다오. 섬뜩한 외래동물이 주홍날개꽃매미에서 그칠 리 없지 않겠소? 생태계 보전 못지않게 온실가스 배출을 줄이는 노력에 다급한 진정성이 필요한 시점이라오.

미국에 진출한 우리의 대표 민물고기, 잉어

인터넷 포털에 올라온 기대 넘치는 질문 하나. "남편과 근처 육지를 향해 수영을 하는데 갑자기 옆으로 우리보다 큰 잉어가 유유히 헤엄치며 지나가는 게 아니겠어요? 그러더니 육지 쪽에서 우리를 기다리는 거예요. 무슨 꿈인지 궁금합니다."

얼마나 용한지 알 수 없지만, 이어지는 해몽을 보니 질문한 여

동물 인문학

인은 가슴이 무척 설레었을 것 같다. "수영을 한다는 건 자신의 소원이 이루어진다는 걸 암시합니다. 바다에서 근처 육지라면 섬을 말할 텐데, 섬은 임신과 출산이라는 목표를 상징하니 조만간에 기쁜 소식과 귀한 자손이 찾아가겠군요. 축하합니다!"

대개의 잉어 꿈은 맘에 드는 해몽으로 이어지나 보다. 내가 잉어를 잡거나 내 집에 잉어가 들어오면 태몽이거나 재물이 늘어난다는 의미인데, 그저 연못의 잉어를 보기만 해도 길몽이라고 한다. 나는 왜 이제까지 잉어 꿈을 꾸지 못했을까? 아쉽지만 가끔 흉몽도 있다. 자신이 잉어가 된다면? 그것 참. "정신적 고통은 심해지는데 의논할 사람이 없다"는 풀이로 나온단다. 그렇듯 잉어에 얽힌 이야기는 많다. 중국 황하 중류에 '용문협'이라는 좁은 3단 골짜기가 있는데, 그 곳까지 올라가는 잉어는 용이 되어 하늘로 올라간다고 한다. 잉어가 용문을 통과하듯, 과거에 급제했을 때 우리는 '등용문'에 들었다 했다.

한때 오염 한강의 대표적 지천으로 지목되던 중랑천에 잉어가 떼를 지어 올라온다. 낡은 하수관을 정비하고 고도정수 처리한 하수를 방류하자 생물학적 산소 요구량(BOD:biochemical oxygen demand)이 12ppm에서 3ppm 이하로 개선되며 나타난 현상이라고 의정부 시당국은 자랑하던데, 어디 중랑천뿐이랴. 2급수로 하수종말처리장에서 정화한 생활하수를 5.5킬로미터인 '시민의 강'에 방류하자 고층 아파트 숲인 부천 중동 신시가지에 어른 팔뚝보다 큰 잉어들이 유유히 지나다닌다. 시멘트 콘크리트로 유려하게 단장된 청계천에도 잉어가 모습을 드러낸다던데, 사람이 아니라 잉어의 꿈은 무엇일까? 인간이 제발 하천을 깨끗하게 사용해 주길 바라는 건 아닐까?

잉어는 바닥에 진흙이 깔리고 물 밖으로 잎을 내미는 수초가 많은 하천의 중·하류에 주로 살지만 흐름을 거의 잃은 호소湖沼도 마다하지 않는데, 덕분에 주변에서 농사를 짓던 우리네 삶과 무척이나 가깝다. 문화의 한 영역을 차지할 정도다. 길몽과 태몽을 안내할 뿐이 아니다. 알을 자그마치 30만 개나 낳으므로 다산의 상징으로 여겼는지 우리 조상의 화폭이나 자수에 자주 선보이고, 자물쇠의 모양이나 문양에 단골로 등장한다. 물고기가 다 그렇긴 한데, 조상이 보기에 2쌍의 수염이 품격을 높이는 잉어는 언제나 눈을 뜨고 있다. 그래서 밤이고 낮이고 주위를 지켜볼 테니 뒤주나 곳간의 자물쇠로 화했다는 거다.

농민의 보양식으로 하천과 저수지의 잉어는 더 없이 요긴했을 터. 버릴 게 하나 없다고 상찬한다. 《동의보감》에서 허준이 기록했듯, 잉어의 살은 태아의 태동을 안정시킬 뿐 아니라 입덧을 가라앉히고 산후에 붓기를 빠지게 하며 모유까지 잘 나오게 한다니, 임산부에게 그 이상이 없었을 게다.

어른 팔뚝만한 크기는 작은 측에 들고, 50센티미터가 넘는 녀석도 많다. 1미터가 넘는 잉어 한 마리만 잡아도 임신한 몸으로 뙤약

동물 인문학

볕에서 김매느라 고생한 며느리에게 부족함이 없으리라. 며느리만이 아니다. 정액에 아미노산이 유난히 풍부하다니, 이번엔 사내들이 반긴다.

고기에 불포화지방산이 많아 동맥경화나 고혈압에 좋고 내장은 간에 약이 된다니 뚱뚱한 주당들이 흡족해할 것인데, 다른 부위도 하찮게 여길 수 없다. 쓸개는 눈에 좋고 골은 이명에 효과가 있으며 뼈는 여성들이 숨기고 싶은 병, 대하를 낫게 한다는 게 아닌가? 그 뿐이 아니다. 기왓장 같은 비늘은 산후 하혈을 진정시키고 아이의 종기와 부스럼을 완화한다니, 잉어는 차라리 축복이라 하겠다. 그렇다면 가장 좋은 잉어 요리는 백숙일 터. 비늘조차 빠뜨리면 안 되는데, 백숙에 잉어의 살코기는 보이지 않는다. 내장을 따로 긁어낸 잉어를 굵은 소금으로 비늘이 남을 만큼 닦아내고, 들기름으로 살짝 튀긴 몸통을 3시간 정도 푹 고아 건져 삼베로 짜내면 진한 곰국이 완성된다. 거기에 인삼, 대추, 밤 등을 넣고 은은하게 다시 곤 국물이 바로 잉어백숙이다. 어찌 몸에 좋지 않을 수 있으랴.

잡식성으로 아무거나 잘 먹고 게다가 쑥쑥 자라니 단백질원이 부족한 농경사회에서 더없이 훌륭한 양식어였건만, 욕심이 과했나? 1970년대, 흔히 향어라고 말하는 '이스라엘 잉어'를 정부에서 들여와 전국의 댐과 호수의 가두리 양식장에 풀어놓은 거다. 한때 횟감으로 인기가 높았지만 시들해지면서 일부가 자연으로 빠져나갔는데 그만 토종 잉어와 만나 잡종이 만들어졌다는 게 아닌가. 그나마 다행인지, 양식용으로 개량한 탓에 번식이 활발하지 못하다고 한다. 베스나 블루길처럼 급작스레 퍼져 하천 생태계를 점령하지는 않았다는 건데, 미국으로 건너간 잉어는 오대호 남쪽의 호수에서 제왕이 되었다고 미국의 통신은 동영상으로 전한다. 멋진 현상인가?

1970년대 메기 양식업자가 양식장에 증식하는 해조류와 부유하는 유기물을 제거하려고 도입한 잉어가 홍수를 타고 중부 지역으로 퍼지더니 토종 물고기를 먹어치우며 오대호로 접근한다고 소식통은 전한다. 모터보트의 굉음에 놀란 잉어들이 사방에서 튀어오르며 보트 바닥에 떨어져 쌓이는 동영상은 월척을 꿈꾸는 잉어 낚시꾼들에게는 로망이겠지만, 미국은 골머리를 앓는다고 한다. 달리는 보트에 앉아 석궁으로 잉어를 잡던 여성이 10킬로그램에 달하는 잉어와 부딪혀 턱뼈가 부러졌다는 게 아닌가.

미 연방정부는 잉어가 오대호로 흘러들지 못하게 거액을 들여 전기 장벽을 설치했다는데, 수명이 20년이 넘는 잉어가 매번 30만 개의 알을 낳으니 개체 수 조절이 쉽지 않은 모양이다. 잉어 퇴치를 위해 포획 대회를 개최하는 거야 말릴 일이 아니지만, 잉어 버거를 비롯해 다양한 요리를 개발했지만 효과가 없다고 푸념한다. 미국인들은 심오한 잉어 요리법을 모르는 게 분명하다. 잉어의 기막힌 효능도 모르나 보다. 마릿수 제한이 없는 잉어 낚시에 낚시꾼

동물 인문학

이 점점 늘어난다는데, 잉어 버거에 식욕이 당기지 않는 미국인에게 귀띔할 일이 생긴 걸까?

잉어를 전문으로 잡는 낚시꾼에게 들깻묵가루가 인기인 모양이다. 들깻묵 가루와 붕어떡밥을 9대 1로 반죽해 낚싯바늘 바로 뒤에 덕지덕지 묻히면 커다란 잉어가 영락없이 걸려든다는 건데, 문제는 늘 욕심이다. 빼곡히 몰려드는 낚시꾼들이 던지는 들깻묵 떡밥으로 중랑천을 비롯한 낚시터가 다시 오염된다는 게 아닌가. 욕심 사나운 강태공들은 낚시로 만족하지 않는다. 주위 눈총에 아랑곳하지 않고 그물을 던지거나 아예 산란을 가로막는 자도 있다. 아카시가 꽃망울을 터뜨리는 4월말부터 수초가 무성한 하천 가장자리로 알을 낳으려 허겁지겁 몰려드는 잉어를 뜰채로 닥치는 대로 떠올리는 인간, 잉어가 볼 때 천하의 불한당이 아닐 수 없다.

세금으로 단장한 시민의 강을 구름에 달 가듯 거슬러 올라가는 잉어 떼를 보며 부천 시민들은 어렴풋하나마 자연을 느낀다. 그런 시민들은 먹이를 던져주며 흐뭇하게 바라보는 데에서 그칠 뿐, 그곳에 낚싯대를 드리우려는 자를 용납하지 않는다. 한 마리에 수백에서 수천만 원을 호가하는 비단잉어가 아니라도 그렇다. 4월이 되면 바닷물이 섞이는 강서습지생태공원에 어른 팔뚝만한 잉어들이 첨벙대며 몰려와 방문객들의 탄성을 자아낸다. 뭇 생명이 잉태되는 봄. 우리 민물고기의 대표인 잉어도 때를 놓치지 않으니 그저 고마울 따름인데, 본의 아니게 미국에 들어간 녀석의 후손들은 이

래저래 고생이다. 미국에 천적이 생기면 좋든 싫든 또 다른 외래종
으로 토착화되겠지.

내일이 걱정스러운 가물치

2004년, 미국 캘리포니아 주에 사는 한국계 미국 상인이 살아
있는 가물치를 팔다 적발돼 최대 징역 15년이 언도될 처지에 놓였
다던데, 지금 그는 감방에 있는지 적지 않은 벌금을 내고 풀려났는
지 알 수 없다. 특종을 좇는 언론은 낙종落種에는 관심이 없으므로.
물론 본의 아니게 미국에 퍼진 가물치도 그 소식을 모를 것이다.
아니, 궁금해 하지 않겠지.

가물치는 왜 미국 땅을 찾았을까? 1970년대 양질의 단백질원으
로 정부가 나서서 본격적으로 퍼뜨린 베스와 블루길과 달리, 은밀
하게 방생된 가물치는 '기회의 땅'에 잘 정착되고 있을까? 아니란
다. 이미 토착화된 우리 땅의 베스와 블루길은 실행되지 않는, 무
늬만 퇴치 대상인데 미국의 가물치는 호들갑에 가까운 박멸 대상
이 되었다고 소식통은 전한다. 별 맛이 없으니 식재료로 각광받지
않아도 손맛 즐기고 싶은 낚시꾼이 반기는 우리 하천의 베스와 블
루길과는 달리, 미국의 가물치는 독약 세례와 배터리 찜질을 당하
는 괴물 신세가 되었다는 거다.

동물 인문학

한국과 중국 북부에 주로 분포하는 가물치는 쌀농사 위주의 농경지대에 오래 어울려 살아왔다. 큰 입의 날카로운 이빨은 상어처럼 두세 줄이 안으로 이어져 별명처럼 '민물의 폭군'을 연상케 하지만, 무시무시한 외양과 달리 사람에게 대접받는 존재다. 물론 비단잉어처럼 애지중지 키운다는 건 아니다. 임산부와 모내기 뒤 농부를 위한 보양식으로 인기 있다는 정도. 손주를 받은 시어머니가 커다란 가물치 한 마리 사왔기에 가물치를 '가모치加母致'라 했다던가? 당연히, 모내기를 위해 물을 퍼낸 방죽에서 농부들이 가물치를 잡았을 테고.

다 자라면 1미터에 이르는 가물치는 호수 바닥에 몸을 잘 숨기는 물고기답게 언뜻 시커멓다. 아랫입술이 윗입술보다 비죽 나와 험상궂어 보이는 머리, 구렁이처럼 납작하고 통통한 몸통은 긴데 눈 뒤에서 꼬리까지 흑갈색 둥근 무늬가 세 줄, 살모사처럼 이어진다. 부채처럼 둥근 꼬리지느러미의 근처까지 이어지는 등지느러미와 배지느러미를 길게 너풀거리며 천천히 유영하는 모습은 마치 한 마리의 커다란 뱀을 보는 듯하다. 그래서 그런가? 중국에는 뱀이 가물치로 변하는 전설이 있다고 한다. 그래서 사두어蛇頭魚. 어쩐 으스스하다.

호수를 지배하는 가물치는, 극심한 가뭄이 풀리는 듯 말라가는 호수 바닥을 빗방울이 후드득 떨어져 적시면 슬그머니 개흙에서 나와 단단한 가슴지느러미를 좌우로 움직이며 물 밖으로 나선다.

아가미 뒤에 보조 기관을 더 갖고 있어, 축축하기만 하면 삼사일은 버틸 수 있으니 먹이가 널린 신천지를 찾아 모험을 감행하는 거다. 그때 수달을 조심해야 하는 가물치는 깨끗하든 탁하든 가리지 않고 새 웅덩이로 간 뒤, 닥치는 대로 먹이를 먹어치울 것이다. 벌써 두세 달을 굶주렸으니 가릴 게 없지 않은가. 봄 가뭄이 끝나가는 계절, 물고기는 물론이고 개구리까지 허겁지겁 먹어치운 가물치는 곧 알을 낳아야 한다.

호수 한가운데 수초를 지름 1미터 정도의 크기로 둥글게 모으면 암컷이 배를 위로 향한 채 몸을 부르르 떨며 만 개 가까운 알을 낳을 것이다. 이어 수컷이 방정할 때가 5월에서 7월이다. 이틀이 지나면 4밀리미터 남짓한 새끼들이 잔뜩 세상에 나왔을 터. 이때부터 가물치 암수는 둥지 아래를 지키며 다른 물고기들의 접근을 차단한다. 부화 직후부터 물벼룩들을 잡아먹으며 4센티미터까지 쑥쑥 자란 새끼들은 먹이를 찾아 물속을 돌진하는 모험을 감행하는데, 저보다 큰 물고기를 조심하며 1년이 지나면 25센티미터, 이듬해에는 35센티미터, 그 다음 해에는 45센티미터로 몸집을 부쩍부쩍 늘릴 것이다.

둥지에 바글거리는 새끼들을 보호하던 어미는 접근하는 다른 물고기들을 인정사정없이 쫓아내면서 섣불리 먹어치울 텐데, 사람 손가락을 잘라낼 정도로 날카로운 이빨을 지닌 가물치의 난폭함은 때론 자승자박의 결과를 낳는다. 루어 낚시꾼이 눈앞에 가짜 물고기를 까불거릴 텐데, "내 저 놈을 그저!" 하며 확 달려들어 깊게 삼킨 가물치는 그만 손맛을 즐기는 낚시꾼의 아량에 운명을 내맡겨야 하는 신세가 되지 않겠나.

거기에서 끝나지 않는 경우도 있단다. 먹이를 잡아채는 새끼들의 앙증맞은 모습에 마음을 빼앗긴 사람들이 뜰채로 새끼들까지 쓸어간다는 게 아닌가. 하지만 금방 자라는 녀석들을 거실 어항이 계속 감당할 수는 없는 일. 어느 정도 자라면 결국 슬며시 어떤 호수에 풀어주고 싶겠지.

일본에 가물치가 어떻게 퍼진 걸까? 1923년 관상 목적으로 우리나라에서 건너간 가물치는 '카무르치'가 되었는데, 이미 본토는 물론 홋카이도까지 점령했다고 한다. 무늬가 독특한 가물치를 관상용으로 육종해 큰돈을 벌려다 실패한 결과라던데, 현재는 퇴치해야 할 괴물이 되었다. 수백 명이 운집하는 가물치 낚시대회를 열 정도라지만, 모르긴 해도 매사 깔끔한 일본인들은 임산부를 위해 겉보기 험상궂은 가물치를 요리할 것 같지 않다. 오염이 심한 호수를 가리지 않으니 해감을 아주 잘 해도 살코기에서 고약한 냄새가 날 수 있지만 영양만점인 가물치는 단백질은 물론이고 칼슘과 비타민 B군이 풍부하다. 밤, 대추, 마늘, 수삼, 생강, 파뿌리 등을 넣고 가마솥에 센 불로 펄펄 끓이다가 약한 불로 푹 고아 국물을 받아마시면 먹는 이의 기와 혈을 보해준다. 일본에서 낚시대회 개최할 때 알려주어야 하나?

우리나라와 중국은 물론이고 동남아시아도 우리 가물치와 가까운 친척을 보신과 영양을 위해 즐겨 먹는다니 일본도 요리법을 모르지 않을 텐데, 연어든 송어든, 스테이크를 위해 앞뒤의 살만 켜는 미국과 유럽은 가물치 요리법을 보급하지 못했으리라. 방생을 엄격히 금지하기 전인 2002년, 아픈 동생을 위해 가물치 두 마리를 시장에서 사온 중국계 미국인이 가물치를 먹기도 전에 동생이 회복되자 호수에 방생하며 복을 빌었다는데, 그게 탈이 될 줄

동물 인문학

이야. 하지만 그게 전부는 아니겠지. 효능을 바라는 아시아인이 그 전부터 슬그머니 들여와 풀어 주었을지 모른다.

고유 생태계를 훼손하는 괴물, 작은 악어라며 진저리를 치는 미국인들은 '스네이크헤드snakehead'라는 이름을 붙이면서 가물치의 전면적 퇴치작전에 돌입했는데, 쉽지 않은 모양이다. 2000년대 초 메릴랜드 주에서 시작된 소동은 편견의 소산이었다. 때는 여름철, 워싱턴DC 북쪽 크로프톤Crofton 호수에서 팔뚝만한 낯선 물고기를 낚은 낚시꾼이 행정 당국에 섬뜩한 소식을 알리자 지역 언론이 호들갑스럽게 몰려와 특종 경쟁을 벌였고, 혐오스럽다는 죄목을 뒤집어씌워 가물치가 있는 호수의 물을 모조리 퍼내거나 독약을 퍼부었다는 게 아닌가.

하지만 강과 호수의 청탁淸濁을 가리지 않는 가물치는 쉽게 퍼졌고, 편견과 혐오감은 돌연변이된 초대형 가물치가 사람까지 공격하는 할리우드 영화가 제작될 지경이 되었다. 봉준호 감독의 영화, 〈괴물〉의 원조인 셈인가?

"미국 음식은 지루하다(Boring)"는 말이 있다는데, 커다란 물고기의 앞뒤를 켜서 스테이크나 버거로 먹는데 그치는 미국인에게 가물치의 요리법을 알려주면 호들갑에 가까운 노여움을 풀지 알수 없다. 독극물 공격을 때때로 감수하는 미국의 가물치는 싫든 좋든 우리 호수의 베스나 블루길처럼 머지않아 미국 땅에 토착화될 텐데, 이 땅의 가물치는 내일도 안녕할까? 전국의 호수에 부정적

영향을 미칠 4대강 사업은 장차 가물치에게 어떤 변화를 요구할지, 인간에 제 운명을 맡긴 가물치는 전혀 감을 잡지 못할 것이다.

애완용일 수 없는 외래동물

유도를 찾던 저어새가 사라졌다. 김포군 월곶면의 비무장지대를 흐르는 한강의 작은 섬 유도에서 1996년 여름 북한에서 떠내려온 허기진 황소가 구출된 적 있는데, 무슨 이유로 저어새는 자취를 감췄을까? 홍수 여파로 환경이 바뀌었나? 전문가는 수리부엉이가 나타나 부화해 자라는 어린 저어새를 낚아챘거나 쥐가 들어와 알을 갉기 때문이었을 것으로 추정한다. 없었던 삵이 여러 마리 들어가 일가를 이뤘는지도 모르겠고.

흑염소를 풀어놓으면 생태계가 짧은 시간에 혼란스러워지는 외딴섬이 우리나라 서해에 드물지 않다. 없던 뱀이 들어가 새알을 날름날름 걷어먹는 자연다큐멘터리도 어색하지 않다. 대부분 사람이 저지른 일이다. 낯선 해안에 정박한 배에서 빠져나가거나, 사냥꾼과 연구자의 부주의가 빚은 사고다. 외딴섬만이 아니다. 뱀까지 잡아먹어 화제가 되었던 황소개구리는 우리나라 육지를 점령한 지 오래고, 베스와 블루길은 호수를 지배하는 우점종(優占種, dominant species: 군집 내에서 개체 수가 가장 많고 그 군집의 특성을 결정하는 개체군)이 되었

동물 인문학

다. 큰돈 벌려던 양식업자의 부주의는 그토록 큰 대가를 요구했다.

양식을 위해 도입한 외래종이 고유 생태계를 교란하는 일은 비교적 흔하다. 남도의 저수지에서 제왕적 지위를 누리는 뉴트리아처럼 잉어와 가물치는 미국의 호수를 점령해 지역 생태계 관리자의 골치를 아프게 한다. 가물치는 호수의 폭군이 되었고 잉어는 고유종을 몰아내고 있지만 확산을 막을 묘안이 없다고 미국인들이 하소연한다. 모피업자가 들여왔을 뉴트리아는 천덕꾸러기가 되었는데, 미국인들은 잉어나 가물치 요리에는 관심이 없다.

'살인 물고기'라는 어이없는 악명을 뒤집어 쓴 아마존의 피라냐 piranha 서너 마리가 횡성의 한 저수지에서 나타나 잠깐 우리 언론을 떠들썩거리게 했다. 떼로 몰려들어 강에 빠진 소 한 마리를 삽시간에 먹어치운다는 피라냐는 날카로운 이빨이 무시무시하지만 아마존 원주민들은 능히 피했을 것이다. 맨발일지라도 피라냐가 눈치 채지 못하게 강을 건널 수 있는 지역을 미리 파악하겠지만 현지 사정을 모르는 서양의 다큐멘터리 팀은 아무래도 허술했을 터. 놀란 가슴을 헐떡이며, 어쩌면 특종을 위해 악명을 뒤집어 씌웠겠지.

긴 가뭄 탓에 물을 절반도 채우지 못한 횡성의 그 저수지는 일찍 찾은 무더위로 전에 없이 따뜻했는데, 아마존 생태계에 최적화된 피라냐는 얼마나 머물렀을까? 누군가의 거실 어항에 갇혀 던져주는 먹이를 오독오독 씹으며 무척 답답했을 아마존의 물고기는 타고난 이빨을 제대로 활용할 기회가 없었겠지. 부화한지 오래지 않아 몸이 작을 때조차 비좁았던 어항은 거실을 넓게 차지했어도 다 큰 피라냐는 견디기 어려웠을 것이다. 걸핏하면 뛰어 올라 어항에 뚜껑을 달아야 했던 어떤 시민은 어항 벽과 뚜껑을 하도 치받아 피 흘리는 피라냐의 몰골을 차마 보기 어려웠고, 결단을 내려 횡성의 저수지를 향했을 테지. 전에 그 저수지에서 낚시한 경험이 있었을까? 풀어놓으면 굶주리지 않을 걸로 생각하며.

아프리카의 표범이나 치타가 그렇듯, 피라냐도 작았을 때는 참 귀여웠을 터. 양판점의 수족관 앞에서 아빠가 끄는 카트에 올라탄 아이가 졸랐을지 모른다. 백만 원 훌쩍 넘는 유모차가 아깝지 않은 부모는 수백만 원 호가하는 배터리 자동차도 사줬는데, 까짓 피라냐 정도야 뭐. 큰 어항이 부담스러워도 점검하는 사람이 오니 참을 만했다. 한데 게걸스레 먹이를 축내며 자라던 피라냐는 어느새 징그러워졌다. 암수라 믿고 함께 넣은 두 마리가 무섭게 싸우더니 한 마리가 물 밖으로 튀어나가 밤새 죽었고, 아이는 관심을 껐겠지. 어항이 부담스럽던 부모는 아이 몰래, "에이 모르겠다!" 낯설지 않은 저수지로 향했을 터. 방생이라 위안하면서.

똑같은 과정으로 붉은귀거북이 근린공원의 연못에 퍼졌다. 자기 손바닥보다 작은 거북이 노란 배를 드러내며 뒤뚱거리는 모습을 보고 조르던 아이들은 아빠 손바닥보다도 커다랗게 자란 붉은귀거북이 같이 넣어둔 금붕어를 물어뜯는 모습을 보면서 소스라

　　　　　　　　　　　동물 인문학

치게 놀라기 마련이다. 이내 외면하고 말 테지. 배설물 치우며 물 갈아주랴 시달리던 부모는 으슥한 밤 슬쩍 방생하게 되고, 덕분에 넓은 호수까지 퍼진 붉은귀거북은 천연기념물 453호로 지정한 남생이의 산란장을 독차지하고 말았다. 대대적으로 정리하기 전까지 인천대공원의 호수는 붉은귀거북 천지였다.

집에서 키우던 외래동물을 서식 조건이 비슷해 보이는 자연에 좋은 마음으로 방생한 이웃을 생태계 교란했다고 비난하기는 어렵다. 피라냐와 붉은귀거북을 사달라고 조른 아이들을 탓할 수는 없는 노릇이다. 그런 동물까지 애완용으로 수입하는 사람에게 문제를 제기하고, 생태계를 교란시킬 가능성이 있는 동물인지 확인하지 않고 수입을 허가한 당국에 책임을 물어야 한다. 열대 지역의 동물이므로 우리 자연에서 번식하며 생존할 가능성이 없다고 단정해도 안심할 수 있는 건 아니다. 외래 동물의 몸에 있는 기생충이나 병원균이 퍼질 가능성까지 차단할 수 없지 않은가.

횡성의 같은 저수지에서 잡은 또 다른 아마존 물고기, 레드파쿠 red paku는 1미터까지 자란다고 한다. 집에서 키우려면 얼마나 많은 먹이를 줘야 하고, 어항은 또 얼마나 커야 하나. 결국 농사용 저수지로 들어갔는데, 붕어와 잉어, 어쩌면 가물치까지 삼키다 그만 노출되고 말았다. 갑자기 넓어진 공간에서 정신없이 첨벙이다 투망에 걸렸고 메르스에 놀란 전국의 시청자들의 시선을 끌어들이는 데 성공했다. 그에 화답한 언론은 피라냐의 포악성을 침소봉대

동물 인문학

했고, 농번기에 요긴한 저수지는 절반만큼 고인 물을 몽땅 잃었다. 언론을 의식한 당국은 물을 빼는 퍼포먼스를 감행했다. 하지만 피라냐와 레드파쿠는 추가로 나타나지 않았다.

드물지 않았을 붕어와 잉어는 물론 가물치 한 마리 보이지 않았던 저수지에서 지역 농부는 안타까운 마음을 드러냈다. 아무리 장마철을 앞둬도 그렇지, 지난해 가을부터 혹독하게 이어진 가뭄의 여파가 미처 가라앉지 않았는데 저수지의 물을 모조리 빼내다니. 중부지방에 비다운 비가 내리지 않았어도 어렵사리 심은 벼는 한창 커 가는데, 수천만 원의 예산을 써가며 농사용 저수지를 저토록 비우다니.

걸어 다니는 새, 키위를 비롯해 특산종들을 철저히 보호하는 뉴질랜드는 외래동물을 함부로 도입하지 않는다. 일체의 입국사증을 내주지 않는 까닭에 양식은 물론 애완용도 철저히 규제한다. 횡성에서 비명횡사한 피라냐는 한국에 오고 싶었을까? 우리 땅으로 무단 침입한 동물만이 아니다. 우리 땅에서 다른 나라로 간 동물도 고단하기는 마찬가지다. 인간 세계의 약속이며 구속인 입국사증이 동물 세계에 없어도, 나라마다 토착 생태계가 있고 그에 따르는 습성이 독특하게 존재한다.

서울 월드컵공원 주변에 미국 너구리인 라쿤raccoon이 발견되었다. 미국 너구리까지 애완동물로 수입했던가? 월드컵공원의 라쿤이 한 마리에 그쳤다면 다행인데, 황소개구리처럼 퍼져 우리 너구리를 몰아낸다면 어찌할 것인가. 월드컵공원을 흐르는 난지천에는 애완용으로 들어온 커다란 달팽이가 부들과 같은 수초를 갉아먹는다. 친환경 농업을 위해 수입한 달팽이가 농촌 생태계를 교란시킨다는 의혹이 불식되지 않는 마당인데 애완용으로 팔려나간 달팽이까지 가정에서 자연으로 풀려나간다면 장차 어떤 일이 발생할까?

외래 애완동물의 수입을 원천봉쇄하자는 뜻은 아니다. 우리 생태 환경에 부적합한 애완동물의 수입을 당국에서 철저히 통제하고, 소비자들은 생명존중과 책임의식으로 애완동물을 입양해야 하며, 외래동물을 함부로 방생하지 말자고 당부하는 거다. 관련 전문가는 '외래종 환경영향평가'를 대안으로 제시한다. 유입될 생태계에 미칠 영향을 사전에 예측·평가하여 외래 애완동물의 도입 여부와 도입 정도, 방법을 구체적으로 제시할 수 있으리라 기대한 것인데 안타깝게도 외래종 환경영향평가 제도는 이 땅에서 거의 작동하지 못할 것 같다. 유전자를 조작한 야광 관상어까지 거리낌 없이 수입 판매하는 실정이 아닌가.

살아 움직이는 동물은 애완용이 아니라도 가까이할수록 애틋하다. 그렇다고 품에 안을 필요는 없다. 타고난 모습에 편견을 들이대지 말고 고유의 행동을 방해하지 않으며 서식하는 생태계를 최대한 보전한다면 야생동물은 우리 '자연의 이웃'이 된다.

지율스님은 한 마리의 메뚜기와 생쥐에서 영성을 느끼고, 그들

동물 인문학

의 고통에 귀를 기울였다. 도롱뇽의 안위에 가슴 저미며 천성산 터널 공사의 부당성을 법에 호소했다. 하찮다 생각하는 동물을 배려하는 것이 결국 인간을 위한 애틋함임을 확신하기 때문이리라.

입국사증이 있든 없든, 인간의 이기심으로 습성이 무시되는 여러 나라의 외래 또는 토종 동물들이 이래저래 수난이다.

9장

◇　◇

유기농업의 확산을 기다리는 황새와 따오기

자연의 품에 다시 안긴 황새가 마음 놓고 살아갈 환경을 조성하면서 생산한 헤이세이 26년 쌀입니다. 화학비료와 농약 사용을 최대한 줄였고 벼가 자라는 기간에 화학비료도 일체 사용하지 않았습니다. 잔류농약이 국가 기준의 10분의 1 이하이므로 안심할 수 있습니다. 쌀의 재배 방법과 잔류농약 검사 결과는 당연히 공개합니다. 황새가 살아가는 논에 오시면 1년 내내 온갖 생물이 깃들어 있는 모습을 볼 수 있습니다. 사람과 황새의 건강을 위해, 도요오카 농촌과 농민이 사랑과 정성으로 재배한 쌀로 맛난 밥을 짓고 싶으신가요? 주문해주십시오.

몇 해 전인가? 일 때문에 서둘러 지나친 한겨울의 라오스 농촌은 한가로웠다. 한겨울이라 해도 아열대 기후인 라오스는 반팔 티

셔츠로 충분했는데, 갈무리를 오래 전에 마친 들녘은 풀이 올라와 넓게 푸르렀다. 습지와 어우러지는 논밭 사이를 천천히 가로지르며 물소와 염소들이 풀을 뜯는 들판은 울타리가 없는 농가와 가까운 듯 닭과 돼지가 오후의 한가로움을 만끽하는데, 일행 중 한 명이 가이드에게 물었다. "라오스는 먼저 다녀온 태국이나 대만과 달리 왜 이모작을 하지 않느냐"고.

아닌 게 아니라, 비슷한 기후를 가진 태국과 대만은 이모작, 아니 삼모작이 보통이다. 장방형의 커다란 논이 이어지는 농촌에 추수를 앞둔 황금색 논이 있는가 하면 모내기로 바쁜 논도 있어 농부들은 도무지 쉴 틈이 없어 보였다. 땀 흘리는 농부보다 농기계가 일상인 농장에서 농민들은 월급쟁이가 아닐까? 여러 농기계가 쉬지 않고 움직이는 규모라면 거대 자본이 투자해야 했을 테니, 농기계에 땅을 맡기는 농민들은 그저 월급 받고 가족이 먹을 쌀을 구입하는 노동자일 게 틀림없어 보였지만 시간이 천천히 흐르는 라오스는 달랐다.

"이모작할 돈이 없으니까요" 가이드의 간단한 대답을 듣자, 그 일행은 다시 "어디에서 빌려서라도 이모작하면 돈을 더 벌 수 있을 텐데요" 하며 안타까워했다. 어느새 라오스인이 되었나? 라오스에서 오래 산 듯한 가이드는 무덤덤하게, "먹을 거 자급하는 농부들은 욕심이 없어요" 하고 대답하고 만다.

땅이 넓고 물도 풍부해 논농사에 이상적인 지역이 라오스지만

동물 인문학

이모작, 삼모작하려면 관개와 기계화는 필수다. 기계화를 위해 구불구불한 논둑을 정방형으로 바꾸며 주변의 습지를 없애고, 이웃과 땀 흘리며 소박하게 농사짓던 면적을 감당하기 어렵게 넓힌다면 석유를 소비해야 한다. 그뿐인가? 투자 이상의 수익을 올려야하는 땅은 휴식을 빼앗기며 오래 공존하던 미생물을 잃는다. 미생물에서 사람까지 이어졌던 유기적인 관계가 사라진 논에 화학비료는 물론이고 제초제와 살충제는 필수다. 기계화 덕분에 쌀을 더 생산하더라도 몸이 지친 농부는 이내 병들 테고 벌어들이는 돈보다 지출이 늘어날 수도 있다. 급기야 농지 소유권을 자본에 빼앗길지 모른다.

이방인을 웃는 얼굴로 대하는 여유는 휴식 있는 자급자족에서 비롯되는 게 아닐까? 이른바 '저녁이 있는 삶'이다. 과연 현명한 라오스 농민들이다. 식구와 함께 저녁 먹은 기억이 아득한 우리에게 물소가 몸을 담근 습지를 들여다볼 기회는 주어지지 않았지만, 1960년대 우리네 농촌의 논 모퉁이마다 흔했던 물웅덩이처럼 온갖 생물이 넘치지 않을까? 그 시절 우리 농촌도 겨울엔 내내 쉬었다. 몬순 기후대에 있는 라오스에서 겨울은 비가 없는 계절인 만큼 비록 따뜻해도 쉬어야 옳다. 사람은 물론 자연계의 모든 생명은 휴식이 있어야 건강하고 지속가능하다. 앞으로 자동차 속도와 공산품의 현란함에 마음 빼앗기지 않는다면, 자본이 어디선가 들어와 농민들을 현혹시키지 않는다면, 라오스의 평화와 건강은 내내 이어지리라.

2008년 11월, 창원시에서 막을 내린 제10차 람사총회는 "논을 지속가능한 습지로 관리 보전하자"는 약속을 세계에 내놓았다. 다채로운 동물과 식물에 안정된 서식처를 제공하는 논과 주변 습지는 농촌의 건강과 복지에 긍정적인 관계를 유지하므로 논을 주위 자연 습지나 강과 연결해 관리·보전하고 논의 건강을 위해 환경과 농업 그리고 질병 당국이 서로 협력하자고 제안했다. 그를 위해 논으로 들어오는 수로를 유해한 화학물질과 외래종으로부터 보호하자는 결의문을 채택했는데, 이후 우리는 논과 주변 습지의 보전에 얼마나 노력하고 있을까?

벼농사 위주의 농경사회에서 논은 식량뿐 아니라 생태계를 보전하고 재해를 완충하며, 지하수를 유지해 주었다. 물웅덩이는 논과 역사를 같이 하는 만큼 수많은 생물의 오랜 터전이었고, 때때로 농작물 이외의 식량을 제공했다. 하지만 화학비료와 농약을 피할 수 없는 기계화와 관개수로가 보급되면서 습지의 생태적 가치는 곤두박질쳤다. 이른바 '화학농업'이다. 화학농업이 오랜 농사를 몰아내고 관행이 되자 미꾸라지와 송사리, 개구리와 맹꽁이 그리고 붕어와 가물치만 농촌에서 쫓겨난 게 아니었다. 그런 동물들의 먹이가 되는 작은 생물들은 물론이고 먹이를 위해 논을 찾는 커다란 생물들도 일제히 자취를 감췄다. 덩치가 커 특별히 우아한 황새와 눈부시게 아름다워도 보일 듯 보이지 않던 따오기가 농촌에서 사라졌다. 기억에서 멀어졌다.

복원다운 복원을 기다리는 황새

'봉순이'라. 이름에서 전통 농경사회의 순수함, 그리고 애틋함이 묻어나지 않는가? 시베리아 철새들이 방문을 마쳤을 즈음, 김해시 인근 농촌 봉하마을에 불쑥 나타난 암컷 황새의 이름이다. 가늘고 긴 다리에 가락지가 부착된 걸로 보아 사람의 손을 탄 녀석인데 'J0051'이라고? 일본에서 건너온 걸까? 맞다. 감이 유명한 농경마을, 자살로 생을 마감한 전직 대통령이 애써 유기농업으로 면모를 일신한 봉하마을까지 800여 킬로미터를 홀연 날아온 황새는 일본 효고兵庫현 도요오카豊岡시에서 태어난 두 살배기 암컷이라고 도연스님이 알려준다.

경기도 북쪽 포천시의 한 기슭은 새가 분명히 많을 테지만 황새가 찾을 만한 곳은 아니다. 넓은 농토와 습지가 부족하다. 환갑이 넘었어도 활동적인 도연스님은 새가 많아 포천시의 한 기슭에 암자를 소박하게 열었을 게 틀림없는데, 그가 봉하마을에 황새가 나타났다는 소식을 듣자마자 한걸음에 뛰어왔다. 누구의 부탁이 있었던 걸까? 일련의 헌신적 노력으로 미루어, 그럴 리 없다. 전생에 황새였을까? 그럴지는 모르겠다. 1971년, 이 땅 마지막 한 쌍이던 황새 한 마리가 밀렵꾼의 총탄, 아니 흉탄에 생이 지워졌을 때부터 어쩌면 황새에 대한 채무감에 허덕인 인간 황새였는지 모른다. 포천에서 봉하마을을 찾은 그이는 일본에서 홀로 찾아온 황새에게 '봉순이'라는 이름을 선사했다. 봉하마을로 온 어린 암컷인 황새에게.

1994년은 다리가 길고 날씬했던 왕년의 국가대표 축구선수, 현 황선홍 감독에게 잘 어울리는 별명을 안기게 한, 이 땅의 마지막 황새에게 조문을 드린 첫해였다. 1971년 충청북도 음성에서 짝을 잃은 마지막 황새가 과천 동물원에서 무정란만 낳다가 쓸쓸한 생을 마감하고 만 것이다. 덩치가 커서 그랬을까? 몸이 하얘서 그랬을까? 길조로 여기던 황새는 농촌 어귀의 고목에 둥지를 틀고 예로부터 사람들과 가까이 지내온 텃새였다. 이후 6·25 동족상잔에서 빗발치던 총탄과 1960년대에 성행했던 밀렵으로 거의 자취를 감추었어도 구불구불한 논둑과 주변 물웅덩이가 고향의 정취를 폭넓게 유지하는 곳에서 길조라는 명맥을 유지해 왔다. 1994년? 아니 1971년까지의 일이다.

농촌 마을의 수호신이었던 황새가 자손을 낳지 못하게 된 언저리부터 우리의 농촌도 걷잡을 수 없이 피폐해졌다. 하늘만 바라보던 구불구불한 천수답은 미개한 농촌의 전형인 양, 교과서마다 뭇매를 때리던 시절 이후의 일이다. 이른바 '선진농업'을 위해 기계화를 서두르면서 습지와 휴식, 생태와 문화를 잃은 농촌은 획일화

동물 인문학

되고 메말라갔다. 개구리와 왕잠자리만 잃은 게 아니다. 지역의 농산물들을 이웃과 나누며 자급자족하던 농심農心이 숨죽이고, 일확천금을 꿈꾸는 단작이 물웅덩이를 몰아내면서 농촌은 삭막해졌다. 기계화는 농작물만 단순하게 만들지 않았다. 갈무리하던 씨앗마저 기업에 의존하면서 농촌 환경은 기업 친화적으로 변해 온갖 농약과 비닐로 어지러워졌고 겨울이면 찾아오던 커다란 철새, 시베리아 황새의 방문까지 탐탁지 않게 여기게 만들었다.

다행이라 해야 하나? 메마른 환경에서 외로움이 사무쳤을까? 전문가들이 세계적으로 하루 150종이 멸종한다고 경고하는 가운데, 복원이 추진되는 생물이 우리나라에 있다고 정부가 애드벌룬을 높게 띄우는 게 아닌가. 천연기념물 199호로 지정 보호되는 황새가 그 첫 대상이다. "황새!" 하면 요즘 젊은이들은 몸집과 깃이 비슷해 일반인들이 혼동하고 있는 두루미보다 2002년 월드컵 첫 골을 멋지게 뽑은 황선홍 선수를 먼저 떠올릴지 모르지만, 인터넷 검색창에서 '황새'와 '복원'을 입력하고 엔터키를 두드려보라. 바로 확인이 가능한데, 황새 복원은 애초에 정부가 주도한 사업이 아니다.

갯벌이나 호수와 같은 습지를 중심으로 농경지가 넓게 펼쳐진 지역에서 물고기와 개구리, 그리고 뱀들을 주로 먹으며 소나무 같은 키 큰 나무 꼭대기에 접시 모양의 둥우리를 만들던 황새. 삼사월에 번식하고 남쪽 습지나 일본에서 월동하던 황새는 텃새였지만, 1994년 이후 완전히 사라졌다. 그래서 1996년부터 전문가들이 모였다. 복원에 몸 바쳤던 고 김수일 교수와 현 박시룡 교수를 중심으로 교원대학교 내에 설립한 '한국 황새복원연구센터'가 그것이다. 이후 일본, 러시아와 공동으로 황새 복원계획을 수립, 약 600마리가 남아 있는 러시아 아무르강 주변에서 암수 개체를 도입하여 황새를 이 땅에 텃새로 다시 정착할 수 있도록 지금도 공들이고 있다.

암·수가 짝 지어 알을 낳고, 낳은 알을 품어 부화되면 어미가 새끼에게 먹이를 물어주는 행위는 자연에서는 당연한 일이지만, 사람이 개입해야 하는 복원은 어렵다. 사육 과정이 여간 어려운 게 아니다. 황새복원연구센터에서 6단계로 진행되는 황새의 자연번식 과정은 현재까지는 순조롭게 이어졌다. 1996년, 어린 황새 두 마리로 복원을 시작한 이래 최근까지 개체수를 150여 마리로 늘리는 데 성공했다. 이들 가운데 첫 방사용으로 선발된 암·수 각 세 마리는 2013년 봄 황새생태연구원에서 태어났고 별도로 마련된 야생화 훈련장에서 생존 훈련에 투입했다. 높게, 멀리 그리고 오래 날 수 있도록 날개 힘을 키워야 하기 때문이다. 그를 위해 미꾸라지와 메기 같은 먹잇감을 잡아먹는 기술을 익히는 과정을 거치지만 거기에 그치는 게 아니다. 장차 낳을 새끼들에게 먹이를 걸어 먹일 능력까지 배양해야 한다. 그런 이후에야 복원은 궤도에 진입할 것이다.

동물 인문학

봉순이는 우리 연구진의 의지와 무관했다. 2012년 4월에 태어난 봉순이는 일본에서 방생한 황새였는데, 저 홀로 800킬로미터를 날아 찾아온 만큼 일본 복원센터의 모범생이었을까? 아마 그럴 것이다. 자신의 삶을 스스로 해결할 의지를 지니지 않았나. 황새 한 쌍이 가족을 건사하며 살아가는 데 필요한 면적이 30만 평이라고 하니 대략 여의도의 3분의 1이 조금 넘어야 하는데, 효고현 도요오카시의 농경지가 아무리 넓어도 장차 꾸릴 자신의 가족까지 건사하기에 비좁다고 봉순이가 판단했는지 모른다. 대견하다. 철새든 텃새든, 대개의 황새가 그렇듯 건강한 먹이가 충분한 공간을 찾아 가족과 내려앉아 뿌리를 내리는데, 봉순이가 봉하마을을 스스로 선택한 게 아닌가. 반가운 일이다. 공자도 일찍이 《논어》 첫 페이지에서 "친구가 스스로 찾아오면 그처럼 기쁜 일이 없다!"고 했다.

도연스님은 포천의 한 암자에서부터 버선발로 달려가 이름을 붙여주었지만 봉순이는 자신의 이름을 지어준 도연스님 만으로는 봉하마을에서 홀로 보내야 하는 외로움을 달랠 수 없었다. 이제 사춘기에 접어든 2년생 암컷이 아닌가. 마침 시베리아에서 봉하마을을 찾아온 철새 무리와 잠시 마음을 나눌 수 있지만, 어린 봉순이는 그들과 맘껏 어울리지 못했을 게 분명하다. 정착할 지역을 더 물색하려는지, 봉하마을을 떠나 여기저기에 모습을 드러내곤 했다. 봉순이가 주로 머물던 봉하마을뿐 아니라 지나간 곳과 찾을 가능성이 있는 농가와 습지를 답사하며 모니터링에 나서고, 온갖 쓰레기와 낚싯줄로 습지를 더럽히는 사람들을 설득하느라 지친 도연스님은 그 점이 안타까웠는데, "하늘은 스스로 돕는 자를 돕는다"고 했던가? 도연스님의 안타까움을 위안하는 반가운 존재, 어쩌면 봉순이의 친구가 될 법한 황새 한 마리가 제발로 나타났다. 복원을 위해 개체수를 늘리던 교원대학교의 황새공원에서 과감히 탈출한 1년생 암컷이었다. 이름은 '미호'. 봉순이보다도 어린 미호가 어떻게 봉하마을을 찾은 걸까? 하늘 높이 날아올라 먹고 쉴 만한 공간을 찾다가 먼저 내려앉은 봉순이에게 이끌린 걸까? 아무튼 봉순이는 한 살 터울의 친구를 만난 셈인데, 봉순이처럼 제가 태어난 '미호천'으로 돌아오길 기대하며 사람들이 이름 지은 '미호'도 이름 따위에 관심이 없을 테지만, 둘은 한동안 잘 어울렸다. 미호를 태어나게 한 연구원들은 사실 걱정이었다. 1년생인 까닭에 자연 적응훈련을 미처 받지 않아 살아남을 가능성이 낮을 거라 생각했던 건데, 다행히 봉순이와 자연에서 친구가 되었다.

인간이 그은 국경에 관심이 없는 봉순이는 하필 봉하마을에 내렸다. 우연일까? 유기농업으로 자리를 잡은 지역답게 주변 화포천은 주민들의 정화작업으로 깨끗해졌고, 생태계가 살아나면서 황새의 먹이가 될 생물이 충분히 늘어났다는 걸 감지한 능력 덕분이겠지. 사람이 던져주는 먹이만 먹던 미호에게 봉순이와 같은 능력이 있을까? 있어도 발휘되기 일렀을지 모르는데, 봉순이와 잠시 떨어진 사이 쓰러진 미호는 자칫 못 일어날 뻔했다. 엉뚱한 지

동물 인문학

역의 하천에서 농약에 오염된 먹이를 먹었다는 게 아닌가. 하지만 미호도 덩치가 큰 만큼 잘 이겨냈고, 그 사건은 소중한 경험이 되었겠지.

그렇다면, 봉하마을에서 외로웠던 봉순이는 왜 스스로 찾아온 미호를 떠나게 했을까? 어쩌면 떠나려는 미호를 잡지 않았을지도 모르는데, 봉순이는 2년생 암컷이다. 짝을 찾을 시기가 됐는지 모른다. 모름지기 삼라만상은 봄꽃이 만개할 때 짝을 찾기 마련이다. 때는 6월, 사춘기 연애감정이 움트는 봉순이에게 눈치 없는 미호는 부담스러웠을지 모른다.

혐오스런 냄새가 피어오르는 먹이를 먹고 잠시 의식을 잃었던 미호는 마침 생태 사진가의 눈에 띄었고, 신선한 먹이를 연일 내어주는 착한 사람들의 성원으로 원래 태어난 미호천으로 돌아갔다고 한다. 천만다행이다. 본격적인 자연 적응훈련을 거치면 봉순이가 있는 봉하마을로 힘차게 날아오를지 모른다. 하지만 지금 봉순이는 없다. 도연스님의 열정을 뇌리에 남겼을지 몰라도, 떠났다. 봉하마을을 찾은 지 1년 만에 결국 고향으로 되돌아갔다.

황새 복원에 커다란 관심과 예산을 쏟는 도요오카시는 서식하는 황새들을 지극정성으로 보살피건만 봉하마을을 찾았던 봉순이. 낯선 봉하마을에서 만난 사람들의 정성도 부족하지 않았지만, 고향으로 떠난 이유가 있으리라. 봉순이는 도연스님뿐 아니라 낚시꾼까지 몰리는 봉하마을보다 안심할 수 있는 다른 마을을 찾고

자 여기저기 돌아다녔는지 모른다. 실제로 도연스님은 봉순이 자취를 찾으려 동분서주하지 않았던가. 봉하마을은 좁다. 가족을 꾸린 뒤 안심할 장소를 더 물색하고 싶었는데, 결국 못 찾고 먼 길을 되돌아갔는지 모른다. 어쩌면 자연의 품에서 처음 만난 미호가 장차 꾸릴 가족의 안위를 염려했는지 모른다. 시베리아에서 내려온 청년 황새와 데이트를 시도했지만 낯선 초청에 선뜻 응하지 못하고, 제2의 고향으로 여긴 봉하마을을 떠난 봉순이를 기억해야 한다. 도연스님, 그리고 스님과 마음을 모았던 환경운동가와 주민들의 헌신을 봉순이는 잊지 못할 것이다. 어쩌면 미호를 다시 보고 싶어 언젠가 봉하마을을 방문할지 알 수 없지만.

평생 조강지처와 해로하는 황새가 첫 정을 나눌 배우자를 얼마나 까다롭게 선택하는지 알지 못하는데, 일본에서 태어난 봉순이가 시베리아 청년들까지 텃새로 머물게 이끌며 봉하마을에 정착할 수 있기를 철새들이 떠나기 전까지 기대해 왔던 화포천 습지생태공원 곽승국 관장은 기대를 여전히 버리지 않는다. 아직 짝이 없는 봉순이는 도요오카시가 마련한 건강한 생태계에 천연덕스럽게 살며 때때로 그리움으로 들리는 도연스님을 먼발치에서 만난다. 기억력 높고 오래 사는 황새인 만큼 가끔 먼 길 여행도 마다하지 않겠지. 곧 가족을 꾸릴 테니, 그 후손이 가족여행 후 봉하마을로 정착할지 모르겠다. 그 전에 교원대학교의 황새복원연구센터에서 복원을 위해 위치 추적창치를 등에 이고 방사되었거나 순차적 방사를 기다리는 황새들이 건강하게 정착할 농촌마을이 전국 곳곳으로 확장되어야 하는데……

보일 듯 보이지 않아야할 따오기

소쩍새는 "소쩍, 소쩍" 두루미는 "두룩, 두룩" 하고 우니, 따오기는 "따옥, 따옥" 하고 울까? 1925년 동아일보 신춘문예에 당선된 한정동의 시 〈당옥이〉를 노랫말로 윤극영이 작곡한 동요, 〈따오기〉는 처량하게 "따옥, 따옥" 운다고 노래한다. 그래서 그런 줄 알았다. 자연 다큐멘터리와 자료사진 이외에 현장에서 본 적도 울음소리를 들은 적도 없는 따오기와 그 울음소리. 하지만 원로 조류학자 원병오는 까마귀 비슷하게 "과아, 과아" 하고 운다고 주장한다. 까마귀는 "까악, 까악" 하고 운다고 배웠는데.

윤극영의 〈따오기〉는 슬프다. 보일 듯이 보이지 않거나 잡힐 듯이 잡히지 않아서 그런 게 아니다. 내 어머니와 아버지가 가신 나라로 떠나갈 것이기 때문이다. 나라를 빼앗긴 서러움을 표현한 〈따오기〉에서 따오기는 바로 우리 민족이다. 일제에 빼앗긴 조선의 주권은 해와 달이 뜨는 머나먼 나라로 갔다. 그 서러움을 노래한 시인은 따오기를 부모를 여읜 '당옥이'라 했다. 농경사회에서 언제나 아름다운 존재였을 따오기. 눈부시게 아름다워 보고 또 보고 싶어도 자태를 쉽게 보여주지 않던 따오기는 자신의 운명을 일제에 빼앗겼던 한민족처럼 제 터전에서 불안해졌다. 그것도 오래 전에.

우리나라에 아주 흔했던 따오기는 1925년에 접어들 무렵 드물

동물 인문학

어지기 시작했다고 자료는 전한다. 왜 갑자기 사라진 걸까? 1892
년 영국의 캠벨[C. W. Campbell]이 "한국의 따오기는 쉽게 총의 밥이 되
는 멍청한 새"라고 국제조류학술지에 기록한 사실을 미루어, 전
문가들은 사냥을 주요 이유로 꼽는다. 비슷한 시기, 서울 북부
에서 50마리의 따오기를 봤다는 폴란드인 탁자노우스키[Wladyslaw
Taczanowski]의 기록이 남아있는 걸 보아, 아무래도 외세의 집합소로
전락한 조선 땅에서 서양 포수들에 의해 사라졌을 개연성이 높다.
단아한 색동저고리의 아름다움에 취했기 때문이라 해도 외국인의
남획은 어처구니없는데, 이유는 그뿐일까? 아무리 포획이 심해도
한 마리 남기지 않고 사라지게하지는 못할 텐데.

　총으로 동물을 죽이는 취미를 고상한 스포츠로 위장한 제국주
의자들이 남의 나라의 금수강산을 난사하자 흔하던 따오기는 급
속히 자취를 감췄다. 러시아의 시베리아는 1963년, 일본은 1980년
이후 자연에서 관찰한 기록이 사라졌고, 어느 순간 우리나라도 중
국처럼 더는 자취를 찾을 수 없게 되고 말았다. 1966년 판문점 근
처와 1974년 대성동 비무장지대에서 보았다는 기록 이후, 아무데
도 없다. 실체는 사라지고 동요만 남은 셈이다.

　그나마 따오기는 다행인가? 미국 동부에 서식하던 나그네비둘
기는 30억 마리에서 멸종하는데 불과 100년도 채 걸리지 않았다
고 하니. 하늘이 보이지 않을 정도로 무리지어 사흘 이상 머리 위
로 날았던 나그네비둘기. 총알 하나로 80마리를 잡을 정도였다는

데, 잠깐 사이에 달구지가 꽉 차도 총동원된 학살은 밤낮을 가리지 않았다고 멸종의 역사는 전한다. 작대기만 휘둘러도 하루에 1000마리 이상 잡을 수 있었던 나그네비둘기는 북미원주민들이 경외하는 가운데 수만 년 이상 북미대륙을 이동했을 테지만, 마지막 집단이 사라질 때까지 광란의 포획은 계속되었고 미 정부는 방관했다. 이내 다시 늘어나리라 믿었던 게지만 나그네비둘기는 속절없이 사라지고 말았다. 1880년대 한 무리의 수가 수백만 마리로 줄었는데, 그 정도로 지속적 번식은 불가능했던 것이다.

쉽게 총의 밥이 될 정도로 흔했던 따오기가 보일 듯이 보이지 않게 되자 우리 정부는 1968년 황급히 천연기념물 198호로 지정했고, 국제자연보호연맹(IUCN)은 멸종 위기종 적색리스트에 등재, '각별하게 위기에 처한 종'으로 인식하기에 이르렀다. 멸종 직전에 보호대상종으로 선포한 것이지만 그런다고 개체수가 회복되는 건 아니다. 중국과 일본에서 인공으로 증식하는 개체를 제외하면 중국 산시성(山西省)에 가녀리게 분포하는 따오기가 전부일 거로 조류학자는 조심스레 추정했을 정도다. 네덜란드 군인의 총소리에 호기심을 참지 못해 몰려들다 16세기 말에 멸종된 모리셔츠 섬의 못생긴 새, 못생겼다는 인간의 평가를 인정하지 않을 그 '도도 dodo'와 달리, 오염되지 않은 중국의 자연에 겨우 살아남은 따오기는 인공증식의 실낱같은 원천이 되었다. 광영일까?

예쁘다기보다 아름답다는 표현이 어울리는 따오기는 현재 중국에서 국조國鳥 대접을 받는다. 전체적으로 붉은 기운을 감도는 흰색의 몸은 70센티미터가 넘고, 날아오를 때 화사하게 드러나는 날개 안쪽의 붉은 빛과 바람에 나부끼듯 수평으로 늘어뜨린 뒷머리의 흰 깃은 가볍지 않은 기품을 과시하지 않던가. 붉은 이마와 얼굴에서 길게 이어지는 검은 부리는 아래로 완만하게 구부러지며 날카로운데, 끝이 붉은 색이다. 백로보다 조금 짧은 다리를 천천히 움직이며 논바닥에서 먹이를 찾는 모습은 천적 앞이라 해도 전혀 흐트러지지 않으려는 단호하면서도 단아한 자세를 엿보게 한다.

그 점이 따오기를 위기로 몰았을 게 틀림없다. 초보 포수의 서툰 총질에도 희생되었겠지. 추수철 날아와 모내기 준비하는 봄까지, 논 가장자리를 서성이며 농사를 방해하는 곤충을 쏙쏙 잡아먹는 따오기는 농경사회에서는 고마운 존재였지만 총 앞에서는 제 몸을 간수할 수 없었다. 몸집이 크고 부리가 날카로우니 천적이 별로 없고, 농민이 해코지하지 않으니 바쁠 게 없는 따오기는 제국주의가 확산되기 전까지 우아한 자태를 수천 년 이상 뽐낼 수 있었지만 일본 제국주의 강점기에 들어서면서 급격히 줄어들었고, 이에 한정동은 '당옥이'라는 시를 쓰지 않을 수 없었겠지.

2008년 창녕 우포늪은 따오기의 복원을 위해 몸을 정화하고 있었다. 30여 년 전 우리 땅에서 사라진 따오기를 부활시켜야 하는 사명을 가진 중국 국빈 한 쌍이 정착하러 왔기 때문이었다. 물론 따오기는 외교관계에 유난히 민감한 사람들의 노력 때문에 중국에서 비행기를 타고 찾아온 것이지만, 람사 습지는 복원센터를 마련하면서 무한히 고마워했다. 현재 정부 당국의 지원에 힘입어 따오기는 개체수를 늘리는 중이다. 복원을 위해 중국을 찾아가 손잡은 우리 당국의 노력이 컸고 그 노력은 조금씩 기대 수준을 높이고 있다.

물량공세라면 둘째이길 거부하는 국가답게 중국은 따오기 보전에 국가 차원의 노력을 다한다. 자연에서 따오기가 보이면 당국은 즉각 보호조치를 발동한다고 한다. 공격적이라고 해야 옳을까? 농약 사용량이 적지 않아 농산물 수출에 지장을 초래하기도 하는 중국이지만, 따오기가 발견되면 즉시 농약 사용이 불허되는데, 서슬이 퍼렇다고 한다. 당국의 명령을 무시하고 농약을 살포한 논밭은 여지없이 엎어진다는 게 아닌가! 국가 차원의 단호한 보호를 받는 중국의 따오기들은 자연에서 개체수를 늘리는 데 그치는 게 아니다. 복원이 추진되는 지역도 많다. 복원하는 곳마다 눈에 띄게 늘어나는 따오기는 생태 관광의 요긴한 자원이 되어 인민의 인기를 독차지한다고 우포에 따오기 복원센터를 세운 우리 당국은 강조한다.

관광자원이 아니라도 따오기는 아름다움만으로도 복원 가치가 높다. 서글픈 동요의 가사가 우리 정서를 자극하는 만큼 따오기 복원 소식을 반기는 이 많을 테지만, 그 전에 준비해야 할 일이 태산

이다. 자연에 나올 따오기들이 건강하게 가족을 늘릴 생태적 기반이 반드시 따오기의 눈높이에서 조성되어야 한다. 그 첫 단추는 개체의 증식인데, 계속 태어나는 2세와 3세들의 유전 다양성이 확장되도록 애써야 한다. 우리 땅 곳곳의 다채로운 생태 환경뿐 아니라 앞으로 어떻게 변할지 모르는 생태계에 적응할 능력이 부족하지 않도록.

2008년부터 2013년까지 서너 차례, 중국과 좋은 관계를 이어주며 몇 개 성에서 간택돼 우포의 복원센터로 들어온 중국의 따오기들은 감사하게도 열심히 개체수를 늘리고 있다. 던져주는 먹이를 열심히 받아먹으며 무럭무럭 자라, 2015년이 지날 무렵 50마리 가깝게 늘어나리라 기대하는 당국은 100마리가 넘으면 자연에 풀어놓겠다는 포부를 밝힌 바 있다. 한데 그런 설레는 소식에 오히려 가슴이 답답해진다. 풀어놓자마자 멧돼지 덫에 걸려서 죽은 여우가 생각나기 때문이다. 언론 앞에서 자연 방생을 장담하지 않았다면 여우는 그렇게 서둘러 자연에 나가지 않았을 테고, 허무하게 죽지 않았겠지. 여우와 따오기의 복원을 동시에 서두르는 정부 부서의 담당자는 언론 앞에서 큰소리쳤는데, 따오기의 복원은 순조로울 수 있을까?

지금과 같이 순조롭다면 2016년쯤이면 100마리를 돌파할 따오기. 우포늪은 따오기를 잘 숨겨줄 것인가? 인큐베이터에서 부화해 사람이 던져주는 먹이를 먹고 자란 따오기들은 스스로 먹이를 먹고 알을 낳아 품을 것인가? 품에서 부화한 새끼들을 잘 키워 분가시킬 것인가? 장차 만날 천적은 용케 피할 것인가? 무엇보다 사람, 카메라 메고 달려드는 사람을 동요 가사처럼 피할 수 있을 것인가? 하지만 알에서 깨어나자마자 본 존재를 제 어미로 착각하는 조류의 특징이 새삼 걱정이다. 복원센터에서 먹이 던져주는 이는 우포늪을 서성이며 총과 카메라를 들이대는 사람과 마음이 같지 않는데, 장차 따오기가 살 공간이 우포늪에 한정될 수는 없는 노릇이다. 중국 태생의 따오기 후손마저 이 땅의 슬픈 존재가 되는 건 아닐까? 아니겠지.

동물 인문학

복원은 앵벌이와 무관해야지

지구에는 현재 몇 종의 생물이 분포하고 있을까? 수백 년에 걸쳐 분류학자들이 자연에서 잡아들여 기록한 결과 대략 200만 종이 분류되었다지만, 실제 존재하는 종은 3000만 종에 이를 것으로 학자들은 추정한다. 접근이 어려운 열대우림이나 갯벌과 같은 생태계에서 새롭게 분류되는 추세를 미루어 그렇다는 주장이다. 하지만 1000만에서 2000만을 헤아리거나 1억 종도 넘을 것으로 짐작하는 전문가도 있으니 추정에 따른 오차가 지나치다 싶다. 사실, 수시로 진화하는 미생물까지 합하면 추정이 무의미할 정도로 많은 생물들이 지구상에 존재하는지 모른다. 그런데 사람들은 크고 화려한 생물만 주목하는 경향이 있다.

해마다 4권 이상 발행하는 국내의 동물분류학회지를 들여다보거나 관련 학회를 참석하면, 우리나라에서 새롭게 발견되는 생물 종도 적지 않음을 확인하게 된다. 학회 발표회의 청중과 학회지의 독자들이 덤덤해하는 가운데 신종으로 발표되는 동물들은 대개 습지에 사는 무척추동물이다. 그런데 척추동물, 그것도 많은 사람들이 관심을 보이는 새가 발견돼 새롭게 분류되면 난리가 난다. 그것도 국제적으로. 식민지에 침투해서 신종 발표에 열 올렸던 제국주의 시절 이후의 학자들이 더는 분류할 게 없어 잠잠해진 이후, 새로운 새가 보고되는 예는 매우 드물어졌기 때문일 게다.

생물이 지구에 등장한 지 38억 년 이래, 얼마나 많은 생물종이 명멸했을까? 학자들은 3000만 종의 100배, 대략 30억 종에 달할 것으로 막연히 추산한다. 대략 100년에 100종이 새롭게 진화했다면 같은 기간에 99종이 멸종한 셈인데, 최근 멸종 속도가 5만 배 이상 높아졌다고 전문가는 추산한다. 게다가 순전히 사람 때문이라고 덧붙인다. 이런 추세로 멸종이 진행된다면 지구에는 오로지 사람만 남을까? 아닐 것이다. 사람은 사회적 동물이 아닌가. 생태계의 도움 없이 생존하지 못한다는 걸 깨닫겠지. 그런 사람은 고독하면 사나워진다. 사나워지며 더 고독해지는 사람은 주위를 둘러보겠지. 더 외로우면 안 되겠다 생각하겠지. 그러므로 애완견이나 고양이, 몇 가지 안 되는 가축, 그리고 동물원에 갇힌 무늬만 야생인 약간의 척추동물이 억지로 남을지 모르겠네. 아니구나! 크고 화려해 복원 대상에 오른 동물들은 남는 걸까? 빙하 속의 매머드까지 복원하겠다는 세상이니까.

2015년 가을에 시작한 황새 방사는 애초 계획보다 2년가량 늦어졌다고 했다. 방사할 황새가 머물 수 있는 서식지 조성이 늦어졌기 때문이다. 담당 연구원장인 박시룡 교수는 "일본에서 증식한 황새 개체수가 100마리 조금 넘은 2005년에 첫 방사를 한 예를 보면 우리도 2013년쯤 방사를 할 수 있지만 방사할 예산 황새공원 쪽의 서식지 준비가 덜 된 상태에서 날려보낼 순 없다"고 밝힌 바 있다. 그렇다면 2015년 방사는 순조로울까? 방사 행사까지는 일

동물 인문학

단 순조로웠지만 그 이후가 걱정인데, 미호의 경험을 비추어 황새는 어떻게든 살아갈 궁리를 찾으려 하겠지만 우리 농촌의 현실을 생각하니 고개를 젓게 된다. 쉽지 않겠다. 희생되는 일이 적지 않겠지.

"사람과 다양한 생물이 하나의 생명 공동체로서 함께 살아갈 수 있는 생활환경을 되살리기 위해 6500만 년 전부터 습지 환경에 알맞게 적응한 황새를 복원한다"고 연구 취지를 밝히는 한국황새복원연구센터는 복원이 성취되면 "하천이 되살아나고 수질 개선의 부담이 줄고, 유기 영농의 확대로 경쟁력 있는 농산물 생산과 친환경 식품산업이 공동체 단위로 육성되며, 농촌 생활환경이 선진화되고, 자연과의 균형으로 높은 삶의 질을 기대할 수 있다"고 주장한다. 덧붙여 "환경보전에 대한 사회자본의 재투자 욕구를 유발하여 궁극적으로 다양한 경제 부양효과"와 "생태계 복원의 성공사례가 되어 전국 각지의 균형 잡힌 발전에 귀감이 될 것"임을 강조하고 있지만 그건 어디까지나 엄연한 희망사항이다. 순서가 바뀌지 않았나. 황새가 건강하게 퍼져나갈 수 있는 건강한 환경을 전제로 할 때 텃새화는 비로소 가능할 것으로 평가해야 옳다. 다양한 경제 부양 효과는 그 이후에 모색해야 한다. 문제는 그 준비인데, 복원은 황새나 따오기의 몫이 아니다.

우리보다 먼저 논밭에 농약을 뿌린 일본은 황새와 따오기 복원에 앞선 반성이 우리보다 엄격했을 뿐 아니라 대책 마련과 실행 또한 철저했다. 헬리콥터를 동원해 농약을 대대적으로 뿌렸던 도요오카시에는 '황새공생부'라는 조직이 존재한다. 우리의 과보다 높은 국 단위라는데, 우리에겐 대단히 생소하다. 하지만 관공서의 높은 관심과 투자와 행정보다 농민들의 솔선 행동, 농민의 행동 의지를 뒷받침하는 소비자의 자세가 훨씬 중요하다. 도요오카시는 그 모든 지원에 적극 나서고 있다. 그 결과 농약을 뿌리지 않으면 수확이 현저히 줄고 재배한 농작물의 상품성이 떨어지지만 도요오카시의 소비자들은 개의치 않는다. 도요오카의 자랑인 황새를 건강하게 키워내야 하지 않나!

1960년대 자연에서 죽은 황새의 몸을 조사하자 치사량 이상 수은이 검출되었다. 이런 상태에서 복원은 불가능하다는 반성과 유기농업으로 생태계를 살려야 한다는 인식은 농민과 소비자의 의식 변화를 끌어내는 데 크게 기여했지만, 20년의 세월을 필요로 했다. 복원을 대비한 20년 동안의 진정성 있는 행동은 농촌은 물론 도시의 소비자까지 감동시켰고, 이후 복원이 시도된 것인데, 자연에 나온 황새는 여전히 일본 전역으로 확산되지 못한다. 안전한 생태공간이 부족한 탓일 텐데, 우리의 준비는 어떤가?

하루 5킬로그램의 먹이를 먹어치우는 황새. 황새의 건강한 확산을 염두에 둔 도요오카 시민들의 끈질긴 노력으로 주변의 농촌을 농약 성분이 사라진 유기농업단지로 바뀌게 만들었고 긍정적 현상은 확산되었다. 하천과 웅덩이가 살아났고 동물의 눈높이에서 환경과 생태를 이해하는 인재를 양성할 수 있었다는 게 아닌가. 그들의 헌신적 노력은 소비자들을 움직이게 했고, 이어 도요오카시의 경제가 살아났다. 가격이 비싸고 모양이 익숙하지 않더라도, 독특한 마크가 붙은 도요오카시의 농작물을 선호하는 소비자들이 늘어난 것이다. 일련의 소식은 도요오카시를 넘어서면서 황새와 더불어 재배하는 농작물을 찾는 이가 전국으로 확산되어 늘어났고 건강하게 자라는 황새는 시민의 자부심으로 새겨지게 되었다.

이제 도요오카시는 봉순이를 계기로 한국에 황새가 복원될 충남 예산군 광시면 대리의 황새공원 13만 5669제곱미터를 우정으로 주목한다. 비교하려는 의도가 전혀 아니다. 성공을 염원하기 때문인데 황새와 따오기가 뿌리를 내릴 면적은 턱없이 좁다. 2015년 9월에 방생한 황새가 당장 가족을 꾸릴 예산군 광시면, 따오기가 자리 잡을 우포늪, 그리고 연구소와 당국의 열기, 또한 일대의 농민들은 대체로 복원을 준비하는데 이의가 없다지만, 더 넓은 지역으로 자유롭게 퍼질 수 있어야 한다. 그를 위한 동의와 감동을 다른 농촌지역으로 확산시킬 수 있어야 한다. 황새와 따오기가 깃든 지역의 농산물을 흔쾌히 소비하는 도시인의 마음까지.

예산군은 벌써부터 한술 더 뜬 단꿈에 젖었다. 2015년 가을부터 단계적으로 황새를 방사한다면 예당저수지 주변에서 황새가 노니는 모습을 볼 수 있을 거라며 수덕사와 예당저수지를 연계하고 싶어 한다. 황새공원을 기존 관광지와 잘 결합시켜 적극적인 홍보를 한다면 지역 발전의 계기가 되리라 기대한다. 예산에서 생산된 농산물에 황새 브랜드를 붙이면 인지도와 판매량도 급상승하리라 홍보한다. 가능성 없는 꿈은 아니지만 순서가 바뀌었다. 황새공원 개장은 한참 뒤 일이어야 한다. 저평가돼 있는 관광도시 예산군에 새로운 도약의 길부터 고심할 게 아니라 먼저 황새의 안정된 분포에 만전을 기해야 한다. 황새와 연계할 관광도시는 농촌마을이 정착된 뒤의 일이 아닌가.

정착을 위해 황새든 따오기든, 아니 덩치가 큰 그 어떤 척추동물이든 유전 다양성을 확보하기 위한 충분한 개체 확보 단계를 밟아야 한다. 유전자가 단순한 형제자매 사이의 근친교배는 질병을 축적시키므로, 유전적으로 다양한 개체를 지속적으로 확보, 그들의 자연 적응과 번식이 가능하도록 유도해야 한다. 황새복원연구센터는 자연 방사 후 관리하는 단계를 지나 우리나라 전 농촌으로 황새들이 확산될 수 있도록 연구하고 대안을 마련하겠다고 하니 다행인데, 따오기는 서두르는 감이 크다. 보존을 위한 마을을 지정해 지원하는 일이 중요하지만 전부는 아니다. 유기농업을 확산시켜야겠지만 유기농업은 농약을 배제하는 것에서 그치지 않는다. 땅과 물, 자연과 사람, 오늘과 내일의 건강이 유기적으로 연결될 수 있어야 진정한 의미를 가진다. 황새와 따오기가 사는 마을의 필요충분조건이 그렇다.

도요오카 농협은 '황새의 춤' 브랜드를 만들어 자체 유통망으로 파는데, 없어서 못 팔 정도라고 한다. 사람들의 진정성 있는 행동 덕분에 자신의 삶을 가냘프게 지켜내는 황새의 보답이 아닐까? 아직 복원이 본격적으로 진행되지 않은 우리의 황새와 따오기는 장차 어떤 선물을 준비할까? 아차! 성급했다. "우리는 앵벌이가 아니에요!"하며 저항하는 모습이 아니길 바라는 마음이다.

10장

◇
◇

복원이 달갑지 않은 멸종 위기의 야수들

숙취에 효과 있는 칡은 미국에 없었다. 지금은 많다는 뜻인데, 현재 미국의 남동부 산림을 뒤덮은 칡은 어디에서 어떻게 건너갔을까? 질경이를 "백인의 발자국"이라 했던 북미 원주민들은 꿀벌을 "백인의 파리"라 말했다던데, 19세기 관상용으로 일본에서 가져간 칡이 무섭게 번져나간다고 한다. 뿌리가 넓게 퍼지는 칡이 번성하면 산사태가 예방되므로 미국에서는 신설 산간도로의 좌우 비탈에 많이 심었던 건데, 칡을 먹는 동물이 사라진 우리 산림처럼 미국 숲에서 다른 나무들을 뒤덮어 탄소동화작용을 방해할 정도인 모양이다.

원조식량을 따라 들어왔다고 추정하는 '미국자리공'은 이용객이 많지 않은 변산반도국립공원의 등산로를 마다하지 않았다. 하지만 미국자리공은 외래종이다. 누가 일부러 심지 않으면 미국자리공 스스로 조화로운 우리 생태계에 비집고 들어와 뿌리내리지 못한다. 그러나 파괴된 생태계라면 사정이 다르다. 경작을 멈춘 묵정논이나 밭, 폐가, 이용객들의 발에 밟혀 교란된 숲 가장자리에 자리 잡지만 일단 뿌리 내리면 여간해서 물러서지 않는다. 강력한 독성 물질을 분비하지만, 그보다 천적이 없기 때문이리라.

새로 개설되는 고속도로들이 백두대간은 물론, 백두대간과 맥을 잇는 13개 정맥들을 바둑판처럼 절도 있게 끊고 뚫으면서 전국이 반나절 권역으로 좁아졌다. 한여름, 강원도 춘천에서 원주와 제천을 지나 대구로 이어지는 중앙고속도로를 지나가 보자. 빠르게 스쳐가는 풍광 속에, 숲이 왠지 이상하다. 왁스를 바른 듯 번득인다. 칡넝쿨이 숲을 완전히 뒤덮었기 때문이다. 산에 둘러싸인 마을에서 산보하다 보면 뒷산으로 이어지는 좁다란 길은 조릿대로 기슭이 빽빽하다. 식물의 씨앗이 흙에 닿기 어려울 정도다. 슈퍼마켓에서 사는 쌀에 돌이 사라지면서 조릿대로 조리를 만들지 않기 때문인 건 아니다. 산간에 초식동물이 사라졌다는 걸 웅변한다.

눈 덮인 겨울, 먹을 것 찾기 어려운 토끼는 칡과 조릿대를 뜯는다. 동면하지 않는 산양, 멧돼지, 노루, 고라니도 질긴 조릿대와 땅속의 칡덩굴도 마다하지 않기에 설악산과 점봉산을 넘나드는 스라소니와 작은 산의 삵도 마을을 기웃거릴 필요가 없었다. 털을 노리는 포수가 여우와 수달을 거푸 거덜내고 일제가 민족정기 말살하려 호랑이와 표범, 그리고 반달가슴곰을 싹 쓸어버려도 그답지

동물 인문학

Hydropotes inermis

않던 칡과 조릿대는 왜 요즘 극성일까?

　도로와 이어진 산간의 좁다란 도로를 정부와 관련 학자는 '임도
林道'라고 정의한다. 산불을 예방하고 목재의 운반과 식목의 효율
화를 위한다는 이유로 산허리를 이리저리 휘감으며 생태계의 연
결을 끊은 임도는 부작용부터 불러들였다. 산림을 경영하는 사람
에게 편의를 제공한다지만, 야음을 틈타는 사륜구동 승용차들이
먼저 들락거린다. 그들이 은밀하게 개조한 총포를 꺼내들고 올무
와 덫과 뱀그물로 산허리를 휘감는 이유는 다름아닌 돈이다. 푸줏
간에 없는 고기를 탐하는 '몬도가네 족'이 큰돈을 은근히 쥐어주는
한, 밀렵꾼들은 우리 산림에서 칡과 조릿대를 더 늘릴 것이다.

　유산균부터 버섯, 일년생 곡물과 여러해살이 바나나, 초식동물
과 육식동물까지 잡아먹는 사람은 자연의 생산력을 독점한다. 아
마존을 밀어낸 자리에 심은 유전자 조작 콩은 세계 시장을 석권할
태세고, 미국 중앙 대평원은 들소가 아니라 고기용 소가 떼로 갇혀
옥수수와 콩을 막대하게 먹어치운다. 그를 위해 자연 생태계만 위
축되는 게 아니다. 한때 자연에서 두려움 속에 마주하던 덩치 큰
동물, 다가가지 못해도 막연히 친근하다 생각했던 전설과 신화의
주인공인 동물들도 자취를 감췄다. 칡과 조릿대는 적막해진 자연
을 반영한다. 자연을 적막하게 만든 우리는 전설과 신화의 단골손
님인 호랑이와 늑대, 여우를 호명할 자격이 있을까?

돌아갈 자연이 없는 호랑이

19세기 영국의 저명한 지리학자 이사벨라 버드 비숍^{Isabella Bird}
Bishop은 1800년대 말 외세의 소용돌이에 빠진 조선을 몇 차례 방문
해《조선과 그 이웃 나라들》이라는 책을 따뜻한 시선으로 펴냈다.
제물포 항에서 내린 그는 조랑말을 타고 한양으로 들어가 고종과
명성황후를 배알했고, 노량진에서 작은 배를 타고 평창까지 남한
강을 따라 이동하기도 했다. 소문을 듣고 나루터에 모인 시골 아낙
들은 비숍의 겹치마를 들춰보곤 겸연쩍어 계란 서너 알을 내놓았
다는데, 그는 우리의 주막에 하룻밤을 묵으며 놀랐다.

영국 지폐 몇 장이면 엽전을 배 바닥 가득 채울 만큼 바꿨다는
데, 엽전 몇 푼으로 갖은 음식을 담은 밥상을 받을 뿐 아니라 숙박
은 무료였다. 놀랄 일은 더 이어졌다. 남녀를 구별한 주막의 온돌
방은 겨울철 구들이 아무리 뜨거워도 장작을 밀어 넣었다는데, 하
도 더워 창호지 바른 문을 조금이라도 열면 같이 묵는 주민들이 땀
을 흘리면서 얼른 닫았다는 게 아닌가? 호랑이가 들어온다며 두려
워했던 거다.

1800년대 우리 강산에 호랑이가 그리 많았을까? 1921년 경주
에서 마지막 호랑이를 사냥할 때까지 그렇게 믿고 싶었을지 모르
지만 어쩌면 표범이나 늑대보다 그 수는 훨씬 적었을 것이다. 먹이
사슬의 거의 마지막 단계에 있는 동물은 잡아먹는 동물보다 그 수

가 적은 게 보통이다. 무게로 10분의1 이하가 정상이라고 생태학자는 분석할 텐데, 자신이 먹을 동식물을 재배하는 사람은 물론 예외다. 호랑이까지 잡아먹는 사람이 호랑이를 두려워했다고? 물론 뜬소문이더라도, 늠름한 사내까지 잔혹하게 해치우는 존재에 대한 경외심이 그토록 강렬했겠지.

두려운 존재에 신화적 허구를 덧붙이는 사례는 여러 지역의 전설과 문화에 많을 텐데, 단군신화의 주인공인 호랑이도 마찬가지다. 두려우면서도 친근한 존재인 호랑이는 1988년 서울 하계올림픽의 마스코트였을 뿐 아니라 프로야구팀의 상징이 되었다. 호랑이가 사람을 잡아먹지 않았다면 없었을 신화는 사실 과장에 기초한다. 일제가 해로운 동물로 규정하고 체계적으로 사냥하기 전에도 호랑이보다 표범, 표범보다 늑대가 더 많은 주민을 위협했지만 가죽이 근사한 표범은 호랑이보다 덩치가 작고, 늑대는 주로 어린이나 여성을 공격했겠지.

조선총독부의 통계를 들춰본《한겨레》의 조홍섭 기자는 일제의 집요함에 놀랐다. 가축을 잡아먹는다는 이유로 호랑이, 표범, 곰, 늑대를 대표적인 포획 대상으로 정한 일제는 1915년 3000명이 넘는 경찰과 헌병, 2000명이 넘는 사냥꾼, 그리고 9만이 넘는 몰이꾼을 동원해 호랑이 11마리를 사살했다고 한다. 그때 표범 41마리. 곰 261마리. 늑대 122마리도 사라졌는데, 4만여 명을 동원한 이듬해는 호랑이 13마리, 표범 95마리, 곰 168마리, 늑대 106마리를 퇴

동물 인문학

치했다고 한다. 1930년대 이후에 잡힌 호랑이는 주로 함경도 이북이었다고 하니 그 언저리부터 백두대간을 타고 한반도 남쪽으로 내려오려는 호랑이는 사라졌거나 있더라도 명맥이 아주 약했을 것이다.

힘을 잃어가는 국가에서 민중이 경외하는 동물을 없애면 통치하기 쉬울 터. 가축에 피해를 준다는 명분을 내세우니 조선 사람들이 쌍수를 들고 환영했다. 1917년 11월, 사업가 야마모토 다다사부로山本唯三郎는 호랑이를 정벌하려 조선에 들어와 한 달 동안 일본에 없는 호랑이를 떠들썩하게 잡았고 고급 호텔에서 고관대작들과 호랑이 고기를 시식했으며 그 무용담을 《정호기征虎記》에 담았다. 당시 우리의 생태 현황을 짐작하게 하는 《정호기》는 일제 사업가의 무용담에서 제국주의 이데올로기와 영웅주의를 읽게 해준다고 어떤 평론가는 평하는데, 맞겠지. 한데, 일제가 호랑이를 전멸시키지 않았다면 지금 한반도에 남았을까?

"아빠, 사자하고 호랑이하고 싸우면 누가 이겨?", 아이가 어릴 때 지겹게 듣던 질문이다. "글쎄, 모르겠는걸. 사자하고 호랑이하고 싸우는 걸 못 봐서", "그래도 억지로 싸움시키면 누가 이길까?", 여전히 모르겠다. 철망으로 둘러막은 격투기장에 스트레스를 받아 으르렁대는 호랑이와 사자를 밀어 넣어도 싸울 의도가 전혀 없을 텐데, 먹이가 충분하지 않은 동물원이나 곡마단이라면 어떨까? 알고 싶지 않은데, 사람들은 '라이거'나 '타이언'을 생각한다.

뭐? '잡종 강세'라고? 호기심 보이는 어린이들 앞에 잡종 개체를 데리고 나타난 사설 동물원의 사육사는 사자와 호랑이가 사랑해서 낳았다고 둘러댔다. 하지만, 자기도 모르는 사이 인공수정에 동원된 사자나 호랑이는 얼마나 어처구니없어할까? 유전적으로 사자와 호랑이의 사이보다 현저히 작은 유전적 차이를 가진 침팬지를 사랑하지 않는 사람은 돈벌이에 눈이 멀었다. 인공수정으로 만든 사자와 호랑이의 잡종은 밀림의 왕자도 맹수의 제왕도 아니다. 잡종 강세는커녕 사람이 보살피지 않으면 생존이 불가능한 그저 한 마리의 살아있는 전시물, 동물원의 수입 증가에 복무해야 하는 가엾은 앵벌이에 불과하다.

짐바브웨에서 '국민 사자'로 인기를 누리던 '세실'이 미국의 어떤 치과의사가 쏜 석궁에 죽자, 국제적인 비난이 빗발친 적 있다. 오로지 재미를 위해 사자를 비롯해 코뿔소나 기린과 같은 대형 동물을 총과 석궁으로 사냥하는 이른바 '트로피 사냥'의 비극이었다. 발톱과 송곳니가 날카로운 동물을 거꾸러뜨린 자는 얼마나 용맹스러운가! 그에게 승리의 트로피가 전달되겠지. 트로피 사냥에 동원되는 사자는 어릴 적부터 사람이 던져주는 먹이에 길든 성체다. 새끼일 때 찾아온 아이들이 아무리 만지작거려도 가만히 있어야 했고, 더 자라선 사람과 잠시 초원을 거닐어야 했던 운명이다. 가까이하기 두렵게 덩치가 커진 성체는 먹일수록 손해다. 거액으로 예약한 부자에 희생될 처지로 운명이 바뀐다.

며칠 굶은 사자는 석궁을 쥔 사람에게 먹이를 기대하며 다가올 게다. 그런 경험을 기억하기 때문인데, 먹이는 무슨! 처음 보는 사람이 고기를 던져줄 거라 믿고 맥없이 다가오다 그만, 날카롭게 허리와 가슴을 파고드는 통증에 중심을 잃고, 눈은 허공을 헤맨다. 발톱을 세우지 못한 채, 날아드는 석궁과 총알을 피하지 못한 사자는 부자 나라의 돈 많은 사냥꾼의 발에 밟혀 잠시 카메라 앞의 모델이 된 처참한 모습으로 이내 절명하고 만다. 해마다 1200마리가 그렇게 죽는다는데, 합법인 그 사냥터에 호랑이도 은밀히 동원된단다. 메뉴가 다양해야 짜릿함을 변태적으로 즐기는 부자 사냥꾼이 발길을 멈추지 않는다나?

'멸종 위기 야생 동식물 취급에 관한 국제조약(CITES: Convention on International Trade in Endangered Species of Wild Fauna and Flora)'은 호랑이의 가죽과 뼈, 고기와 장기의 상업거래를 제한한다. 그러자 사냥터의 사자가 호랑이 흉내 내기에 나서게 되었다고 호랑이 트로피 사냥을 반대하는 사람들은 주장한다. 석궁 맞은 사자의 뼈가 호랑이 뼈를 '코스프레' 하면 부수입도 늘어날 테지. 가죽은 호랑이처럼 가공돼 장작이 활활 타오르는 벽난로 앞의 거실 바닥에 큰 대자로 누우려나? 별난 트로피가 다 있는 세상이므로.

다행이라고 해야 했나? 환경부의 종 복원 계획에서 영감을 받았는지, 산림청이 나선 적 있다. 시베리아 야생 호랑이들을 들여와 백두대간에 풀어놓겠다는 계획이었는데 아직 실행되지 않고 있다. 그렇다면 불행인가? 암ㆍ수 각 한 마리씩을 강원도에 마련한 '야생조수보호증식장'에서 3년 동안 야생 적응훈련을 시킨 뒤 자연으로 방사하려던 계획으로, 먹이사슬 관계와 안전을 고려, 국유림에 주민들과 협의하여 풀어주겠다는 포부를 밝혔는데, 포기했나보다. 민족 설화에 등장하는, 무서워도 친근한 우리 호랑이는 드디어 동물원의 폐쇄된 속박에서 풀려나 자유로운 세상에서 맘껏 포효하게 될 뻔한 계획이었을까?

우리 인간은 방사될 호랑이를 어떻게 맞아야 하나? 불행하게도, 수천 개의 덫으로 지리산 반달가슴곰을 맞이하던 사람들은 백두대간을 거닐 때 호주머니에 곶감을 넣어야 했을까? 세계 최고의 밀도를 자랑하는 고속도로와 국도, 심산계곡까지 훼손한 스키장과 골프장은 '자연의 이웃'이 진저리치는 아스팔트를 거미줄처럼 펼쳐놓았다. 조각보가 된 금수강산은 호랑이 한 쌍이 필요로 하는 400제곱킬로미터의 생태계를 온전하게 보전하지 못한다. 좁은 산하에서 가족을 건사할 수 없는 호랑이는 안전한 증식장에서 사람들이 던져주는 먹이를 축내며 일생을 보낼 수밖에 없을 텐데, 어떤 생명공학자가 백두산호랑이를 복제하겠다고 자청한 적 있다. 거참! 고양이의 난자에 호랑이의 체세포 핵을 넣고 사자가 임신하는 방식이었는데, 다행인가? 실패했다. 아니 시도하지도 않았을지 모른다.

산하에 우거진 조릿대와 칡넝쿨은 야생 초식동물이 충분하지

동물 인문학

않다는 것을 웅변한다. 초식동물 대신 사람들이 와글대는 우리 생태계는 호랑이는커녕 표범도 삵도 허용치 않는다. 흔하던 오소리와 너구리도 자취를 거의 감췄다. 육식동물이 사라진 산하에 초식동물마저 없으니 식물생태계도 크게 왜곡되고 말았다.

호랑이를 진정 생각한다면 시베리아의 생태계를 보전하면서 시베리아에서 포효하도록 놔두자. 기왕 잡아온 호랑이가 우리나라 어딘가에 있고, 피치 못할 이유가 있어 시베리아로 되돌려 보낼 수 없다면 어차피 우리가 보살피며 키울 수밖에 없다. 자연보다 동물원이나 서커스단에 호랑이가 압도적으로 많은 현실이라면, 야생조수보호증식장에서 보호하면서.

여우야 어디에서 뭐하니

참 단순한 놀이였다. 가을걷이 마친 들판에서 아이들은 전승된 노래를 불렀다. 두 손으로 눈을 가린 술래 뒤로 살금살금 다가가며 "여우야 여우야 뭐하니?" "잠잔다" "잠꾸러기!" "여우 여우야 뭐하니" "세수한다" "멋쟁이!" "여우야 여우야 뭐하니" "밥 먹는다" "무슨 반찬" "개구리 반찬" "죽었니? 살았니?" 문답을 나눈 다음, 술래가 "죽었다!" 하면 다시 처음부터 시작하고 "살았다!" 하며 휙 뒤돌면 술래에게 잡히지 않게 우르르 달아나야 했다.

그때도 본 적 없지만, 1960년대 아이에게 어른이 전하는 여우 이야기와 속담은 많았다. 여우가 마을을 향해 울면 초상이 난다거나 백년 묵은 여우는 변신술이 능하다 했다. 제아무리 교활한 여우도 시내를 건너 뛸 때 꼬리에 물이 묻는 법, 같은 죄를 계속 저지르면 결국 들통나기 마련이라고 했다. 간사스러움이 여성의 특징이 아니건만, 음험한 남성이 퍼뜨려서 그런지, 감당할 수 없다고 생각하는 여성을 여우에 비유하면서도 "여우하고는 살아도 곰하고는 못 산다"고 했다. 앙큼한 여성과는 살 수 있어도 미련한 여성은 싫다는 속담이란다. 이런, 곰에게 미안해해야 할 노릇인데, 여우는 흔쾌했을까?

여우는 교활한가? 대개 깔끔한 오소리 굴을 차지하는 여우는 오소리가 나간 사이 일부러 자신의 배설물을 흩어놓는다는 걸 관련학자는 실증적 예로 든다. 지독한 냄새에 진저리를 치며 오소리가 떠나는 걸 알기 때문이라는데, 그렇다면 여우는 교활하기보다 영리한 걸 테지. 둔갑술이 묘하다던데, 야음을 틈타 인가 근처 들판에서 현란하게 움직이며 들쥐나 토끼들을 잡아먹는 모습을 멀찍이 본 사람의 착각이 아닐지. 아무튼 인간이 붙인 부정적 상징에 아랑곳하지 않고 이 땅의 전설을 풍요롭게 만든 여우는 어느새 자취를 감췄다. 칠흑 같은 밤, 굽이굽이 고개를 넘으면 보였던 불빛 희미한 오두막이 사라졌기 때문일까?

천적이 사라진 강산에서 여우마저 눈에 띄지 않는 현상은 납득하기 어렵다고 생각하는 동물학자가 있다. 심심산골까지 쫓아간 사냥 때문이라거나 1960년대 전국에서 일제히 놓은 쥐약이 원인이라는 분석이 아무리 유효하더라도, 깊은 산골의 여우까지 자취를 감출 리 없다는 거다. 민족혼 말살을 위해 일제가 전멸시켰다는 호랑이처럼, 덩치가 큰 표범과 늑대가 그때 사라졌지만 여우는 개보다 작지 않은가. 가죽을 위해 전국의 포수들이 요란하게 잡아대던 수달은 요즘 웬만한 계곡마다 모습을 드러내 개발업자의 발목을 잡는다. 여우는 왜 아직도 자취를 드러내지 않는 걸까?

가죽을 벗기기 위한 은여우 사냥이 끔찍한 사육으로 이어진 건 그만큼 털이 곱기 때문일 텐데, 은여우와 사촌인 우리 토종도 그 못지않을 건 불문가지. 싸구려 수달 가죽에 식상한 포수들은 눈을 밝히고 산골을 누볐을지 모른다. 다른 이유도 상상할 수 있겠다. 영국의 '여우사냥'을 보라. 동물보호단체에서 아무리 문제를 제기해도 최근까지 총을 쥔 부자들은 전통 스포츠 반열에서 내려놓지 않았다. 늑대나 승냥이처럼 툇마루에 엉금엉금 기어 나온 아기를 물어가지 않았건만, 비슷하게 생겼다는 이유로 둔갑을 한다는 둥, 교활하다는 둥, 갖은 이유를 붙이며 결국 모조리 사살한 게 아닐까? 돈도 돈이지만 총을 쥐어주자 손가락이 근질근질했을지 모른다.

아닐 수도 있다. 교활하기보다 영민하니 꼭꼭 숨어있을지도 모른다. 천연기념물 수달도 그랬다. 사냥꾼들이 설칠 때는 보이지 않더니 서식지를 보전하려는 움직임이 일자 모습을 드러내지 않았나. 전체적으로 붉은색을 띤 갈색이지만 귀 뒤와 발등이 검고 목과 가슴이 희며 귀가 삼각형인 토종 여우도 마찬가지 아닐까? 더구나 여우는 천연기념물이 아니다. 인적이 드문 1, 2월 산간에서 짝을 만나 두 달 가까운 임신 기간을 거쳐 초식동물이 동면에서 깨어나는 3, 4월 예닐곱 마리의 새끼를 낳는 여우는 전국의 산간 계곡을 수렵장으로 여기는 인간들이 엽총을 내려놓지 않는 한, 은둔을 멈추려 하지 않을 것이다.

지성이면 감천이라던가. 토종 여우가 우리 산하에 나타났다고 한다. 2004년 3월 23일 강원도 양구군에서 입가에 피를 흘린 채 죽은 성체로 발견되었다는 건데, 그렇다면 이제껏 은둔했을 여우가 더 있다는 뜻? 긍정적 마음으로 발품 부지런히 팔면 찾을 수 있다는 희망을 건졌다는 겐가? 그런가 보다. 독극물에 중독된 동물을 먹은 것으로 추정되는 양구의 여우는 1978년 지리산에서 사체가 발견된 이래 26년 만에 발견된 흔적이라고? 그렇다면 이번엔 살아 있는 여우를 찾자!

여우 생존 가능성 소식에 고무된 환경부는 전문가를 동원, 전국에 100여 마리의 여우가 생존할 것으로 추정했다. 우리나라에 여우 전문가가 있었나? 강원도 양구군은 물론, 경북 봉화와 문경군, 경남의 하동과 지리산에 이어진 목격담을 종합했더니 그렇단다. 인류학자의 도움을 받은 건지 알 수 없지만, 가능성을 포기하면 안 된단다. 50년 동안 사람들의 출입이 차단된 비무장지대에서 배설물이 발견되었다니 이제 수십 대의 감시 카메라 가운데 하나라도 살아 움직이는 여우의 동영상을 촬영하기만 하면 된다. 그 소식이 은둔한 여우를 긴장하게 만들었는지, 이후 진전된 소식은 없다. 혹 예산이 없었던 걸까? 핵발전소 짓는 예산의 100분의 1도 안 되지만, 불요불급하다고 힘 있는 부서가 판정했을까?

내 땅에서 찾지 못할지라도 수입해서 복원하면 소원을 이루는 걸까? 북한에서 15마리의 토종 여우를 수입한 서울대공원은 2009년 5월 3마리의 새끼가 그것도 암컷으로 태어났다고 반가워했다. 앞으로 중국에서 더 도입해 2, 3년 자연 번식을 시도한 뒤 방사할 것을 천명했다는데, 그 소식을 들은 경북 영양군이 자원했고, 같은 해 8월 '토종 여우 증식을 위한 양해각서'를 체결했다고 언론은 전했다. 개체수를 늘리기 위한 우리를 확보했다지만, 안타깝게도 그 양해각서는 여우의 행복을 고려하지 않았다. 어렵더라도 세심한 준비가 더 필요했다.

토종 여우로 생태관광 붐을 조성해 지역 경제를 일으키겠다는 영양군과 자연 번식이 어렵다면 복제나 인공수정도 고려할 예정임을 밝힌 연구진의 포부는 아직 은둔할 거라 믿는 여우에게 희소식일까? 팔도강산에 여우가 눈에 띄게 늘어나면 누구의 행복이 늘어날까? 경북 영주군 소재 소백산 모처의 자연적응 훈련장에서 먹이 탐색과 대인 기피훈련을 받은 여우는 유전적으로 합격했지만 우리 강산과 사람들은 여우를 받을 준비가 돼 있지 않다. 여우가 교활하든 신출귀몰하든, 산촌과 인가 주변에서 쥐를 잡아먹을 때의 환경은 이미 아니다.

2012년부터 여우가 3차례 방생된 소백산은 지리산이나 설악산처럼 등산객이 북적거리지 않는데, 야생동물의 목숨을 노리는 덫은 널렸다. 국립공원관리공단과 지역 주민, 그리고 야생생물보호 협회에서 나온 160여 명이 시간 당 100개 가깝게 걷어낸 덫은 방생한 여우 16마리 중 5마리를 희생시켰다. 3마리는 농약에 중독돼 죽었고 4마리는 죽은 이유조차 모른다. 4마리만 소백산 어딘가에 숨어들었을 것으로 기대하지만 확신할 수 없는데, 농약 사용을 자제한다거나 덫의 수가 줄었다는 소식은 여태 들리지 않는다.

여우가 자유롭게 활동하길 기대하는 곳은 소백산국립공원이다. 복원을 담당하는 국립공원관리공단은 성공적 복원을 위해 주

민들의 협조를 당부하지만, 국립공원 안의 덫 설치가 불법이라는 걸 잘 아는 주민들은 답답하다. 수확 직전의 농작물을 노루와 멧돼지에게 한두 번 뜯긴 게 아니지 않은가. 망가진 과수원과 밭에서 망연자실한 경험이 누적된 주민들은 덫 제거작업을 공개적으로 반대하지 않아도 적절한 보상이 있기를 바라는데 엇박자가 인다. 여우가 국립공원 내에서 일으킨 피해에 대한 보상을 배려하는 복원 관계자는 실패를 거듭하더라도 소백산국립공원 밖으로 여우가 퍼져나가길 기대하지 않던가. 여우는 물론 노루와 멧돼지도 자유로워야 하는 곳이 국립공원이지만 농민들은 국립공원 지정 이전에 정착했다. 여우 이외의 야생동물이 일으킨 피해에 대한 보상이 어렵다면 농민을 국립공원 밖으로 보내야 할 텐데, 합리적 예산과 제도가 필요하겠지

일본도 우리처럼 햇볕이 있는 날 잠깐 뿌리다 그치는 비를 '여우비'라 한다. 신출귀몰한 여우를 그리 싫어하지 않았다는 걸 반증하는 어휘가 아닐까? 중국과 일본의 전설은 꼬리가 9개인 여우 '구미호'를 표독스럽고 간사한 여성으로 그리는데 우리는 다르다. 구미호는 인간이 되고 싶은 암컷 여우다. 아리따운 여자로 둔갑해 결혼까지 성공하는데, 인간이 되기 하루를 남기고 그만 정체가 드러나 사랑하는 남편이 떠나는 모습을 보며 비련으로 마무리한다. 무서워도 가련한 짝사랑이 아닐 수 없는데, 고속도로와 골프장과 스키장으로 난폭하게 끊긴 산간벽지에 은둔하는 토종 여우는 인간

동물 인문학

의 빗나간 짝사랑을 알기나 할런지. 이 땅의 토종 여우여! 어디에 서 뭐하던 감시카메라에 걸리지 말고 제발 온전하기를….

숲을 뒤흔드는 늑대의 포효가 그리워라

"늑대는 사람이 보는 데서 도망치지 않는다"는 속담이 있다. 뭐, 그렇다고 다짜고짜 덤벼든다는 건 아닐 테지. 사람 눈에 띄었다 싶 으면 자존심을 지키려는 듯 어슬렁거리다, 눈길에서 벗어났다 싶 을 때 냅다 달아난다는 뜻일 거다. 동물의 습성을 견주며 의미를 찾으려는 게 속담이지만, 듣는 늑대는 좀 어이없겠다. 개의 조상인 만큼 냄새를 놓치지 않는 늑대가 사람과 마주치고 싶을 리 없는데, 왜 사람 근처에 어슬렁거린다는 겐가. 여간해서 산록을 벗어나지 않는 늑대는 참을 수 없이 배고프면 위험을 무릅쓰고 송아지와 돼 지가 있는 농가를 어슬렁거리겠고, 그 모습을 보고 쇠스랑을 챙기 려는 산골의 농부는 마음이 초조했겠지. 그래서 그런 속담이 나오 지 않았을까?

5월 초순이 지날 때. 예나 지금이나 나뭇가지의 새잎과 들판의 새싹이 파릇파릇하다. 무럭무럭 자라는 너덧 마리의 새끼들에게 젖만 먹일 수 없는 늑대는 5월이 지나면서 먹잇감을 찾아 나서야 했다. 자연의 모든 동물이 그렇듯, 늑대도 먹일 게 충분할 때 새끼를 낳는다. 막 태어난 송아지와 어린 돼지가 외양간에 있다는 걸 진작 알고 있는 늑대는 동트기 전부터 숨죽여 기회를 엿보고 있었다. 들판에서 종달새가 날아오르며 울면 농부는 쟁기 들고 나갈 터. 천방지축 송아지는 파릇파릇한 풀을 뜯고 싶은 충동을 억누르지 못하는 계절이다. 며칠 동안 멧돼지와 노루 사냥에 실패한 늑대는 토끼와 쥐만으로는 새끼들을 배불리 먹일 수 없으니 맘을 모질게 먹었다. 느닷없이 달려들어, 코뚜레를 채우지 않은 송아지가 혼비백산 외양간을 뛰쳐나가면 냉큼 물고 가려고.

사람만 없으면 산골이든 들판이든 늑대는 거칠 게 거의 없다. 호랑이와 표범은 산기슭을 벗어나지 않을 뿐 아니라 혼자 사냥을 하니, 가족이 똘똘 뭉치는 늑대를 건드리지 않는다. 그래서 늑대는 아시아와 유럽의 농촌 지역을 비롯해 양과 염소를 방목하는 몽골과 중앙아시아의 초원에 맘껏 출몰할 수 있었다. 그뿐인가? 봄이면 순록 무리가 막 태어난 새끼를 데리고 새로 돋은 이끼를 찾아 긴 시간 이동한다. 그런 툰드라는 늑대의 '비빌언덕'이었다. 하지만 멀지 않은 시절에 같은 종류였기에 지금도 짝짓기가 가능한 개가 느닷없이 방해하고 나섰다. 사냥감에 다가가기만 해도 야속하게 컹컹 짖어대는 게 아닌가.

수렵채취 시절, 사람보다 먼저 세상에 나와 유라시아 대륙과 북아메리카 일대를 누볐던 늑대는 사냥감을 놓고 생태계의 신참, 사람과 경쟁했을 터. 그러던 중 어떤 조상이 눈도 뜨지 않은 늑대 새끼들을 발견했고, 동글동글하고 포동포동한 녀석들을 은거지로 데려가 남은 음식을 먹이며 재미삼아 키웠을지 모른다. 그러자 사회성이 높은 늑대가 충성스러워지더니 사냥감을 몰아주는 게 아닌가! 그렇게 1만 2000년 전에 사람이 친 울타리 안으로 들어온 늑대는 그 무렵 농사를 배우기 시작한 사람에게 철저히 길들여졌고 오늘날 400여 품종의 개로 다채로워졌다. 하지만 자연에 남았기에 자존심을 잃지 않은 늑대는 거칠 것 없이 포효해 왔다. 사람들이 총을 쥐기 전까지.

늑대가 음험하다고? 그래서 엉큼한 남성을 늑대라 한다고? 겉으로 부드럽고 솔직한 체하지만 속이 엉큼하고 흉악한 이를 "늑대 같다!"고 여성들이 조심스러워한다는데, 늑대가 그런 뜻을 알아챘다면 얼마나 어이없을까? 사냥감 가까이로 조심스레 다가갔다 눈치 채지 못한 먹잇감에 와락 덤벼드는 거야 모든 육식동물이 마찬가진데, 왜 음험하다는 혐의를 유독 늑대에 씌우는 겐가? 밥 앉힌 가마솥에 물이 넘치자 서둘러 부엌으로 간 사이 툇마루에 내려놓은 젖먹이를 소리도 없이 물고 가는 일이 산골마을에서 벌어지면서 아낙네 사이에서 퍼진 낭설일지 모르는데, "늑대는 늑대끼리 논다"는 속담도 있다. 늑대가 떼로 움직인다는 의미가 아니다. 음험한 사람은 그들끼리 논다는 뜻이다.

흔히 늑대보다 크고 들판에서 떼로 움직이면 이리, 산에서 느닷없이 맞닥뜨리면 승냥이라 말한다. 가족과 더불어 사냥하는 늑대가 느닷없이 다가와 송아지를 물어가는 모습에 놀란 머슴이 늑대보다 큰 이리 떼였다고 둘러대거나, 나무하고 산을 내려오다 늑대와 맞닥뜨린 사내가 지게를 내팽개치며 줄행랑치고는 승냥이를 만났다는 핑계를 댔겠지만, 모두 늑대라고 보면 된다. 사실 그때 늑대가 사람보다 더 놀랐을지 모르는데, 요사이 우리 산록에서 늑대는 통 보이지 않는다. 1960년대 경상북도 청송 일원에서 여러 마리 생포해 창경원에 전시했던 늑대가 차례로 죽어 1996년에 이르자 사라졌고 자연에서 아예 사라졌다고 전문가는 추정하는데, 반성하려는 겐가? 송아지 몇 마리 잃었다고 끝까지 쫓아가서 총을 마구 쏘아댈 땐 언제고, 이젠 복원하겠다고 나선다.

2004년 1월, 서울대공원의 늑대 한 마리가 청계산으로 탈출했다. 복원하려고 광릉 수목원으로 옮기던 중 나무 우리를 뜯고 호기 있게 탈출한 것이다. 사람이 던져주는 먹이에 익숙한 늑대는 결국 탈진한 채 36시간 만에 잡혔는데, 중국 내몽고에서 들여와 7년 동안 울타리 안에서 자란 수컷이었다. 이후 늑대가 복원되었다는 수목원의 소식은 여태 듣지 못했는데, 대전의 한 동물원에서 희소식이 들렸다. 2008년 러시아 볼가 강Volga river근처에서 7마리를 도입한 지 2년 만에 새끼 6마리를 얻었다는 거였다.

자연과 비슷하게 꾸민 4000제곱미터의 사육장에서 자유를 만끽하게 배려하며 키우겠다고 천명한 동물원 측은 개체 수가 늘어나면 자연에 풀어주겠다고 약속했다는데, 울타리 안에서 늘어날

동물 인문학

늘대 후예들은 그 약속을 반길까? 가로와 세로가 60여 미터에 불과한 그 비좁은 공간에서 던져주는 먹이에 길들어진 늘대는 사냥을 모르지만 배워도 소용없을 게 틀림없다. 우리 자연에 잡을만한 사냥감이 없지 않은가? 자연적응 훈련을 하면 사나워지겠지? 사나워야 먹이를 사냥할 수 있을 텐데, 배고픈 늘대가 멋모르는 어린 등산객을 다치게 한다면? 장차 일어날 소동을 누가 어떻게 감당하라는 겐가?

20세기 초 미국의 산림 감시원이던 젊은 알도 레오폴드Aldo Leopold는 새끼들과 뛰어노는 늘대 무리를 우연히 발견하곤 늘 그래왔듯 총알이 다 떨어지도록 쏘았다. 이윽고 의기양양 죽어가는 늘대 무리에 다가갔더니, 이런! 눈에 맹렬하게 비치던 초록빛 불꽃이 서서히 꺼지는 게 아닌가. 그 일을 계기로 늘대와 자연이 맺는 관계를 절절하게 깨달은 그는 늘대가 줄어야 사슴 사냥꾼의 천국이 온다는 믿음을 버리고 '대지의 윤리'를 제창하는 자연주의자가 되었다고 고백했다. 1872년 중반, 세계 최초로 국립공원으로 지정된 미국 옐로스톤Yellowstone에서 관광객 운집을 염두에 두고 사슴 잡아먹는 늘대를 모조리 없앤 적이 있다. 그러자 놀랍게 늘어난 사슴들이 풀을 거침없이 먹어치우더니 속절없이 죽어갔다는 게 아닌가. 지금 옐로스톤 국립공원은 다른 곳의 늘대를 데려와 사슴의 수를 조절하고 있다고 한다.

캐나다 툰드라 지대에서 순록을 해치는 늘대를 효과적으로 제거하기 위해 사전 조사를 떠난 젊은 생태학자 팔리 모왓$^{Farley\ Mowat}$은, 순록이 워낙 빠른 까닭에 늑대가 쉽게 사냥하지 못한다는 걸 파악했다. 늙고 병들고 다쳤거나 보호해줄 어미를 잃은 개체를 솎아낼 따름인 늑대는 오히려 순록의 안정된 서식을 돕는 거였다. 정작 순록을 해치는 자는 거실을 장식할 순록의 머리뼈와 뿔을 위해 공연히 총을 쏘는 사람이라는 걸 확인한 모왓은 늑대는 생태계 유지에 꼭 필요한 존재하는 걸 알리려 인생 항로를 작가의 길로 바꿨다.

제 새끼들 먹이려고 어린 순록을 뒤쫓다 번번이 실패하는 늑대들이 주로 들쥐를 잡아먹는다는 걸 팔리 모왓은 관찰했는데, 우리나라 산록에 들쥐가 줄어들지 않는 이유는 무엇일까? 늑대가 사라진 현상과 무관하지 않겠지. 요즘은 세계적으로 툰드라 이외 지역에서 늑대는 거의 보이지 않는다. 총만 늑대를 위협하는 게 아니다. 사람들의 집요한 개발로 서식처를 송두리째 빼앗긴 늑대에게 툰드라는 어쩌면 마지막 터전이지만, 온난화되는 지구촌에서 마음 놓을 터전은 위축되기만 한다.

늑대는 보름달이 뜬 날 울부짖던가? 늑대가 듣자니 또한 터무니없겠다. 보름달이 뜨면 경찰서와 병원마다 늘어나는 폭력과 환자로 골치 아프다는 전문가들의 주장은 늑대와 관계없는 일이다. 보름달이 뜰 때마다 도벽이 발동하거나 음험해지는 이가 늑대를 모함하거나 말거나, 왕성하게 자라는 제 새끼들을 기르는 자연의

동물 인문학

늑대는 배가 몹시 고플 때가 아니면 인적 있는 곳에 얼씬거리길 꺼린다.

자존심을 잃지 않은 늑대는 사람이 던져주는 풍성하지만 차가운 고기에 길들여지지 않았다. 그저 사냥감이 줄어들더라도 자연에서 포효하고 싶을 게 틀림없다. 늑대가 숲을 뒤흔들며 포효했을 때, 산은 푸르렀고 사람의 마음은 언제나 맑았다.

복원이 두려운 멸종 위기종

2006년 법적 근거를 마련한 환경부는 멸종 위기종의 복원 프로그램을 단계적으로 펼쳐 나가겠다고 발표했다. 밀렵과 분별없는 포획으로 영원히 자취를 감추기 전에, 우리 강산에 어우러졌던 157종의 야생동물과 64종의 식물을 복원하겠다고 약속한 것이다. 개설 이래 생태계 관련 예산을 1퍼센트도 편성하지 않는 환경부는 야무진 의지를 과시했지만 도무지 미덥지 않다. 멸종 위기에 처한 생물종이 어디 221종뿐이겠나? 하지만 이제라도 복원을 구상하겠다니 대견하긴 했다.

예산이 부족하고 힘이 없다는 게 언제나 핑계가 될 수 없지만, 상대적으로 무소불위인 개발 부서와 사전에 조율하지 않았나 보다. 이후 진전되는 소식은 미약하기만 하다. 복원할 동물의 자유로운 행동을 방해할 게 틀림없는 바둑판 고속도로와 4대강 사업, 그리고 산속 깊숙한 곳에 짓는 골프장과 리조트에 환경부는 여전히 관심이 없다. 핵발전소 주변의 고리도롱뇽과 천성산 일원의 꼬리치레도롱뇽이 위기에 처해도 나 몰라라 했다. 보호대상종에서 개발을 귀찮게 할 종들을 제외해온 환경부의 자세는 아직 크게 변하지 않았는데, 복원하겠다는 멸종 위기종의 처지는 잘 알고 있을까?

221종 중 64종을 우선 복원하겠다고 기염을 토한 환경부는 월악산에 비무장지대의 산양 일부를 옮기는데 3억 원의 예산을 확정

동물 인문학

했노라 자랑했다. 3억 원? 액수의 많고 적음을 이 자리에서 따지지
말자. 황새, 크낙새, 수리부엉이와 올빼미를 우선 복원 대상 야생
조류로 선정하고 크낙새 도입을 위해 북한에 협조를 요청했다고
덧붙였는데, 북한 당국과 협의는 언제 했을까? 개발 부서와 사전
에 협의하길 꺼리는 환경부는 외교부의 눈치도 살피겠지. 그러니
북한에서 크낙새 보낸다는 말이 여태 없겠지.

황새 복원을 위해 20년 가까이 적지 않은 연구비를 사용한 한국
황새복원연구센터는 2015년 9월 3일 역사적 첫 방사 행사를 성공
리에 마쳤다. 오랜 준비 과정을 거쳤어도 섣부르게 성공을 장담하
지 않는데, 수리부엉이와 올빼미는 몇 년에 걸쳐 얼마나 많은 예산
과 연구원을 동원해야 성공할 수 있을까? 지금은 어디까지나 구상
단계다. 방생된 지역의 생태계가 전 같지 않다. 아무것도 확신할
수 없는 상황이므로 예단은 무모하다.

남북한 긴장이 줄어들지 않아도 비무장지대에 방사할 사향노
루, 케이블카로 파헤칠 설악산에 자리 잡게 할 대륙사슴, 스키장으
로 겨울마다 떠들썩한 덕유산의 깃대종으로 계획하는 여우, 주말
은 물론 주중에도 사람들이 등 떠밀려 오르내리는 북한산의 상징
으로 대두시킬 표범은 이 땅을 떠난 지 오래 되었다. 제법 넓은 면
적에서 자유롭게 이동하며 짝을 찾고 먹이를 구할 수 있어야 자자
손손 지속가능할 텐데, 그들이 오래 전에 떠난 땅은 시방 더욱 좁
아졌다. 바둑판 고속도로 때문만이 아니다.

복원이므로 조상을 공유해 유전자가 비슷한 외국에서 대상 동물을 도입해야 할 텐데, 그게 어디일까? 무조건 이웃나라? 유전자가 비슷하다고 단정하지 못할 것이다. 문제는 더 있다. 충분한 개체를 도입하지 않는다면 유전 다양성이 부족해진다. 환경 적응력이 부족하고, 생각지 못한 유전병 발현에 속수무책일 가능성도 있다는 건데, 유전적 획일성만이 아니다. 농약을 치지 않는 생태마을에 황새를 풀어놓아도 안전을 확신하기 어렵다. 보호 야생동물만 보면 사나워지는 사람들과 화해가 가능해야 한다.

이미 여러 차례 방사한 지리산의 반달가슴곰도 복원이 성공했다고 장담할 수 없다. 밭을 기웃거리는 멧돼지를 잡으려는 올무는 벌통과 이어지는 오솔길을 가로막는다. 꿀맛과 냄새를 잊지 못하는 멧돼지뿐 아니라 반달가슴곰도 거푸 걸려서 죽었다. 그 현장의 농부들에게 물어보라. 반달가슴곰 피해는 보상해 주어도 멧돼지 피해를 외면하는 정부에 고마워하는 농부는 없다. 먹고 살자고 산간 깊숙이 들어온 농부들을 내몰 수 없는 정부는 밀렵 단속은커녕 실상도 파악하지 못하는데, 전국 국립공원에 떠들썩하게 방생할 멸종 위기종은 옛날 같은 일가를 이룰 수 있을까? 등산객이 던지는 사탕에 쉽게 길드는 반달가슴곰은 당국을 믿을 수 있을까?

황우석 전 서울대학교 교수가 거짓 논문으로 국제 망신을 자초한 이후, 체세포 핵이식 복제로 백두산호랑이를 복원하겠다는 발상이 다시 언급되지 않아 다행이지만, 멸종 위기종 복원에 앞서 고려해야 할 사항은 많다. 그 전에 무엇보다 우선해야 할 사항은 자연에 대한 존경심이다. 지자체 수입을 배려하는 '순환수렵제도'를 계속 고집하는 정부는 물론이고, 이벤트나 언론플레이에 관심이 큰 환경단체, 밀렵꾼을 두둔하는 지역주민, 동물의 왕국을 텔레비전으로 보면서 그린벨트 해제에 찬성하는 전국의 시민들이 자연에 대한 존경심을 회복해야 한다.

사람의 편의를 위해 훼손하는 야생동물의 생태계와 야생동물이 생존할 권리를 먼저 생각하지 않는 복원계획은 공염불에 그칠 공산이 크다. 멸종 위기종 복원은 사람의 눈높이에서 기획하는 이벤트로 성공할 수 없다. 섬 지방에 하얀 민들레가 널렸다는 소문이 SNS에 오르자마자 순식간에 사라지는 풍토다. 요구하는 면적이 넓지 않아도 되는 비단벌레와 같은 곤충도 이벤트는 사양하고 싶을 것이다.

지역 생태계의 가치를 웅변하는 '깃대종'을 우선적으로 복원하겠다는 태도를 부정하지 않지만, 선행해야 할 조건을 잊으면 안 된다. '자연의 이웃'이 볼 때 사람은 파괴의 화신이다. 상처받은 생태계 앞에서 반성하는 태도가 먼저다. 자연의 일원일 때 가장 건강한 사람에게 생태계는 '비빌 언덕'이다. 인간이 없는 자연이라야 대부분의 생물종은 행복하다. 과학기술을 믿고 자신의 비빌 언덕마저 허물어대는 사람에게 가장 심각한 천적은 무엇일까? 복원이 오히려 두려운 멸종 위기종들은 잘 알리라.

11장

◇
　◇

갯벌과 더불어 사라지는 연체동물

1922년 20세 청춘이던 김소월은 어디에 살았을까? 3·1운동 이후 오산학교가 문을 닫자 경성의 배재고등보통학교 5학년에 편입해 졸업한 소월은 1923년, 일본 도쿄 상과대학교에 입학했다고 인터넷 자료는 전한다. 예민한 성격을 가진 그는 경성에서 〈개여울〉을 썼나보다. 그로부터 50년 후, 대학생 정미조는 이희목이 곡조를 붙인 〈개여울〉로 데뷔해 큰 인기를 누렸다.

　　당신은 무슨 일로 그리 합니까
　　홀로이 개여울에 주저앉아서

　　파릇한 풀포기가 돋아나오고
　　잔물은 봄바람에 헤적일 때에

가도 아주 가지는 않노라시던

그러한 약속이 있었겠지요

날마다 개여울에 나와 앉아서

하염없이 무엇을 생각합니다

가도 아주 가지는 않노라심은

굳이 잊지 말라는 부탁인지요

개여울은 "개울의 여울목"이고 여울목은 "여울이 턱진 곳"이라고 남이 알아듣거나 말거나 사전은 전한다. 턱진 곳이라니? 여울이 턱처럼 휘돌아 흐르는 지점인가? 그렇다 치고, 여울은? 수심이 낮아 강이나 바닷물이 빠르게 흐르는 곳이란다. 오겠다고 약속한 연인과 헤어졌던 자리에 나와 하염없이 기다리는 여인의 시상을 약관 20살의 기혼자 김소월은 경성에서 구했을 거 같지 않다. 거기가 어딜까? 화려한 조경하천이 된 지금과 달리 서울 시민들이 버린 쓰레기로 냄새나고 지저분했던 청계천은 아닐 테고, 한강 지천이 흐르던 청량리 일원? 모르겠다. 하지만 그때나 지금이나 '개'라는 접두어는 갯벌이 넓은 바다와 관련된 곳에 자주 붙였다. 혹시, 인천을 찾은 건 아니었을까?

'먼우금'이란 지역이 인천에 있다. 먼우금? '먼오금'에서 온 말이란다. 면오금은 또 뭔가? 오금 사이가 멀다는 겐가? 오금은 "무릎의 구부러지는 오목한 안쪽 부분"이란다. 쉽게 생각하자. 두 다리를 붙이고 의자에 앉았을 때, 오른편 오금과 왼편 오금 사이는 한 뼘도 되지 않지만, 오른 오금의 피가 왼 오금으로 가려면 몸을 크게 한 바퀴 돌아야 한다. 멀다. 그래서 '면오금'이고, 발음 편하게 '면우금'이 되었다는 거다. 인천시 연수구의 오랜 마을이던 동춘동과 연수동 사이의 갯골, 지금은 매립돼 사라진 당시 개여울을 그리 말했다.

바닷물이 가장 먼저 밀려왔다 가장 먼저 썰며 나가는 개여울은 함부로 건널 수 없다. 밀고 썰 때 흐르는 바닷물의 속도가 상당하기 때문이지만, 개펄이 매우 미끄러워 휩쓸리기 십상이기 때문이기도 하다. 그런 개여울 주변에 봄·가을로 수십 무리의 도요새와 물떼새들, 겨울에 수십 종의 오리들이 모여든다. 먹을거리가 넘치기 때문이리라. 가깝지만 먼, 면우금은 이별의 아련함을 상징했는데 개여울도 그렇겠지. 소월이 일찍이 이야기가 풍성하던 면우금을 방문하지 않았을까? 얼마 전까지 조개와 낙지가 흔전만전했던 거긴 진기한 먹을거리가 유혹했을 터.

밟으면 오금까지 푹푹 빠지는 갯벌은 섬을 연락하는 배가 하루에도 여러 번, 부두에 접안하길 망설이게 만든다. 무턱대고 부두에 다가가면 자칫 바닷물이 밀어들 때까지 반나절을 꼬박 꼼짝달싹하지 못한다. 그러니 배 시간이 일정하지 않고, 기상 여건에 따라

끊기기 일쑤다. 열아홉 순정의 마음을 빼앗은 선생님이 약속을 남기고 홀연히 떠나면 섬 처녀는 허구한 날 개여울에 나와 앉아 기다렸을지 모른다. '개 건너'가 아무리 가까워도 건널 수 없으니 주저앉을 수밖에.

갯벌에서 걷는 건 아무래도 불편하다. 오른발을 들면 왼발이 푹 빠진다. 하지만 안전하다. 바닷물이 나가자마자 갯벌에 들어가 바닷물이 다시 들어오기 전에 빠져나오면 안심할 수 있지만 오금까지 푹푹 빠지며 조개 캐고 낙지 잡는 재미에 빠진 꼬마들은 시간 가는 줄 모른다. 저편 먼 바다에서 빛이 번쩍이면 바닷물이 밀어든다는 신호다. 그야말로 순식간에 바닷물이 밀고 들어온다. 허둥지둥 뭍으로 나오려 발을 옮기지만 쉽지 않다. 여름방학 마친 첫 운동장 조회에서 인천의 한 초등학교 교장선생님은 어떤 아이의 이름을 부르며 애도했다. 그로부터 50여 년, 인천 앞바다는 드넓던 갯벌을 잃었다. 조개와 낙지, 밴댕이와 꽃게, 조기와 민어, 그리고 이야기도 잃었다.

하늘이 준 우리 갯벌

갯벌이 영어로 "Get Pearl"이라고? 진주조개는 갯벌에서 나오지 않는다. "Get Pearl Tower"로 명명한 21층 규모의 건물은 송도 신도시 부지가 맹렬히 매립되던 2000년대 초부터 갯벌을 깔고 앉았으면서 "Get Pearl"이라니. 자연에 대한 조롱인가 경멸인가? 갯벌에서 얼마나 많은 먹을거리를 세세만년 받았으면서, 이런 결례가 없다. 굴삭기와 과학기술을 앞세운 인간의 배은망덕이 아닐 수 없다. 황금, 아니 진주를 낳는 검은 오리, 갯벌을 모독한다.

식탁의 고기가 요즘처럼 풍요롭기 전, 우리는 동물성 단백질을 어디에서 보충했을까? 사위가 와야 닭 한 마리 잡던 조상은 마을 어떤 집의 특별한 날에 돼지 잡아 가끔 동네잔치를 벌였어도 소를 잡는 경우는 몹시 드물었다. 여름철 몸이 허해졌을 때, 키우던 개 잡는 사람이 좀 있었고, 겨우내 영양 부실했던 산골 마을 주민들은 개구리로 단백질을 보충했지만 그 양은 그다지 많지 않았다. 조상이 먹었던 단백질은 상당 부분 바다에서 나왔다. 돈줄이나 있는 집은 조기, 민어, 대구를 밥상머리에 올렸고 그리 못되는 집은 망둥이나 꽁치, 조개젓과 꼴뚜기젓에 의존했을 테지. 삼면이 바다, 인구가 많은 서해안에 갯벌이 드넓었기에 동물성 단백질원은 사시사철 밥상에 올라갔을 터.

1997년, 《네이처nature》는 세계의 생태계 서비스 총액이 해마다 33조 달러에 달한다고 계산한 논문을 발표했다. 당시 세계 총생산의 절반에 가까운 액수였는데 그 중 3분의 2가 바다에서 나온다고 덧붙였다. 바다가 제공하는 단백질원만 따졌다면 아쉬운 노릇이다. 지구에서 생산되는 산소의 약 70퍼센트가 바다에서 나온다. 자연정화 능력은 또 어떤가? 거기에 심미적 가치, 문화적 가치, 그리고 경관적 가치까지 더한다면 바다의 가치는 육지의 두 배 정도에 머물지 않는다.

바다 중에서 생태적 가치가 가장 높은 곳은 대륙붕이고, 대륙붕 중에서 단연 갯벌이다. 세계의 해양학자들은 면적으로는 5번째지만 생태적 가치로 볼 때는 최고라고 우리나라 갯벌의 가치를 평가했단다. 그도 그럴 게, 조수간만의 차가 큰 만큼 조간대가 드넓지 않은가. 서해안 갯벌은 해안에서 수 킬로미터로 펼쳐졌다. 그 넓은 조간대에 날아드는 도요새와 물떼새, 오리와 기러기 종류의 종 다양성은 철새를 연구하는 조류학자들도 혀를 내두를 정도다. 우리 갯벌은 반드시 보전해 주기를 국제사회가 권고하는 '람사 국제 보호 습지'에 해당하는 '세계 3대 철새 이동통로'이기도 하다.

우리나라 서편, 드넓은 갯벌의 개흙(뻘) 1그램에는 10억 마리 이상의 식물성플랑크톤이 있다고 한다. 그만큼 생물 밀도가 대단히 높고, 식물성플랑크톤이 생산하는 산소 생산량도 엄청날 게 틀림없다. 따라서 식물성플랑크톤을 먹는 동물성플랑크톤이 많을 게고, 그 플랑크톤을 먹는 온갖 동물이 풍요로울 수밖에 없다. 뻘을 조금만 뒤집어보자. 백합, 가무락, 바지락, 동죽과 같은 조개 무리가 모습을 켜켜이 드러낸다. 갯벌이 게 있기에 꽃게, 박하지, 칠게, 밤게, 콩게들이 어우러지고 각종 새우들이 바다에 몸을 숨기는데, 이들은 대개 탄산칼슘($CaCO_3$) 껍질을 가진다. 탄산칼슘은 대기 중

동물 인문학

의 대표적 온실가스, 다시 말해 이산화탄소(CO_2)를 효과적으로 제거한다.

갯벌이 육지의 서쪽에 있는 게 우리의 큰 자랑이다. 산소가 충만해 신선한 바람을 서해안에서 육지 쪽으로 공급할 뿐 아니라, 넓은 갯벌에서 증발하는 막대한 수증기로 금수강산을 촉촉하게 적시지 않던가. 광활한 갯벌의 빼어난 정화능력도 주목해야 한다. 바지락 한 마리가 한 시간에 18리터의 물을 정화하는 갯벌 1평방킬로미터는 대형 하수종말처리장 하나 이상의 정화 능력과 맞먹는다니, 인천과 경기도 해안에 펼쳐졌던 갯벌이 여태 보전돼 있다면 민원이 시끄러운 하수종말처리장이 없어도 수질오염을 자연스레 해결할 수 있겠지.

한때 건물을 세울 수 없고 자동차도 다니지 못하는 까닭에, 갯벌을 못 쓰는 땅으로 치부했던 적이 있었다. 갯벌의 가치를 인식하지 못했던 시절의 이야기지만, 안타깝게도 아직도 그 관행을 버리지 못하는 이가 여태 바닷가의 개발을 주도한다. 최근에도 논으로, 공장부지로, 공항으로, 아파트 부지로 갯벌을 계속 매립해왔고 매립한 곳에 조성된 공장과 건물들은 자동차들과 더불어 이산화탄소와 대기오염 물질을 낮밤을 가리지 않고 내뿜고 있다. 갯벌에서 채취하는 단백질의 가격에 비해 개발로 벌어들이는 돈이 더 많다는 논리를 여전히 내세우면서.

사실 우리 갯벌의 매립은 고려시대 때부터 부분적으로 이루어

졌다. 농민들이 삽으로 소박하게 매립할 적에 갯벌의 생태적 피해
는 대체로 무시될 수 있었지만 땅의 부가가치에 눈이 어두운 기업
과 정부가 중장비를 집중 동원하며 본격적으로 매립하면서 갯벌
은 돌이킬 수 없이 파괴되었다. 한없이 제공하던 단백질을 물론,
생태적 안정성마저 희생되고 말았다. 매립한 갯벌에 농토를 일궈
쌀을 수확하게 한 후, 공출이라는 명목으로 몽땅 빼앗아갔던 일제
가 제정한 이른바 '공유수면매립법'이 아직까지 청산되지 않았기
때문일 텐데, 그 법은 누구의 재산일 수 없는 공유수면을 매립하면
매립한 자에게 소유권이 돌아가도록 보장해주는 까닭이다. 청산
하지 않은 공유수면매립법이 그렇듯 가진 자의 탐욕을 부추긴다.
그 결과 우리나라 갯벌의 대부분은 현재 위기에 처해 있다.

매립으로 인한 막대한 이익은 당장 개발자의 수중에 들어가지
만 한시적인데, 피해는 영구적이며 사회적 약자와 후손에게 전가
된다. 억척스런 아낙들이 맨손으로 채취했던 갯벌의 다채로운 단
백질원이 퇴출된 이후 농약 흥건한 수입 사료로 살찌운 육류의 소
비가 늘어났지만 우리 시민들의 몸은 전에 없던 질병에 노출되고
말았다. 고혈압, 뇌와 심혈관 질환, 당뇨병, 대장암과 유방암 같은
퇴행성 질환이 그것이다. 그런 식단은 가난한 나라의 식량 사정을
더욱 어둡게 만들고 세계의 기후와 환경은 그만큼 악화되었다. 날
이 갈수록 늘어나는 우리 어린이들의 아토피성 피부병은 무엇을
웅변하나? 언론마다 걱정을 더하는 지구온난화와 세계 곳곳의 기

동물 인문학

상이변은 결코 우연이 아니다. 눈앞의 탐욕이 빚은 필연이다.

《네이처》가 자연의 혜택을 돈으로 계산하자, 우리 해양연구소도 갯벌의 생산성은 육지 생산성의 최고인 논보다 무려 3배가 넘는다고 발표했다. 풍수해를 완충하는 가치와 심미적 가치까지 따지면 5배가 넘을 것으로 평가하는 학자도 있었다. 갯벌에서 단백질원을 채취하는 어부들은 김을 매지 않아도, 비료와 농약을 뿌리지 않아도, 농한기 없이 사시사철 일정한 소득을 챙길 수 있었다. 이렇다 할 장비도 기술도 힘도 필요 없이 그저 억척스러움만 있으

면 누구나 일용할 어패류를 충분히 채취할 수 있기에 '맨손어업', 또는 '관행어업'이라 했다. 작년에도 재작년에도, 시할머니가 처음 시집왔을 때도, 그 시할머니의 시할머니가 시집왔을 때도 그랬다. 썰물을 따라 들어가 허구한 날 한 가마니 이상 잡고 또 잡아도 언제나 그만큼의 먹을거리를 내주는 갯벌은 갯일 하는 아낙네만의 소득원에서 그치지 않았다. 우리 민족 역사의 오랜 단백질 원천이자 문화였다. 서양의 경제학은 고개를 갸웃해야 했다. 그때 우리는 소득이 낮았지만 후진국의 지표보다 엥겔지수가 유난히 낮았다.

봄과 가을 무렵 넓은 갯벌을 뒤덮을 듯 몰려다니는 도요새와 물떼새, 겨울철이면 습지마다 빼곡하게 모이는 수많은 오리와 기러기 무리는 우리나라에서 흔한 나그네새와 철새지만, 그들이 정작 퍼져 사는 지역에는 무척이나 보기 어려운 존재라고 한다. 도요새와 물떼새를 보아야 그 지역의 농부들은 기쁜 마음으로 들로 씨 뿌리러 나가고, 화가는 화구를 챙기며, 시인은 시를 쓴다고 한다. 최근 호주와 뉴질랜드 일원의 원주민들은 우리나라 당국에 갯벌 보전을 간절히 부탁한다고 조류학자와 문화인류학자들은 전한다. 그 지역에서 도요새와 물떼새들은 봄의 전령이요 희망이기 때문이라는 거다.

마르지 않는 산소와 수분 공급처인 갯벌은 생명체의 필수 원소인 황의 절대적 순환장소라고 제임스 러브록은 《가이아》에서 주장했다. 갯벌은 자연정화 장소일 뿐 아니라 수많은 어류의 산란장

동물 인문학

이고 해산물의 무궁한 보고다. 육상의 모든 생물은 바다에서 기원했고, 지금도 동물 분류군의 대부분은 바다에 산다. 인간도 결국 바다에서 진화한 것이다. 따라서 바다는 지구촌 수많은 생명체의 자궁인 셈이고, 그중 '스스로 그러한' 자연의 가치가 빼어난 갯벌은 현재를 살아가는 인간들의 '생명의 끈'이다.

기가 막힌 서해안의 산낙지

수수께끼. '산낙지'의 반대는? '죽은 낙지!' 맞다. 하지만 정답은 더 있다. '들낙지', '공짜 낙지'도 있다. 머리를 긁적이는 이에게, 수수께끼를 낸 이는 '알칼리 낙지'라는 답도 재치 있게 추가해준다. 물론 우스개인데, 산개구리와 산토끼도 비슷한 수수께끼와 답을 이을 수 있겠지.

비록 뼈가 없지만 중추신경계가 있는 만큼 통증을 느낄 게 분명한데, 우리나라 사람들은 대개 살아있는 상태로 낙지를 요리한다. 그래서 산낙지란다. 회는 물론이고 연포탕이나 해물탕을 내놓는 식당은 끓는 육수에 낙지를 넣고 꾸물거리는 모습이 보이도록 냄비를 유리 뚜껑으로 덮는다. 얼큰한 볶음을 주문하더라도 수족관 유리에 붙어 있는 걸 보고, 산낙지를 내놓을 거라 손님들은 막연히 믿는다. 요리 과정에 피를 흘리지 않는 연체동물이라 그럴까?

낙지는 가을이 제철이란다. 제일 쫄깃쫄깃하다나? 수입한 냉동 낙지가 넘치는 요즘에야 계절에 관계없지만, 가을에 잡아야 영양이 넘치고 살에 탄력이 붙는단다. 먹이가 드물어지는 겨울로 접어들기 전에 충분히 먹어두려는 습성 때문이겠지. 보통 30센티미터 아래의 갯벌에 몸을 숨기며 길이가 가장 긴 첫째 발을 밖으로 내놓는 낙지는 칠게나 갯지렁이를 감지하자마자 번개처럼 튀어나온다. 빨판이 달린 발로 움켜쥐고 단단한 이빨로 먹이를 뜯는데, 갯벌 위를 펄쩍펄쩍 뛰어다니므로 아무래도 가을낙지가 제격이라는 해석이 없어진다.

육수가 펄펄 끓는 탕에 들어가든, 무거운 칼로 난도당해 넓은 접시에 꾸물꾸물 담기든, 낙지는 역시 토실토실한 다리가 먹기 그만인데, 다리가 가는 세발낙지는 좀 더 호기 있게 먹어야 한단다. 한 마리를 우악스럽게 쥐어 나무젓가락에 둘둘 말곤 입에 통째로 넣어야 멋지다는 세간의 평가를 받으므로. 산 채로 입에 넣고 한참을 씹은 뒤 식도로 넘긴 이의 입은 순간 어떨까? 턱 근육이 얼얼할 정도로 강력하게 서둘러 움직여 삼킨 뒤 씨익 웃을 때, 이빨 사이에 시커먼 먹물이 드러날 테지. 깜깜하고 뜨겁고 습기 가득한 입안에서 마지막 먹물을 내뿜고 절명한 낙지의 처지는 전혀 고려 대상이 아니다. 어부에 들켜 더 깊은 갯벌로 들어갔던 낙지는 가드다란 삽을 쥔 어부의 부지런함을 피하지 못한다. 낙지는 그런 운명에 순응하고 싶지 않으리라.

동물 인문학

낙지에 카드뮴이 많다고? 우리가 흔히 머리라고 부르는 낙지의 외투막은 커봐야 8센티미터. 그 안에 심장을 비롯해 소화기관과 생식기관, 그리고 먹물을 만드는 내장을 가졌지만 결코 카드뮴을 합성하지는 않는다. 카드뮴은커녕 어떤 중금속도 멀리하고 싶겠지. 비슷하게 생긴 연체동물이 대부분 그렇듯, 뛰어난 시력을 가졌어도 갯벌에서 사람 이외에 두려워 할 천적이 거의 없는 낙지는 그만 피하지 못했을 뿐, 내장에 카드뮴을 일부러 함유하는 건 아니다. 카드뮴을 가진 칠게나 갯지렁이를 먹었을 터. 칠게나 갯지렁이도 카드뮴을 합성하지 않는다. 육지에서 쏟아진 유기물이 쌓이는 개흙을 게걸스레 먹었을 따름이다. 예전이 없던 일이다.

북반구를 거의 뒤덮은 빙하가 녹은 뒤 해수면은 상승했고, 이후 하루에 두 차례 영종도와 용유도 사이를 어김없이 밀고 당겼던 바닷물은 거대한 제방이 가로막은 1990년대 중반부터 1400만 평의 갯벌에서 흐름을 잃었다. 당시 세계 최대였던 시카고 오헤어 공항보다 두 배나 넓은 공항을 짓는다는 걸 자랑하고 싶은 사람들이 제방 밖의 바다에서 갯벌을 연실 준설해 제방 안에 해수면보다 높게 부었던 시절에 영종도 인근의 무의도를 찾은 적 있다. 여객선을 놓쳐 어선의 신세를 진 우리는 소박한 플라스틱 통에 담은 낙지를 흥정했는데, 하루 수백 마리는 너끈했다던 어부는 이제 쉰 마리도 감지덕지라고 푸념했다. 그 언저리였을까? 냉동은 물론 산낙지까지, 손님들은 중국산인지 의심하기 시작했다.

3월 3일이 '삼겹살 데이'이고 11월 11일이 '가래떡 데이'라는데, 8월 8일이 아닌 10월 20일이 '낙지 데이'가 될 것인가? 뭐 그런 거 같지는 않다. 구내식당의 점심을 위해 전라남도 무안군에서 세발 낙지 2700마리를 공수해온 서울시가 2010년부터 10월 20일을 '낙지 데이'로 호명했지만, 이후 떠들썩한 행사는 반복되지 않았다. 방송 카메라 앞에서 낙지 한 마리 이상 들어간 비빔밥을 다 비운 서울시 공무원은 "맛이 일품인 밥 한 끼로 시름에 잠긴 어민을 도와주었다"며 뿌듯해하면서 일과성으로 그치지 않을 것임을 강조했지만 무안의 어민들은 감읍하지 않았다. 아니? 서울시를 원망했다. 기준치를 크게 넘는 카드뮴이 낙지 머리에 들어 있다며 판로를 막을 땐 언제고, 이제 와 생색이라니!

매립이 그치지 않는 경기도 일원에 갯벌다운 갯벌은 거의 남아 있지 않다. 새만금 간척사업 이후 전라북도도 망가졌다. 청정한 갯벌은 전라남도뿐인데, 무슨 억하심정이 있는지, 하필 가을 낙지를 잡을 무렵 서울시는 카드뮴 오염이 심하다는 방을 천지사방에 붙였다. 그리고 며칠 뒤 식품안전의 최고 전문기관을 자처하는 식품의약품안전처가 괜찮다고 했건만 서울시는 물러서지 않았다. 구체적 수치까지 들먹이며 식품의약품안전처를 머쓱하게 만든 건데 이런, 중국산 낙지가 섞였다는 게 아닌가! 쌓인 재고를 팔지 못한 어민에게 서울시가 미안했던 걸까? '낙지 데이'를 선포하며 점심쇼를 기획한 건데, 실수는 실수를 부른다지? 전라남도 갯벌의 낙

동물 인문학

지는 안전하다고 하면서, 굳이 내장을 제거한 게 아닌가. 죽은 낙지로 요리한 거다.

서울시의 실수 연발로 전라남도 어민이 부글부글 끓을 때, 서울시의 한 구청은 무안군 갯벌에서 400마리의 낙지를 가져와 내장이 포함된 메뉴를 구내식당에 내놓았다. 산낙지였다. 비록 오염되었더라도 일주일에 두 마리 이상 평생을 먹어도 건강에 아무 지장이 없는 농도에 불과하다고 발표해 서울시 담당자를 발끈하게 한 식품의약품안전처의 주장을 믿기로 했나보다. 전문기관의 과학적 권위를 인정한 구청과 그렇지 않은 구청의 상급기관이 벌인 쇼는 일과성이었다. 당시 언론은 쇼에 관심을 보였을 뿐, 중국산 낙지가 카드뮴에 얼마나 그리고 어떻게 오염되었는지는 일체 보도하지 않았다. 이벤트가 끝났다고 여겼는지, 중국에서 수입하는 해산물이 늘어나는 우리 식탁은 얼마나 안전한지, 지금까지도 관심을 보이지 않는다.

카드뮴은 1950년대 일본을 긴장하게 만든 '이타이이타이병'의 원인이다. 정화처리하지 않은 아연 제련공장의 폐수가 문제를 일으켰다. 폐수가 스며든 우물에서 식수와 농사용 물을 해결하던 농민들의 뼈에서 칼슘 성분이 빠져나간 것이다. 기침으로 뼈가 부러지고 진맥하려 살짝만 잡아도 손목이 부서지는 환자들은 얼마나 아팠을까? 아파서 "이타이이타이" 하고 신음하다 120명이 넘게 숨졌지만, 이후 일본에서 같은 질병이 반복되었다는 소식은 듣지 못

했다. 해안으로 정화하지 않은 공장폐수를 거침없이 배출하는 중
국의 앞바다는 악취가 심하다는데, 우리가 먹는 산낙지의 외투막
속은 여전히 기준치 이하를 과시할까? 또, 중국에서 우리나라로
수입되는 어패류는 낙지에서 그치지 않을 텐데.

　인천공항은 완성되었지만 그 주변 갯벌에서 낙지 생산량은 늘
어나지 않았다. 낙지만 줄어든 게 아니다. 인천 앞바다에 흔전만전
했던 꽃게도, 조개와 아귀도 자취를 감췄다. 조수간만의 차이가 유
별난 우리 서남해안의 바닷물은 태평양과 연한 동해안과 달리 확
산되지 못하며 황해 안에서 맴도는데, 중국 서해안의 바닷물과 섞

　　　　　　　　　　　　　동물 인문학

이지 않을까? 갯벌을 매립한 지역에 조성한 우리 공업단지는 중금속을 철저히 제거한 폐수를 바다로 내보낼까? 매립한 갯벌이 넓지 않고 매립한 땅에 공장이 드문 전라남도의 갯벌은 여전히 청정한 걸까? 그랬으면 좋겠는데, '낙지 데이'가 흐지부지 사라진 세상에 서울시도 식품의약품안전처도 관심을 껐다.

어부의 재빠른 삽 놀림에 드러나 잠시 플라스틱 통에 들어갔던 낙지들은 기가 막혔을 것이다. 소비자가 외면하면서 폐사했기 때문이지만, 어부의 삽 놀림도 모른 채 매립돼 사라진 낙지들과 다른 이유로 기가 막혀야 했겠지. 기준치만 따질 뿐, 뼈 없는 연체동물이 어떻게 카드뮴에 오염되었는지 파악하지 않았기 때문인데, 그건 전라남도 갯벌마저 매립 예정에서 자유롭지 못한 지금도 마찬가지다.

터전 지키는 백합에 감사하며

새천년을 맞이하여 첫 번째 열린 어린이날. 이 땅에 첫 조상이 터 잡은 이전부터 지금까지 수천 년 이상 전라북도 김제와 부안 일원의 갯벌을 지켜오던 백합은 일단의 어린이들이 모인 새만금 간척 현장에서 특별한 상을 받았다. 2000년 5월 5일, 자연의 사용가치가 아니라 존재가치를 옹호하는 '풀꽃세상을위한모임'은 "모든

갯벌 생명체를 대신하여 조개 중의 조개라 불리는 백합이 세세만
년 갯벌에서 살아가기를 간절히 바라는 마음"으로 제5회 '풀꽃상'
본상을 드리고, 새만금 갯벌의 생명권은 조상들이 우리에게 물려
주었던 그대로 앞으로도 계속되어야 한다는 확신으로 '미래세대
환경소송'을 제기한 이 땅의 자랑스러운 어린이들에게 풀꽃상 부
상을 드린 것이다.

"단순한 개흙이 아닌 생명체 덩어리." 갯벌을 전공하는 해양학
자들은 그렇게 말한다. 깃든 생물의 종류나 양, 심지어 칼로리나
수확물의 가격으로 볼 때에도 육상의 어떤 생태계보다 생산력이
훨씬 높은 갯벌 중, 강 하구와 이어져 모래가 많이 섞이는 갯벌에
백합이 산다. '미래세대 환경소송'은 백합이 살고 있는 새만금 갯
벌을 보호해 달라는 법정 소송이었다. 조상들이 현재 세대에게 풍
요로운 자연을 있는 그대로 물려준 것처럼, 현재 세대도 미래 세대
에게 훼손되지 않은 자연을 물려주어야 당연할 터. 물경 1억 2000
만 평을 넘나드는 새만금 갯벌을 미래 세대의 몫으로 남겨달라고
현재 세대에게 호소한 것이었다.

크기가 커서 '대합', 조개 중의 조개라서 '상합'이라는 별칭이 따
라다니는 백합. 풀꽃상을 받고 그 이름이 비로소 사바세계로 알려
졌지만, 진한 회갈색 바탕에 뾰족한 삼각 무늬가 다양하게 산재한
껍질을 가졌는데, 안쪽이 백합꽃처럼 하얗기에 백합일까? 조개의
이름을 껍질 안쪽 색으로 붙이는 경우는 없다. 새만금 갯벌이 있는

동물 인문학

부안 사람들이 입 꽉 다물고 오래 산다고 하여 '생합'이라 하는 백합은 껍질의 둘레가 100밀리미터라서 백합으로 불렸다는 설도 있지만, 다 자란 백합의 가로 길이가 10센티미터 이상이므로 둘레는 사실상 100밀리미터보다 훨씬 길다. 100가지 무늬가 있기 때문에 백합이라는 설이 정설이 아닐까 싶다.

　조개탕으로 끓여먹는 동죽이나 젓갈과 칼국수에 들어가는 바지락, 그리고 제법 토실토실한 가무락과 격을 달리해도 한참 달리하는 백합은 '귀족 조개'라는 애칭에 걸맞게 궁궐의 진상품이었다. 백합을 배불리 먹은 당나라 군사들이 그때부터 힘을 써 나·당 연합군이 승리하게 되었다는 전설이 전해오는 변산반도와 계화도 일원에서 백합은 단순한 소득원이 아니었다. 문화이자 역사였다. 그러므로 백합으로 생계를 이어가던 계화도 주민들의 백합 예찬은 남다를 수밖에 없는 일. 고급 패류답게 철분, 칼슘, 핵산, 타우린과 필수 아미노산이 골고루 들어 있어 영양도 으뜸이고 맛도 그만이라는데, 과연 조개 중의 조개다. 그런 백합은 어떻게 먹어야 좋을까? 먹긴? 음미해야겠지. 독특한 향기가 깊은 백합죽과 백합탕만이 나그네를 유혹하는 게 아니다. 해감이 필요 없는 구이와 회도 시인의 표현을 무색하게하리라.

　이미 사라졌지만, 인천 갯벌에도 백합이 드물지 않았다. 조간대 모래 갯벌 층의 10에서 15센티미터 아래에 구멍을 파고 들어가 살며, 수온이 따스해지는 7월 중순부터 8월 중순 사이에 600만에서

700만 개 정도의 알을 낳아 번식하는 백합이 인천을 외면했을 리 없다. 왜 사라진 걸까? 갯벌에 가득한 식물성플랑크톤을 주로 먹으며, 부화 후 7~8년이 지나 최대로 성장하는 백합의 천적으로 연구자들은 큰구슬우렁이나 피뿔고둥을 지목하지만, 백합이 볼 때 터무니없다. 3년도 채 자라지 않은 어린 백합까지 싹 쓸어가는 인간이 있는데 우렁이나 고둥이라니! 터전을 매립하는 인간만큼 무서운 천적은 백합에게 없겠지.

우리나라 서해 일원과 중국에서 나온다지만 이제 옛말이 된지 오래다. 채취량의 80퍼센트를 차지하던 부안 계화도나 김제 심포 갯벌의 백합이 최고였지만, 지금은 전설이 되었다. 금강과 만경강, 동진강 하구에서 유입되는 퇴적물이 오랜 세월 축적되었지만 막혔기 때문이다. '조국 근대화론'으로 육지로 변하기 이전의 계화도 주민들은 백합을 부안으로 가져가 쌀과 바꿨다는데, 바로 그 일원의 갯벌을 새만금이라 칭한 정부 당국은 1991년부터 언제 끝날지 모르는 거대한 매립공사를 분명한 목적 없이 막무가내로 진행하고 있다.

뚜렷한 개발 청사진 없이, 군산 내초도를 거쳐 고군산 열도를 지나 부안 해창까지 여의도의 130배인 무려 1억 2000만 평의 갯벌을 간척하는, 단군 이래 최대의 매립공사가 진행 중인 새만금 일원은 10여 년 전까지만 해도 5톤짜리 배 한 척이면 하루 1톤 이상의 백합을 걷어올 수 있었던 천혜의 터전이었다. 그런데 장장 33킬로

동물 인문학

미터의 세계 최장 방조제로 바닷물을 가로막자 백합의 생산량은 곤두박질쳤다. 생산량? 물론 새만금 일원의 갯벌에 터 잡은 백합은 동의하지 않았겠지. 그냥 잡혔던 거겠지.

따뜻한 감성을 지닌 사람들이 드리는 '풀꽃상'을 받은 새만금의 백합은 갯벌은 물론 갯벌에서 맡는 자신의 역할을 자랑하지 않았을 것이다. 한반도에 만경강과 동진강이 생기고, 그 강물이 서해안으로 흘러들기를 수천 년, 자연이 만든 광활한 갯벌에 뿌리내린 이래, 변화 없이 자신의 터전을 지켰을 뿐이었다. 바닷물이 하루 두 차례 들고 나가는 한, 갯벌에 들어온 사람들이 허구한 날 호미로 뒤집고 '그으리'를 밀며 백합을 잡아들여도.

개화도 주민들이 그으리를 내버린 그 자리에 진공펌프를 동원한 자본이 나타나 작은 백합까지 싹 쓸어간다는 소문이 들렸다. 진공으로 제거되는 갯벌은 여간해서 회복되기 어려운데, 맛나고 아름다운 백합을 앞으로 다시는 만나지 못하게 된다면 어떻게 하나?

사람은 쌀만 먹는 게 아닌데, 확정되지 않아 수정을 거듭하는 계획을 무책임하게 내놓는 새만금 간척사업만이 걱정의 전부가 아니다. 갯벌마다 흔전만전하던 어패류를 잃어가지 않던가.

유전자가 조작된 사료를 먹여 대량으로 사육해 얻는 쇠고기, 돼지고기, 닭고기가 광우병, 구제역, 조류독감으로 위협해도 우리 식탁을 수천 년 동안 보장했던 갯벌이 있어 안심하려 했는데, 갯벌이 사라지면 백합만 잃는 게 아닌데, 우린 앞으로 어떻게 살아가나.

삶터를 빼앗긴 바지락

비룡飛龍, 즉 '날아오르는 용'이 상징인 대학이 인천에 있다. 그 대학은 축제가 무르익을 때, 반드시 비가 온다는 속설이 전설처럼 내려온다. 믿거나 말거나. 용이 승천하기 때문이라나 뭐라나. 공부에 지친 대학생들이 중간고사를 치른 후, 긴장을 모처럼 풀고 맞이하는 축전은 나름대로 개성과 낭만이 있었다. 타 대학의 이성 친구를 초청해 동아리나 학과에서 마련한 전시회나 공연을 관람했던 시절이었지만, 일찌감치 고시나 입사 준비에 매달리거나 공부보다 치장이 소중한 학생들이 캠퍼스 분위기를 주도하는 요즘, 개성과 낭만이 사라진 대학 축전은 진동하는 막걸리 냄새에 장악되었다.

1997년, 그 날도 비가 주룩주룩 내리는 가운데 그 대학의 축전은 막걸리 냄새로 마무리되고 있었다. 그런데, 분위기가 색다른 주점 하나가 눈에 띄었다. 솜씨가 어설픈 대학생들이 대충 만든 파전으로 교수들 바가지 씌우는 얼치기 주점이 아니었다. 검게 그을린 피부에 수염이 덥수룩한 청장년들이 천막 한쪽에 서성이는 가운데 학생회 간부들이 붉은 머리띠 두른 아저씨들과 마주앉아 있는 게 어딘가 모르게 비장해 보이는 주점이었다. 머리에 수건 두른 몸빼바지 아줌마들이 주방을 점령하고, 갖은 양념 넣고 제대로 익힌 안주거리를 푸짐하게 내오는 그 주점은 영흥도 주민들이 마련한 '바지락 한마당'이었다.

싱싱한 바지락을 비롯하여 소라와 가리맛, 그리고 이름은 생소하지만 씹히는 맛이 일품인 '쏙'을 듬뿍듬뿍 내주는 영흥도 주민들이 대학교 축전 한 귀퉁이에 인심 좋은 좌판을 왜 깔았을까? 학생회와 농활로 인연을 맺었기 때문이 아니었다. 전단 뿌리는 영흥도 청년들의 안내를 받고 어색한 표정으로 들어와 앉은 학생들에게, 중국산 석탄을 태우는 화력발전소가 영흥도에 가동되면 인천의 대기는 질소와 황산화물로 더욱 오염될 뿐 아니라 이렇게 실한 바지락도 사라지고 말 것이라는 사실을 알리려고 먼 길을 마다하지 않은 것이다.

타우린을 비롯한 비타민과 철분, 그리고 각종 미네랄이 풍부해 간 기능 개선과 빈혈 예방은 물론, 비만을 막고 콜레스테롤 수치를 낮추는 효과가 있다고 선전해 마지않는 바지락은 우리나라 갯벌에서 가장 많이 채취되는 대표적 조개다. 젓갈은 물론 국물 시원한 칼국수에 듬뿍 들어가는 조개로 유명한데, 해물을 재료로 하는 서양요리와 잘 어울려 최근에는 스파게티나 파스타에 바지락을 넣는 퓨전요리가 등장했다고 한다. 하지만 노릇노릇한 파전과 부침

개를 선호하는 주당들은 껍질 벗긴 바지락을 바로 초고추장에 찍어 먹거나 껍질째 구워먹는 편을 택하겠지.

밀물과 썰물이 교차하는 모래와 자갈이 섞인 갯벌을 좋아하는 바지락은 한낮은 덥지만 아침저녁으로 쌀쌀한 초여름과 초가을 두 차례 산란하며, 성장이 빨라 종패를 뿌릴 경우 3년이 지나면 계란처럼 부푼 4센티미터 이상의 성체를 평당 10킬로그램까지 채취할 수 있을 정도라 한다. 무늬가 방사상으로 퍼지는 바지락을 채취하는데 특별한 기술이나 장비는 필요 없다. 호미와 주워 담을 망태, 그리고 억척스러움만 요구하는 까닭에 갯일은 전통적으로 아낙네의 몫이었다. 썰물 따라 나가 펄 반 바지락 반인 갯벌에서 한두 시간 비지땀을 흘린 억척어멈들은 하루 삼사만 원, 한 달이면 족히 백만 원이 넘는 수입을 올렸고, 자식 공부시키고 대처에 집 한 칸 장만할 수 있었다.

"바지락이 맞나 반지락이 맞나?" 중부 지방에서 '참조개', 그 아래 지방에서 '반지락'이라 했는데, 바지락이라 칭한 남도의 판정승이지만 사람들이 저를 어떻게 부르던지 상관하지 않는 바지락은 한반도 황해 연변의 넓은 갯벌을 터 삼아 수천 년을 살아왔다. 그렇다. 살아왔다. 하지만 지금은 살기 어렵다. 눈에 띄게 사라져간다. 중국산 바지락이 절반 값으로 밀려들기 때문은 아니다. 언제나 그 자리에 그렇게 있던 바지락이, 개발을 앞세우는 사람의 탐욕에 의해 수천 년 이어온 터전을 송두리째 빼앗기기 때문이다.

동물 인문학

갯벌 1400만 평을 메운 인천공항은 영종도 일대의 바지락을 괴멸시켰다. 535만 평에서 640만 평으로, 다시 1200만 평에서 2900만 평까지 확대를 거듭하려 고집하는 송도 신도시는 4개 어촌계의 생존권을 지워버렸고, 이미 일대의 바지락도 괴멸되었다. 운 좋은 바지락은 화석으로 남겠지. 시화호 앞 갯벌은 어떤가? 팔당호보다 많다는 시화호의 폐수를 일제히 쏟아 버린 1996년, 선재도 일원의 바지락은 볼품없이 썩어 들어갔다. 머지않아 세계 최대의 온실가스 배출원으로 등극할 영흥도의 석탄화력발전소는 바로 앞바다의 실한 바지락들을 석탄과 석탄재로 매립할 거라 선언했고, 그 계획은 현재 유효하다.

바지락의 멸종은 특산품 하나가 사라지고 지역 주민의 생존권이 위축되는 의미를 넘어선다. 문화와 역사가 깃든 갯벌이, 생명이 살아 숨 쉬던 바다가 사라지는 것을 뜻한다. 반대하는 주민과 환경운동가를 공권력으로 구속시키고 찬성하는 주민에게 거액의 지역발전기금을 쥐어주었던 석탄화력발전소 추진 세력은 시민들을 로봇 취급했다. 바지락의 삶터가 자신의 터전인 주민에게 바지락 없어도 전기가 넉넉하면 더 잘살 수 있다며 회유하지 않았나. 지금 영흥도에는 6기의 석탄화력발전소가 가동 중이다. 게다가 8기 넘는 추가 건설을 예정해 놓았다.

비가 오나 눈이 오나 바람이 부나, 부안시장에서 바지락을 팔던 할머니는 인심이 후했다. 한 종지를 사도 덤을 꼭 챙겨준다고 새만금 간척사업을 반대하는 부안군 주민은 이야기했지만 추억이 되었다. "반지락은 해창 것이 최고였어, 여태 그만한 반지락 못 봤어" 회고하는 할머니는 방조제 공사가 시작되면서 사라진 해창 바지락처럼 시장에 나오지 않는다. 사라진 만큼 중국에서 수입하면 그만일까? 개발 바람이 해안 지방에 더욱 거센 중국은 언제까지나 바지락을 수출할 수 없을 텐데.

삶터를 빼앗긴 바지락은 바닷물이 차단된 갯벌 위에 가득 올라와 탄산칼슘 껍질을 좍 벌리고 죽는다. 바지락을 잃은 우리는 언제까지 잘살 수 있을까? 입을 벌리고 죽은 바지락은 우리에게 무슨 말을 전하고 싶었을 것이다.

겨울바다를 밥상에 끌어오는 꼬막

발로 노를 젓는 배가 있다? 그것도 엄동설한嚴冬雪寒에? 윈드서
핑을 위해 몸을 싣는 배처럼 알록달록하지 않아도 납작하고 넓어
한 사람이 타기에 적당한 그 배는 바다가 아닌 갯벌에서 진가를 발
휘한다. 앞에 작업도구들을 올려놓고 뒤편에 왼쪽이나 오른쪽 무
릎을 올려놓은 뒤 남은 발로 갯벌을 밀며 앞으로 나아가는 그 배는
바닷바람이 매서운 전라남도 보성이나 벌교에서 겨울철마다 보는
'뻘배'다.

어깨 넓이의 폭에 사람의 키보다 긴 뻘배는 입자가 아주 고와
허리까지 빠지는 갯벌에 최적화되었다. 몸무게를 분산시키니 늪
지대 같은 갯벌 위를 썰매처럼 미끄러진다. 앞부분이 살짝 구부러
져 올라간 뻘배에 앉은 초로의 아낙들이 발동작만으로 날렵하게
움직이지만 보기만큼 쉬운 건 아니다. 윈드서핑과 달리 바다 아래
에 세로 날개가 없으니 초보자는 방향을 제대로 잡기 어렵다. 물론
작업도구까지 무겁게 실은 남도의 아낙들은 놀이나 경주를 위해
뻘배에 오른 게 아니다. 참꼬막을 채취하려 추위를 무릅쓰고 뻘배
에 오른 것이다.

요즘에야 전에 없이 가벼운 뻘배를 목수가 매끄럽게 만들지만,
얼마 전까지만 해도 저마다 집에서 널빤지로 엉성하게 이어 붙여
만들었다. 그래서 '널배'라 말하는 이도 있다. 요즘은 가슴까지 올

라오는 장화를 신지만 얼마 전까지는 언감생심이었다. 내복과 여러 겹의 몸빼바지 위에 스타킹을 몇 겹 두른 뒤 발에 꽁꽁 묶은 고무신으로 널배를 밀어야 했다. 채취 경쟁이 심해진 지금은 넉자나 되는 갈퀴로 개흙을 훑지만 그때는 작은 갈퀴로 조금씩 뒤집었다. 종패를 미리 뿌려야 수확량이 유지되는 요즘, 도시 식당마다 쫄깃쫄깃한 참꼬막을 부담 없이 즐길 수 있는 이유다.

고운 갯벌의 10센티미터 깊이에 터를 잡고 성장하는 우리나라의 꼬막은 세 종류다. 폭 4센티미터 미만의 참꼬막을 비롯하여 참꼬막보다 조금 커도 맛이 떨어져 값이 싼 새꼬막, 그리고 커다란 피조개가 그것이다. 찬바람이 거센 11월에서 이듬해 이른 봄까지 채취하는 꼬막들은 추위를 이기려는 건지 갯벌 밖으로 나오면 입을 앙 다물고 여간해서 열지 않는데, 두툼한 탄산칼슘 껍질에 부챗살처럼 펴지는 주름이 더욱 다부진 꼬막은 주름이 20개보다 적은 참꼬막과 30개 내외인 새꼬막으로 쉽게 구별할 수 있다.

피 속에 헤모글로빈이 풍부해 껍질을 열면 붉은 체액을 뚝뚝 흘리는 피조개는 영양분도 많고 맛도 빼어나지만 길이가 10센티미터가 넘고 껍질의 주름이 40개 가까우니 꼬마조개가 아니다. 살이 연하고 찰질 뿐 아니라 영양분까지 풍부해 미식가들이 외면하지 않지만 전라남도 바닷가 주민들의 제사상에는 감히 올라가지 못한다. 그만큼 일상과 거리가 있다는 뜻일 게다. 맛이 덜해 '똥꼬막'으로 괄시하는 새꼬막을 제치면, 아무래도 남도의 사람에게 절 받

동물 인문학

는 참꼬막이 제격이리라.

정갈한 수도권 한정식 식당에 품위를 갖춰 올라오는 타원형 접시에도, 입맛 까다로운 택시기사들이 모여드는 이면도로의 '기사식당'의 납작한 옹기에도, 인심 좋은 아낙이 단골 반기는 주막에도 빠지지 않는 꼬막은 질보다 양을 중시하는 대학가 뒷골목의 허름한 식당의 이 빠진 그릇에도 어김없는데, 대개 무침이다. 껍질 한쪽에 가늘게 썬 파와 간장, 매콤한 고추장 양념을 뒤집어쓰고 올라오는 무침을 손님은 젓가락만으로 요령 있게 집어먹을 수 있지만 그를 위해 준비해야 하는 일련의 과정은 여간 까다로운 게 아니다.

썰물을 따라 갯벌에 들어간 아낙이 칼바람을 맞으며 채취한 꼬막은 노력에 비해 가격이 무척 저렴하다. 인터넷 쇼핑몰에서 부담 없이 구할 수 있지만 세심한 잔손질을 감당해야 한다. 주름 사이는 물론이고 내장 속의 개흙까지 빼내는 해감이 필요한데, 흔히 소금물에 담가 해결하지만 해감보다 중요한 건 익히기다. 요리 중간에 껍질이 열리면 헤모글로빈이 풍부한 체액이 쏟아지니 말짱 도루묵이다. 그래서 제자백가의 요령이 제시되는데, 한 마니아는 꼬막들을 겨우 덮을 정도의 물로 냄비에서 익히되 끓이면 안 된다고 강조한다. 공기 방울이 하나 둘 커다랗게 올라올 즈음 불을 조절하며 잘 저으면 껍질이 벌어지지 않은 상태에서 골고루 익는다는 거다. 꼬막 안의 수분이 남은 채 익어야 바다 내음이 고스란히 코와 입을 자극한다나?

필수아미노산과 타우린이 많을 뿐 아니라 담즙 분비를 촉진하고 간세포 재생을 활성화하는 성분이 풍부한 꼬막은 노약자는 물론이고 수험생과 임산부에 더없이 좋다고 한다. 따라서 경쟁과 속도에 지친 도시인에게 그만일 텐데, 그들은 그저 양념 없은 무침에 밥그릇 비울 따름이다. 남도는 다르다. 꼬막은 시금치된장국과 부추전과 파전에도 들어간다. 각종 채소를 넣고 볶거나 무칠 때도, 비빔국수에도 빼지 않는다. 그러니 비빔밥에 꼬막이 없으면 타박을 받겠지. 그런 꼬막. 사시사철 맛볼 냉동보관을 외면할 리 없지만 아무래도 겨울철이 제 맛이다. 달콤 짭짜름한 꼬막의 진미를 느끼려면 남도 갯마을의 아낙들이 힘겹게 뻘배를 타는 남도로 겨울바람을 뚫고 달려가야 한다.

무엇이든 개체가 한 지역에 집중 늘어나면 천적이 꼬이기 마련이다. 크게 늘어 어민들 골머리 앓게 만들던 불가사리가 낙지와 고동과 꽃게도 축내기 시작했는데, 언제부턴가 꼬막을 노린다고 한다. 심지어 겨울철새들까지 내려앉아 꼬막을 걷어먹는다는데, 설마 때를 가리지 않고 몰려드는 사람보다 더하랴. 찬바람이 불 때 여기저기에서 열리는 '꼬막축제'는 남획을 부추긴다. 윷놀이나 각설이타령 같은 천편일률적인 전야제로 테이프를 끊고, 꼬막 관련 요리강좌와 요리대회와 먹을거리 장터가 마당을 펼치면 꼬막 껍질 먼저 까기와 껍질 멀리 던지기로 자웅을 겨룬다던데, 갯벌 속의 꼬막은 불안해진다. 축제 마당마다 꼬막과 직접 관련 없는 줄다리기, 떠들썩한 노래자랑으로 소비를 유혹하는데, 아낙이 발로 미는 뻘배로는 한순간의 과소비를 채우지 못할 테니까.

윈드서핑에 당장 사용해도 좋을 듯 알록달록한 플라스틱 패널이 뻘배를 빙자하고 나타났다. 갯벌에서 윈드서핑은 아닐 테고, '갯벌 올림픽'을 열겠단다. 아닌 밤중에 홍두께 격인데, 일단의 인사들이 꼬막의 터전에 한여름부터 모여들었다. 그것 참! 경정도 아니고, '뻘배 경연'을 보령 머드축제를 능가할 세계적 스포츠로 자리매김하겠다고 기염을 토하는 게 아닌가. 축제 때 쏟아지는 껍질을 화장품 원료로 수출하게 되었다니 그나마 다행인데, 이러다 연중무휴 벌어질 뻘배 경연으로 갯벌마다 몸살을 앓는 건 아닐까?

꼬막들은 더욱 옹골차게 껍질을 닫고 싶었을 텐데, 천만다행일까? 뻘배 경연은 흐지부지되었다. 주민 동의 없이 추진하려던 갯벌 올림픽에 동조할 국내외 선수와 스포츠 단체가 나타나지 않았던 거다. 겨울바다를 밥상에 끌어오는 꼬막, 자칫 남도 갯벌에서 추방될 뻔했다.

황금알을 낳는 갯벌

2003년을 기억하자. 조류독감으로 백만 또는 천만 마리 단위로 닭과 오리와 메추리를 살처분하기 시작한 첫해다. 조류독감이

2003년부터 나타난 건 아닐 것이다. 다만 살처분을 하지 않았다는 건데, 왜 2003년부터 멀쩡한 가금류까지 모조리 죽여야 했을까?

품종을 개량한다며 타고난 유전 다양성을 철저하게 없앤 바나나에 곰팡이가 생기면 해당 농장은 물론 곰팡이가 전파될 가능성이 있는 인근 농장의 바나나까지 모두 불태워야 하듯, 닭과 오리와 메추리에 대한 극단의 품종개량으로 유전 다양성의 폭이 위축되면서 발생한 일이다. 전염성이 강한 질병 때문에 멀쩡한 생명을 살처분하는 일은 결코 흔쾌할 리 없는데, 조류독감이 우리나라에서 최근 만연된 원인은 갯벌 매립과 무관하지 않다. 겨울철새가 조류독감을 옮기는 게 확실하다면 더 그렇다.

조류독감으로 닭들이 떼로 죽어간다고 언론이 허둥댈 때, 방역당국은 죽은 겨울철새나 그 가검물可檢物을 수거해 조사하니 조류독감 바이러스가 발견되었다고 발표했다. 사육 중인 가금류들이 감염되지 않았어도 겨울철새에서 바이러스가 검출되었다며 사전에 경고하기도 했다. 이후 예외 없이 무자비한 살처분이 횡행했다. 조류독감이 퍼지는 걸 예방하기 위한 불가피한 조치라고 주장하던데, 정작 조류독감으로 희생된 가금류는 얼마 되지 않았다. 철새는 더욱 드물었는데, 왜 철새는 닭이나 오리와 달리 떼로 죽지 않은 걸까? 그 까닭을 여기서 구체적으로 논하지 말자. 하지만 타고난 유전 다양성을 간직한 철새들은 환경변화에 적응하거나 질병을 이겨내는 힘을 잃지 않았다는 사실은 꼭 기억하자.

동물 인문학

겨울철새가 내려앉아 쉬던 갯벌의 면적이 급속히 위축된다는 사실에 주목해 보자. 내릴 곳을 찾지 못하는 철새들은 선택의 여지가 없다. 먼저 온 철새들로 바글거리는 갯벌이나 주변의 호수로 내려가 더욱 복작거리게 되었다. 철새들로 빼곡하니 온갖 질병에 쉽게 노출될 테고, 그런 과정에서 조류독감에 감염된 철새가 하늘을 날며 배설물을 흘린다면 스프레이처럼 흩어진 바이러스가 양계장의 문틈으로 빨려 들어갈 수 있다. 운 나쁘면 주위 300미터 안전반경 이내의 닭과 오리와 메추리는 모조리 살처분되고, H5N1과 같은 고병원성이라면 안전반경은 3킬로미터로 확대되겠지.

정부는 2003년부터 5년 동안 여의도의 21배인 60.8제곱킬로미터의 갯벌이 매립되었다고 밝혔다. 그중 절반이 넘는 33.2제곱킬로미터의 갯벌이 인천에서 사라졌지만 인천의 갯벌 매립은 거침이 없다. 수도권 매립지, 인천공항, 청라지구, 송도 신도시를 갯벌을 매립해 조성한 인천시는 항만의 수심 확보를 명분으로 퍼낸 준설토를 하필 갯벌에 투기한다. 그뿐인가? 아직 공식으로 철회되지 않은 조력발전이 남은 도서지방의 갯벌을 다시 위협할지 모른다. 강화조력발전은 7.65제곱킬로미터의 강화 남단 갯벌을 손상시킬 예정이고 인천만조력발전은 22.3제곱킬로미터에 달하는 석모도와 강화 사이의 갯벌을 요절낼 계획이었다.

맨발로 건강한 갯벌에 들어가 본 적 있는가? 푹푹 빠지는 발가락 사이를 지나치는 개흙은 부드러운 감촉을 선사한다. 대지를 어머니의 피부라 말하면서도, 사람은 굽이 단단한 신발을 신은 채 어머니 피부에 아스팔트를 깔고 철근콘크리트 건물을 세운다. 사람이 안길 어머니 피부는 어디에 있는가? 농촌은 농약에 절었다. 해안의 모래사장과 갯벌이 고작인데, 위축되기만 한다. 부드러운 갯벌은 살이 유난히 부드러운 연체동물이 몸을 의탁하는 터전이다. 뒤늦게 갯벌을 찾아온 사람은 연체동물을 맨손으로 채취하며 생을 연명했다. 바닷가의 패총이 그를 웅변하는데, 갯벌이 위축되면서 연체동물의 터전이 줄어든다.

'환경과 생명을 지키는 전국 교사모임'은 창립했던 2005년부터 지금까지 새만금 간척사업 부지를 여름방학 때마다 걷는다. 2003년 3월 28일 해창산 앞 갯벌에서 세 걸음 걷고 한 번 큰절하며 출발한 성직자들의 삼보일배三步一拜가 65일 만에 서울에 도착했지만 간척공사는 취소되거나 규모를 줄이지 않았다. 삼보일배를 마친 성직자들은 해창 갯벌을 바라보는 해안에 컨테이너 박스로 만든 자그마한 불당과 교회를 펼쳐놓고, 사라질 새만금 갯벌의 뭇 생명에 깊은 사과를 했다. 사과하려 모인 종교인들이 그때는 많았지만 지금은 조용하다. 그 중 '환경과 생명을 지키는 전국 교사모임'은 예외다, 새만금 일원을 걷는 행동을 해마다 멈추지 않는다.

2003년 9월, 마산 시내를 일순간 바닷물에 잠기게 한 태풍, '매미'는 갯벌이 매립되었기에 피해가 완충되지 않았다. 미처 건물을 빠져나가지 못한 8명이 익사했는데, 1995년 중부지방을 관통

동물 인문학

한 태풍 제니스는 매립을 시작하던 송도 신도시 부지를 덮쳐 4년 간 채취할 수 있는 바지락과 동죽을 폐사시켰다. 그럼에도 이후 송 도 신도시는 휘황찬란해졌고 마산시는 해안 매립 계획을 축소하 지 않았다. 매립은 곧 거대한 이윤으로 돌아올 거라 믿기 때문이 고, 실제 그랬다. 들쭉날쭉한 우리 리아스식 해안을 알파벳 U자처 럼 전부 매립하자는 제안이 잊을 만하면 다시 나오는 이유도 그러 하겠지.

리아스식 해안은 영겁의 세월 동안 풍수해를 겪은 자연이 안전 한 지형으로 만들었고 덕분에 나중에 온 사람도 해안에 기대어 살 수 있었다. 리아스식 해안을 매립하면 돈이 일순간 생긴다. 리아스 식 해안을 매립한 자리에 건물을 올리고 공업단지를 조성하며 핵 발전소를 세우면 투자자는 더 많은 돈을 챙기지만 오래가지 못한 다. 후손은 그 때문에 가중된 피해를 받을 수밖에 없다. 핵발전소 가 폭발한 일본이 그랬지만 우리도 다르지 않다. 매립한 리아스식 해안이 해일과 쓰나미를 완충하지 못한 탓이 크다. 갯벌로 덮인 우 리 리아스식 해안은 일본 이상의 먹을거리와 문화와 전설과 이야 기를 전해주었는데, 시방 어떤가?

원나라의 침략을 피한 고려는 강화에 도읍을 정하고 40년 가까 이 버텼다. 강화의 복잡한 리아스식 해안의 갯벌을 매립한 자리에 농토를 확보한 덕분이라고 사학자들은 해석하는데, 사실 농토보 다 갯벌에서 얻는 식량자원이 훨씬 많았다. 이후 일제는 강점기에 매립한 김포평야와 김제평야에서 막대한 쌀을 재배해 수탈을 했지만 우리는 그 이상의 해산물까지 항구적으로 잃어야 했다. 갯벌이 눈에 띄게 드물어지면서 우리 바다는 황폐해졌는데, 현재 식량은 겉보기 모자라지 않는다고? 그럴까? 화학비료와 석유가 없어도, 미국 같은 식량 수출국가의 농산물 생산량이 줄어들어도, 우리 식탁은 내내 풍요로울 수 있을까?

석유는 무한하지 않지만 갯벌은 무한했다. 석유로 늘린 식량으로 인구가 늘었는데, 이 땅의 오랜 조상에게 먹을거리를 무한히 제공하던 갯벌을 석유를 동원해 없앴다. 현재 석유는 고갈을 앞두고 있다. 기상이변을 부르는 지구온난화가 지구촌의 식량 생산을 불안하게 만든 지 오래다. 낙지와 백합과 바지락과 꼬막은 갯벌이 남은 만큼 가녀리게 남았을 뿐인데, 이미 늘어난 인구는 매립된 공간에서 언제까지 건강할 수 있을까? 수많은 이야기가 서린 '황금알 낳는 거위'가 바로 갯벌이다. 거위의 배를 갈라 얻은 황금은 곧 떨어진다. 엥겔지수는 형벌처럼 치솟고, 겨우 살아가는 사람은 고독해지겠지.

지구 생명체의 마지막 존재라도 되는 양, 인간은 자신이 태어나도록 이끈 자궁을 마구 오염시키는 와중인데, 우리나라는 특히 갯벌 매립으로 자신의 내일마저 질식시키고 있다. 우리는 언제까지 버틸 수 있을까? 후손도 먹어야 하고, 숨 쉴 수 있어야 산다. 요란한 장밋빛 개발 구호도 생명이 건강할 때 비로소 효과를 발휘할 수

동물 인문학

있다. 내내 건강해야 할 자신의 노후를 생각해보더라도 갯벌 보전은 물론이고, 복원을 서둘러야 하지 않을까? 식량의 4분의 3 이상을 수입에 의존하는 처지에 더는 주저할 일이 아닌데. 제방을 걷어내 복원 가능한 갯벌은 아직 넓다.

12장

◇
◇

치르르, 맴맴, 귀뚤귀뚤, 계절을 여는 곤충

1970년대 초, 지금은 고층빌딩의 전시장이 된 인천에 엘리베이터가 필요할 정도로 높은 건물은 없었다. 고교생인 우리에게 평소에는 숙제를 내주지 않아 더욱 멋졌던 물리 선생님은 웬일로 여름방학 숙제 하나를 냈다. "서울에 가서 엘리베이터 타기!" 방학을 마치고, 물리 선생님은 숙제검사를 하지도 않았고 어떤 학생은 그 부담 없는 숙제를 외면했는데, 부담 없는 숙제조차 외면한 그 학생은 그로부터 40여년 지나, 1학기 종강을 앞둔 대학생들에게 간단하지만 세심한 관심이 필요한 방학 숙제 하나를 제안했다. 추가 학점이 없으니 검사도 없을 터.

　　"'깜깜 절벽' 경험하기!"

　　깜깜 절벽이라고? 경험이 없으면 느낌도 없겠지. 1970년대 중반, 지금은 와글와글한 등산로가 되었지만, 당시 계룡산은 비교적

한산했다. 게다가 때는 장마철. 비가 주룩주룩 내리는 계룡산을 한밤중에 이동하는 사람은 전혀 없었다. 뭐 지금도 한밤중에, 그것도 비 내릴 때 오르는 이 드물겠지만, 그때 왜 하필 비가 쏟아지던 밤에 산길을 재촉했는지 기억나지 않는다. 일정에 쫓겼겠지만 손에 꼬마전구가 밝히는 전등 하나씩 들고 산길을 누비던 대학생들은 비가 잠시 그치자 텐트를 치려 허둥대기 시작했는데, 누군가 느닷없이 전구를 끄자고 제안했다.

'깜깜 절벽!' 바로 그것이었다. 눈앞에서 심연까지 아무것도 보이지 않는 밑도 끝도 없이 검은 세상, 그 자체였다. 허우적거려도 아무 것도 잡히지 않을 것처럼 깜깜한 공간. 그야말로 절벽이었다. 한발 어긋나 나락으로 떨어져도 완벽히 무방할 듯한 삼차원 세계. 갑자기 우주에 홀로 떨어진 듯, 젊은이들은 일순 조용해졌다. 발에 밟히는 풀숲의 부스럭 소리도 죄스러워 귀엣말처럼 소곤거리던 일행 앞에 점점점. 비 그친 밤하늘을 점줄처럼 밝히며 지나가는 반딧불이가 젊은이들을 깨웠고 이내 밤하늘은 밝은 목소리들로 채워졌지만, 5분 남짓 경험한 깜깜 절벽은 결코 지워지지 않는 심연을 뇌리에 남겼다.

어떤 시인은 4월을 잔인하다 했다지만 뭇 생명이 움트는 우리나라의 4월은 아름답기 그지없다. 그 시인이 살던 지역에는 파릇파릇한 신록新綠으로 아롱지는 산록山麓이 없었나 보다. 고교 시절, 엘리베이터 타기 숙제는 외면했지만 대학생 때 깜깜 절벽을 경험했던 젊은이는 2000년대 초, 잔설과 신록, 피어나는 왕벚과 져 가는 산유화가 어우러진 산록을 바라보며 강원도의 한 골짜기로 접어들고 있었다. 그 좋을 때, 뒷좌석에서 아까부터 시시덕거리다 치근대던 '신록' 둘이 몸을 서로 비비며 잠을 잔다. 아까운 시간이거늘. "얘들아, 저 산을 봐. 얼마나 예쁘니!" 묵묵부답이다. 바람 들어오니 차창을 어서 닫아달란다.

나이가 들어갈수록 신록을 아름답게 느끼나보다. 그날 이후 자연의 산록은 여름으로 접어들었고 이내 짙푸르러졌다. 방학을 맞은 녀석들을 태우고 다시 접어든 강원도 그 산골짝. 친구들과 물장구칠 생각에 조잘대던 '신록' 둘은 주위가 어두워지자 지루해서 몸을 비비 꼰다. 문득 차창 밖에 빛이 전혀 없다는 걸 느꼈다. 안전한 도로 가장자리에 차를 세우고 차창을 모두 연 뒤 시동을 껐다. "얘들아, 무엇이 보이니?" 기대했던 게 바보지! 애 엄마와 달리 가벼운 경탄조차 없던 녀석들이 귀를 활짝 열었다. 곤충채집 숙제가 있었나? "여치가 운다!" 맞다. 장마가 막 시작되었으니 매미가 울 때는 아직 아니지. 기특하군! 여치 울음소리를 다 알고.

휘황찬란한 조명에 익숙한 탓일까? 깜깜 절벽에서 가족이 곁이 있다는 사실에 깊은 안도감을 느끼길 기대했지만 난망이었다. 도시에서 자라는 아이들은 어둠이 그냥 싫었는데, 차창 밖의 신록에 무덤덤하던 차창 안 '신록' 둘은 여치 울음소리에 반응을 보였다. 계절의 변화에 예민하기 때문일 리 없다. 가지고 간 매미 통에 흔해빠진 매미 대신 여치 채울 궁리를 했을 테지. 학교 친구들에게 자랑하고 싶은 마음이 동했겠지. 하긴 나도 어릴 적에 그랬겠다. 계절 변화에 민감한 건 사실 얼마 전부터다. 나이 들어가면서.

당장 반응을 보이든 아니든, 아이들에게 그 경험은 어렴풋이 남을 것이다. 나중에 제 아이들에게 계절의 변화를 이야기할 기회가 있기를 바라면서, 소리로 계절을 여는 곤충을 생각해본다. 봄은 개구리와 새들이 열지만 여름은 곤충들이 연다. 맹꽁이는 장마철을 일러준 뒤 침묵하지만, 곤충들이 이른 가을까지 바통을 잇는다. 여치에게 바통을 이어받은 매미는 가을을 귀뚜라미에게 넘긴다. 매미가 짧은 열대야에 잠을 설치게 한다지만, 한밤중까지 아스팔트를 찢는 타이어 마찰음보다 더할까? 매미도 사실 줄어들고 귀뚜라미는 이 도시에서 조용해졌다. 여치는 어떨까?

여치는 웬만해서 떼로 덤비지 않지, 아무렴

1학기 기말고사를 코앞에 둔 여름날 오후. 더위에 지친 머리는 아득해지고 참고서의 활자가 눈에 쉬 들어오지 않을 무렵, 창문 너머 어디선가 "치르, 치르르" 여치의 작은 울음소리가 막힌 머리를 풀어주곤 했다. 물기 많은 도랑 옆 풀숲에 몸을 숨긴 채 이른 여름부터 더위를 식히던 여치는 학원가로 몰려다니는 청소년들이 긇

아떨어지는 아파트 단지에는 없다. 고층 아파트가 도시 여기저기를 고압적으로 차지한 오늘의 이야기가 아니다. 채송화, 봉선화, 분꽃으로 아기자기한 꽃밭이 마당 한구석을 아로새기던 시절의 도시가 대개 그랬다.

어찌 보면 길이나 생김새가 메뚜기와 비슷하지만 여치는 몸집이 도톰하다. 머리와 가슴 양 옆에 황색 띠가 있고 몸이 황색을 띨 경우가 많지만 그건 메뚜기도 비슷하다. 다만, 잎이 가늘고 긴 벼나 개천 가장자리의 풀밭에 많은 메뚜기와 달리 잎이 둥근 화초가 많은 인가에 잘 다가오는데, 여치는 메뚜기에 비해 날개가 짧다. 그래서 그런지 메뚜기보다 사람 손에 잘 잡혔고, 어른들은 여러 마리의 여치를 풀대로 엮은 초롱에 넣어 여름을 시원하게 보내곤 했다.

사실 우리는 여치를 몸통이나 날개 길이로 구별하지 않았다. 그저 낮에 집 근처에서 울면 여치, 논에서 잡으면 메뚜기라 말했다. 여치와 베짱이도 구별하지 않았다. 곤충도감은 날개가 꼬리를 길게 덮으면 베짱이, 날개 끝이 배보다 짧으면 여치라고 묵묵히 기록하고 있지만, 날개를 비벼 "치르, 치르르" 소리를 내면 그저 여치려니 했다. 수컷은 양 날개를 비벼 대낮부터 세레나데를 연주하는 것이리라. 애절하다기보다 외롭게.

충청북도 영동군의 포도와 복숭아밭에 여치가 떼를 지어 습격한다고? 아니, 여리디 여린 여치가? 2000년대 중반 충청북도를 기반으로 한 지역 언론들은 3~5센티미터에 달하는 '갈색 여치'들이 산자락에 조성된 복숭아밭을 뒤덮어, 잎은 물론 줄기와 막 자라 오르는 열매까지 닥치는 대로 먹어치운다고 일제히 경광등을 켜고 나팔을 불었다. 갈색 여치라. 첨 듣는데? 예전에 보던 여치가 그리 변했나? 산자락의 복숭아밭이라고? 산자락은 본디 여치의 터전일진데.

살충제를 나누어주며 확산을 막으려 애를 쓰는 영동군 당국은 지난해부터 몰려들어 6만여 평의 과수원에 피해를 입혔던 여치 떼가 한 달이나 빨리 습격하는 바람에 미처 대책을 세울 시간이 없었다며 당혹해 했지만 징후가 없던 건 아니었다. 일부에 그쳤던 피해가 영동군 전역을 넘어 옥천과 보은군으로 확산되는 모습을 벌써 보였고, 농업과학기술원 연구팀은 잔뜩 긴장했다고 하지 않았던가.

영동군은 외국의 기록영화에서 본 메뚜기 떼의 재앙을 걱정한 모양이었다. 그보다 6년 전 충청북도 단양군에서 한 차례 여치의 집단 출현이 나타난 적 있는데, 왜 같은 일이 반복되는 걸까? 2014년은 울산 일원의 배 농장 예닐곱 군데에서 다시 나타났다. 대략 최근에 5년 주기로 발생하는지 자료가 충분하지 않아 그 여부를 확신할 수 없지만, 학자들은 지구온난화로 여치의 발육과 산란과 식성에 변화가 생긴 것으로 의심한다. 우리나라에서 메뚜기가 떼로 이동하지 않는 건, 알을 떼로 낳지 않기 때문이라는 주장이 있

동물 인문학

는데, 지구온난화가 외롭게 지내던 여치들이 떼로 알을 낳도록 이끄는 걸까?

농업과학기술원 연구팀은 "2년 연속 겨울 기온이 높았고 주변에 활엽수림이 많아 우수한 식생 환경을 조성했을 가능성이 크다"면서 "참나무 잎 등을 주로 먹는 갈색 여치가 지구온난화로 일찍 돋아나 딱딱해진 활엽수 잎 대신 부드럽고 당도 높은 과수의 순과 열매에 이끌렸을 가능성이 높다"고 주장했다. 과수원뿐 아니라 농작물까지 피해 입는 이유도 같을 것으로 덧붙였다. 문제는 피해가 고착화되면서 확산될 가능성이 있다는 것일 터. 나타날 때마다 피해 면적을 넓히는 여치들이 더 넓은 지역으로 알을 낳을 경우, 피해 범위는 해마다 심각하게 확산될 수 있다고 곤충학자는 경고했다.

대학에서 조사차 나온 곤충학자는 "체계적인 생태 연구를 거쳐 종합적인 방제 대책을 마련해야 한다"고 제안했다는데, 방제만으로 여치 떼의 습격을 근본적으로 막을 수 있을까? 경제협력개발기구의 평균 6배 이상 농약을 뿌리는 우리나라의 환경임에도 떼로 나타난 여치를 과연 어떤 살충제로 구제할 수 있을까? 디디티DDT를 뿌려 퇴치했다 믿었던 메뚜기 떼가 더 무섭게 몰려왔던 예를 떠올리지 않아도 될까?

잎에 알을 낳아 붙이는 베짱이와 달리 2에서 3센티미터 깊이의 땅 속에 평균 110개의 알을 흩어 낳는 여치는 먹이가 부족할 경우 같은 종끼리 잡아먹는 이른바 '카니발리즘cannibalism'을 가져, 여간해서는 밀집해서 서식하지 않는다고 학자는 설명한다. 여치를 연구한 곤충학자는 개체 수가 늘어날 때마다 서식 면적이 빠르게 넓어질 것으로 걱정하는데, 독성을 거듭 높여야 하는 살충제를 어느 농도로 얼마나 넓은 면적에 뿌려야 할까? 이러다 여치 잡아먹는 새들까지 몽땅 퇴치하는 건 아닐까? 불완전변태인 유충으로 땅 속에서 겨울을 나는 여치 없애려다 과일농사에 필수인 토양 미생물마저 사라지는 건 아닐지.

적절한 기술은 찾아내는 데 시간이 걸리지만 인정된 기술이 지리적으로 확산되는 시간은 아주 짧은 경향이 있는데, 이번에도 그랬다. 어느 농부의 생각이 전해진 것일까? 아마 여치 떼의 습격에 화가 치민 어떤 농부가 마시던 막걸리를 남겼던 모양이다. 아침에 어제 남긴 막걸리 병을 바라보니 여치들이 수북이 빠져 죽어 있는 게 아닌가. 그 소문이 꼬리에 꼬리를 물고 퍼진 걸까? 언제부턴가 과수원들은 수백 개의 막걸리 병을 매달았다고 한다. 깔때기처럼 자른 윗부분을 남은 병에 거꾸로 끼워놓고, 그 안에 설탕을 녹인 막걸리를 담아 나뭇가지에 달아놓으면 금세 20마리가 넘는 여치들이 빠져 죽는단다.

눈에 띄는 살충효과는 더디겠지만 막걸리 병을 이용하는 방식은 살충제보다 생태적으로 안전할 뿐 아니라 효과도 지속적일 것이라 생각한다. 살충제에 중독되지 않은 여치를 먹자고 새들이 몰려들 것이고, 땅강아지나 두더지가 여치 유충을 적당히 구제할 게

동물 인문학

아닌가. 일은 좀 고되더라도 해마다 강력해지고 양이 늘어날 살충제보다 훨씬 비용을 줄일 수 있을 것이다. 무엇보다 농부들의 건강을 해치지 않겠지. 그 과수원은 유기농업일 테니 복숭아니 포도를 제값으로 팔 수 있을 텐데.

여치가 최근 갑자기 늘어나는 건 지구온난화가 원인일까? 여치도 마다하지 않는 과일나무를 여치가 사는 터전의 넓은 지역에 집

중적으로 심은 현실과 관계가 있는 건 아닐까? 농약을 하도 쳐서 천적이 소탕된 상태에서 먹을 게 지천이면, 농약 이겨낸 곤충의 개체 수는 기하급수적으로 늘어난다.

과학기술이 개발한 사람의 살충제는 여치가 즐기던 작은 곤충을 몰아내고, 여치를 잡는 새들을 내쫓았지만 정작 여치를 죽이지 못하는 모양이다. 사탕수수를 끝없이 심자 사탕수수 잎을 갉아먹는 풍뎅이가 막대하게 늘어난 호주의 예는 세계 곳곳에 시시각각 재현된다.

메뚜기와 여치 같은 메뚜기과 곤충에 기생하는 '연가시'라는 선형동물이 있다. 가는 철사처럼 두께 1밀리미터 정도인 연가시는 여치의 몸에서 1미터 이상 자란다는데, 연가시는 주변에 깨끗한 웅덩이가 있어야 번식이 가능하다. 여치 몸에서 자란 연가시는 여치의 뇌를 자극, 웅덩이에 빠지게 해 알을 낳는다는 것이다. 연가시를 위해서도, 과수원과 농부와 땅의 건강을 위해서도, 생태계의 안정과 안전을 위해서도, 살충제는 해답이 아니다. 맑은 물이 멈칫멈칫 흐르는 도랑과 웅덩이가 산자락뿐 아니라 도시 근린공원에도 많으면 좋겠다. 치르, 치르르 우는 여치 소리를 반갑게 맞으려면 한 가지의 과일나무나 농작물을 넓게 심는 농업을 삼가는 게 좋겠다. 웬만해서는 여치가 떼로 농촌을 급습하지 않기 때문이다.

동물 인문학

가로등 아래 목이 쉬는 도시의 매미

"어휴, 저놈의 매미. 목도 안 쉬나?"

그럴 리가. 아무리 시끄럽게 울어도 매미는 목이 쉬지 않는다. 목청을 가다듬는 새들과 달리, 매미의 울음은 목과 아무 관계가 없다. 배마디의 발음막을 수축하며 소리를 내는 까닭에 한참 울면 기운이야 빠지겠지만 목이 쉴 이유는 없다. 사실 머리와 가슴이 붙은 매미에게 목은 찾을 수 없다. 하지만 푹푹 찌는 한여름 낮, 한시도 쉬지 않는 울음소리는 듣는 이에게 매미의 목을 걱정하게 한다.

매미의 울음소리는 하여간 우렁차다. 우렁차다 못해 성가시다. 가까이에서 "매애앰, 매애앰" 우는 참매미와 "매애애애애-" 숨 막힐 듯 늘어지는 말매미는 어찌나 질긴지 노곤한 오후의 식곤증마저 무력하게 만든다. 작은 몸으로 어쩌면 저렇게 큰 소리를 길게 뽑을 수 있나? 악보에 숨표가 없어 질식해 죽은 성악가가 있다고 누가 농을 하던데, 저 말매미, 저러다 숨넘어갈라. 곤충학자는 배에 공명실이 있어 소리를 증폭시킨다고 재미없게 설명하겠지.

동물의 울음소리로 열리는 계절은 언제나 새롭다. 제주도 남쪽에서 중부지방으로 오르내리던 장마전선이 흐지부지 사라질 즈음, 매미들이 장마가 끝났음을 선포한다. 장마철의 시름을 잊게 해주던 맹꽁이의 뒤를 이은 것이다. 삼복더위를 식혀주는 매미도 장마철을 알려주는 맹꽁이처럼 수컷이다. 기나긴 세월 땅 속에서 이

날을 기다린 참매미는 큰길 옆에서 자동차 소음을 막는 아파트 둔덕의 나무에 올라 울어댄다. "매애앰, 매애앰." 말매미도 경연장에 뒤질세라 동참한다. "매애애애애~." 이윽고 아파트 베란다 문이 경쟁하듯 닫힌다. 조만간 에어컨을 켜겠지.

사무실을 아침부터 식힌 에어컨에 머리가 아파 창호를 활짝 열면, 선뜻 넘어오는 오후의 매미 소리. 잔디밭 너머 저만치 떨어진 나무가 창가로 바싹 다가온 듯 귀청이 얼얼하다. 75데시벨로 울어 주거지역 소음 기준 50데시벨을 훌쩍 뛰어넘는다. 휴가 일찍 다녀온 동료는 시끄럽다 푸념하지만, 무더운 여름날, 매미마저 없다면 일은 손에 잡히지 않을 것이다. 저 매미는 하필 천덕꾸러기 취급받는 도시에 깃들었을까? 시끄럽고 오염된 도시에서 왜 저토록 성활까?

우리나라에 분포하는 매미 종류 중 덩치가 가장 커, 몸길이가 45밀리미터 남짓에 날개까지 65밀리미터 정도인 말매미는 6년을 땅 속에서 절치부심했다. 6년 전, 유난히 우렁찼던 짝을 만난 어미가 플라타너스 가지에 20밀리미터의 가는 타원형 흰색 알을 네댓 개 찔러 넣었을 때만 해도 주변 환경이 견딜 만했을지 모른다. 1년 만에 황백색으로 변한 알에서 애벌레로 부화해 땅에 떨어질 때 잠시 보았던 도시는 땅속에서 보내는 6년 동안 달라도 너무 달라졌다. 빨아먹던 뿌리 수액이 해마다 시큼해지는가 싶더니 겨우 흙을 털고 올라온 세상은 완전히 딴판이다. 이러니 짝을 제대로 찾을까

동물 인문학

싶다.

10년이면 바뀌던 강산이 요즘은 3년이면 뚝딱인데, 요즘 도시 매미의 한살이는 고달프기 짝이 없다. 아스팔트와 시멘트로 표토층이 뒤덮이지 않아야 하는 건 물론이고, 개발을 위해 뽑히는 나무를 용케 피해야 삼복의 햇볕을 만끽할 수 있다. 산성화가 심화된 대지를 뚫고 나무줄기로 오른 수컷에게 주어진 시간은 달포. 일가를 이루려면 시간 내에 짝을 기필코 찾아야 하는데 어찌 사생결단하지 않을 수 있으리. 어쩌면 도시라서 매미는 더 시끄럽게 우는 걸지 모른다. 자동차 소음으로 뒤덮인 작은 녹지에서 경쟁마저 치열하므로.

동이 트자마자 울어대는 매미는 알람시계를 충분히 대신했는데, 옛일이 되었다. 요즘엔 밤잠을 설치게 시끄럽다. 희미한 가로등 아래 목 쉬어라 울어 젖히는 까닭이다. 그게 민원이 되었나? 언젠가 이른 가을, 한 무리의 인부들이 둔덕의 플라타너스를 밑동부터 몽땅 잘라내는 게 아닌가. 다가가보니 플라타너스 그루터기에 구멍이 숭숭 뚫렸다. 오래 전 이 땅에 들어온 매미가 어찌 외래종인 플라타너스를 탐했을지 알 수 없지만, 민원에 지친 관리사무소는 가로수를 역시 외래종인 일본잎갈나무로 교체했다. 그래도 소용없는가? 매미는 올해도 어김없이 운다. 떠날 수 없는 처지라서 그럴까? 가엽다. 그래도 울어주니 고마운데, 6년 후에는 어떨지.

미국 중서부에는 17년마다 수십 억 마리의 매미가 몰려나와 90

데시벨 가까운 소음으로 한꺼번에 울어댄다고 한다. 17년 만에 출현한 매미가 얼마나 시끄러운지 시카고는 유서 깊은 음악제를 취소할 지경이라는데, 16년 동안 조용하다 짧은 시간에 쏟아져 나온 매미가 얼마나 많은지 옷소매나 호주머니, 심지어 하품하면 입으로 들어갈 정도라 했다. 그에 비하면 우리의 매미는 차라리 애교로 보아도 무방하겠다.

어둡고 축축한 땅 속에서 6년, 길고 지루하고 무섭다고? 그건 오로지 사람 생각이다. 매미 인생의 대부분은 땅 속에서 이루어진다. 햇볕 내리쬐는 나무는 짝을 찾아 알을 낳고 죽기 전까지 잠시 들리는 모천에 불과하다. 20여 일을 살기 위해 나무뿌리 아래에서 오랫동안 절치부심했다는 해석도 틀렸다. 사람이 세상에 나와 이제까지 산 기간보다 훨씬 긴 세월에 걸쳐 그렇게 적응해온 매미에게 달콤한 수액이 흐르는 나무뿌리는 가로등이나 자동차와 바꿀 수 없이 행복한 환경일 게 틀림없으므로.

아빠 손잡고 조심스레 나무줄기에 다가가는 아파트의 아이들. 다른 손에 잠자리채가 들려 있다. 마음을 나눌 동물과 자연이 주변에 없는 오늘의 아이들을 보니, 문득 어릴 적 매미 잡던 기억이 떠오른다. 큰 나무 굵은 줄기에 꼭 붙어있는 매미는 잠자리채를 아래에서 훑어 올려야 잡기 쉬웠다. 잠자리 잡듯 위에서 덮으면 줄기에서 툭 떨어지다 휙 날아가 버린다. 얼마 지나지 않아 아침저녁이 쌀쌀해질 테고 우렁차게 울던 매미도 기운을 잃을 텐데, 옛날 방법

동물 인문학

을 가르쳐주지 않아도 좋겠지.

　모천이 오염되면 연어는 다시 돌아오지 못한다. 매미도 마찬가지다. 매미 울음소리가 시끄럽다고 나무 밑동을 뚫어 방제액을 투입하지만 나무를 위한 배려는 아니다. 나무에게 매미는 분명히 천

적이지만 훨씬 지독한 천적은 사람이다. 아예 잘라내지 않던가. 사실 매미 때문에 말라죽는 나무는 그리 많지 않다. 생태계는 서로 돕기 때문이다. 우리 매미가 일본잎갈나무를 싫어하지 않을지 6년 후가 걱정이었는데, 역시 매미는 적응력이 인간보다 좋은가보다. 이러다 일본잎갈나무까지 베어내려는 건 아닐까? 매미마저 깃들지 못하는 도시는 얼마나 적막할까?

입추를 거쳐 말복이 지나면 극성스러웠던 매미의 울음소리는 어느덧 잦아들고, 가로등 빛이 닿지 않는 후미진 구석부터 귀뚜라미가 울 것이다. 그렇게 계절은 흐른다. 삼라만상은 계절의 흐름에 맞춰야 내일이 건강하다.

가을을 선언하는 귀뚜라미의 우정

"우정이라고? 흥! 우린 그저 그런 계절에 울도록 적응되었을 뿐이라오."

"높은 가지를 흔드는 매미 소리에 묻혀, 내 울음소리는 아직 노래가 아니오. 풀잎 없고 이슬 한 방울 내리지 않는, 지하도 콘크리트 벽 좁은 틈에서, 숨 막힐 듯 토하는 울음, 그러나 나 여기 살아 있소……" 나희덕 시인의 살가운 언어를 가사에 담은 가수 안치환은 화려한 도시의 구석에서 자신의 존재를 알리고 싶은 '귀뚜라미'

동물 인문학

의 조용한 외침을 노래한다. "지금은 매미 떼가 하늘을 찌르는 시절, 그 소리 걷히고 맑은 가을 하늘이, 어린 풀숲 위에 내려와 뒤척이고, 계단을 타고 이 땅 끝까지 내려오는 날, 발길에 눌려 우는 내 울음소리, 그러나 나 여기 살아 있소."

대장암에서 헤어난 안치환, 살아났으니 다시 집회 현장에 나와 흔쾌히 마이크를 잡겠지. 아직 뜨거운 늦여름, 매미 소리가 화려한 회색도시의 삭막한 시멘트 공간 한 구석에서, "귀뚜루루루~ 귀뚜루루루~ 보내는 내 타전 소리가 누구의 마음 하나 울릴 수 있을까? 누구의 가슴 위로 실려 갈 수 있을까?" 하며 울겠지. 끓는 피를 가진 이에게 잘 알려진 안치환은 단순하면서 쓸쓸한 음률로 노래한다. 귀뚜라미의 우정을 느끼며 가을을 맞으려 한다.

열띤 논쟁으로 기진맥진한 대기업 연수원 회의실, 기계가 쏟아내는 찬바람을 피하려 시스템 창호를 활짝 열면, 창밖 키 큰 나무들은 죽을힘을 다해 울어대는 매미소리를 경쟁적으로 토해낸다. 회의실의 긴장은 풀어지지만 귀는 이내 성가셔지고, 자료를 들여다보기 불편하게 회의실은 가득한 매미 소리로 시끄러워진다. 눈치를 챈 실무자는 얼른 창호를 닫고 에어컨을 세차게 가동시켜야 한다.

사생결단으로 울어대던 매미가 맥 빠질 무렵이면 어느덧 가을이다. 철 지난 바닷가처럼, 관객이 물러간 관중석처럼, 사방에서 흩어지는 "축하한다!" 인사가 사라진 졸업식장처럼, 가을이 쓸쓸하게 다가올 때 귀뚜라미는 운다. 남은 일이 기다리는 연구실을 향해 밤이 길어지는 도시를 천천히 움직일 때, 제 모습을 드러내지 않는 귀뚜라미는 지금부터 가을이라고 조용하지만 다부지게 선언한다.

마지막 지하철을 빠져나와 지친 발을 끌고 천천히 집을 향할 때 눈 두지 않던 곳, 아파트 현관 앞, 콘크리트 벽체 옆, 엉성한 잔디 속, 구석구석은 귀뚜라미가 숨어 우는 곳이다. 작년도, 재작년도, 올해도 가을이면 그 자리를 고수한다. 귀뚜라미도 제 아들에게 자리를 물려주나? 독촉받은 원고가 풀리지 않아 텔레비전 소리 새들어오는 책상머리에서 공연히 머리 쥐어뜯어도 소용없다. 밖으로 나가 어둠이 내려앉은 놀이터를 서성이면 머리가 느슨해지겠지. 근처 나무 벤치에서 두런두런 들려오는 이웃들 정담 사이로 살금살금 귀뚜라미가 운다. 가을이라는 거다. 계절을 잊고 일상에 쫓기며 살아온 이에게 고요한 시간을 누려보라고 속삭인다.

차창 밖 신록을 아무리 가리켜도 시큰둥하니 엠피쓰리를 듣던 아이들은 가을을 어떻게 느낄까? 예전에, "귀뚜라미 귀뚤귀뚤 고요한 밤에, 귀뚜라미 귀뚤귀뚤 글을 읽는다. 가을이라 즐거운 밤 달이 밝아서, 귀뚜라미 귀뚤귀뚤 글을 읽는다" 하고 불렀던 동요 '가을밤'이 요즘도 초등학교 음악 교과서를 지키고 있을까? "귀뚜라미 귀뚤귀뚤 서늘한 밤에, 귀뚜라미 귀뚤귀뚤 노래를 한다. 가을이라 즐거운 밤 달이 밝아서, 귀뚜라미 귀뚤귀뚤 노래를 한다"고

동물 인문학

즐거워했던 아이가 어느덧 중늙은이가 되어 귀뚜라미 소리로 가을을 타는데, 요즘 아이들에게 가을은 대학입시를 대비하는 중간고사의 계절이다. 취업이 늦은 젊은이들의 조바심이 늘어가는 계절이다. 단풍이 설악산을 내려오건 말건 엄마 감독 하에 학습장 줄 긋기 바쁘고, 출산율 낮아져도 애인과 결혼날짜 잡을 수 없다.

"특허 제10-2004-6180번!"

"저희 귀뚜라미 농장에서는 토종 왕귀뚜라미를 애완이나 학습용으로 판매합니다. 환경오염으로 주위에서 곤충들이 서서히 사라지는 현실에서 울음소리가 조용하고 은은한 왕귀뚜라미는 공부에 지친 아이들의 정서교육에 한몫을 할 것입니다."

인터넷의 한 사이트는 아열대산보다 수명이 긴 토종 왕귀뚜라미의 사육과 인공 산란에 대한 특허를 받은 후, 광고에 열중한다. 애완용 '왕귀뚜라미'는 등록된 상표라면서, 상업적인 사용을 금한다고 못 박는 그 사이트는 사육 방법도 친절하게 안내하는데, 발명 명칭이 '귀뚜라미'다. 야외에서 귀뚜라미를 채집해 학교나 집에서 사육하면 법에 저촉된다는 뜻일 텐데, 어처구니없다. 인간보다 먼저 진화한 귀뚜라미와 그 생활습성에 특허를 걸고 돈을 벌려 하다니.

흙속에서 동면한 다음 알을 뚫고 새싹이 풍부한 5월에 세상에 나온 어린 귀뚜라미는 숱한 천적을 용케 피한 9월이 돼야 짝을 찾을 정도로 성숙한다. 여린 풀과 풀숲의 작은 벌레도 먹지만 사람이 버린 음식물 찌꺼기도 마다하지 않으면서. 다 자란 수컷은 오른쪽 앞날개 안쪽과 왼쪽 앞날개 바깥쪽을 마치 바이올린 켜듯 비벼, 꼬리 사이에 산란관을 늘어뜨린 암컷을 집요하게 유혹하는데, 한밤중 네 시간여 울어대는 동안 4만 번이나 반복한다고 하니, 여간 끈질긴 세레나데가 아닐 수 없다. 한 가수는 "10월의 마지막 밤을 지금도 기억한다"고 쓸쓸하게 노래하지만, 귀뚜라미에게 10월의 마지막 밤은 없다. 그때쯤이면 중순에 낳은 알에 제 생명을 넘긴다.

봄은 눈이 녹으면 온다 하던가? 요즘은 여성의 화사한 노출로 시작되는데, 도시의 가을은 어떻게 찾아올까? 인터넷은 시민들의 핸드폰으로 가을을 알리자고 광고한다. 귀뚜라미 컬러링으로 가을 정취를 안내해주겠다는 것이다. 물론 비용을 청구하고서. 업자가 메뉴로 제공하는 컬러링은 "귀뚤 귀뚜리"하고 우는 왕귀뚜라미일까? "후이리리리" 하고 우는 풀종다리일까? 어쩌면 "귀또 리리" 하고 우는 보통 귀뚜라미일지 모른다. 귀뚜라미 종류가 세계적으로 3000종이라는데, 광고로 듣는 개구리 울음소리처럼 설마 미국 귀뚜라미는 아니겠지? 아직 다른 이의 핸드폰에서 귀뚜라미 소리를 들어본 적 없지만, 귀청을 찢는 최신 유행가나 숨넘어가듯 "자기야 전화 받아!" 하며 간지럽게 재촉하는 컬러링보다 훨씬 낫겠지.

가을을 더욱 쓸쓸하게 하는 귀뚜라미를 옛사람들은 영리하게 보았다. 모르는 게 없이 일마다 한 마디 거드는 사람에 비유하곤 했다. 함께 지낼 연인이나 친구가 없어 어느 구석에서 가을철 긴긴 밤을 고독으로 씹을 때, 가까운 곳에서 사분사분 말벗 돼주는 귀뚜라미에게 조상은 우정의 감정을 느꼈나보다. 깊어가는 밤, 귀뚜라미라도 있어 고맙다. 막힌 원고를 혼자 해결해야 할 때는 물론, 회색도시에서 고독한 이웃들에게 특허가 아닌, 우정이라는 지혜를 나누어주지 않을까? 귀뚜라미마저 줄어드는 요즘, 내일의 가을이 벌써부터 적적하다.

사람의 계절과 곤충의 계절

　사람들. 참 복잡하게 산다. 규칙은 얼마나 복잡하고 비밀번호는 얼마나 많은가. 평소 전자기기의 비밀번호에 익숙하지 않은 사람은 무통장 입출금이 귀찮고, 다정했던 친구를 한동안 잊고 지낸다. 에어컨과 보일러가 있는 한, 여름이 춥고 겨울이 더운 사람은 감기를 노상 달고 살며, 시도 때도 없이 입에 약을 한 움큼씩 털어 넣는다. 바나나가 지천이지만 언제 멸종될지 모른다고 한다. 복잡할수록 적적해지는 사람은 이따금 자연을 찾아야 위로를 받는데, 계절은 이미 어지럽다.

　지구온난화에 이은 기상이변으로 혼란스러워도 계절은 순서를 어기지 않는다. 지구가 1년에 한 차례 태양을 공전하고 하루에 한 차례 자전하는 한, 자전축이 23.5도 기울어진 지구에 쏟아져 들어오는 태양 볕의 입사각도는 일정하게 변한다. 봄은 어김없이 잔설들을 녹이고, 여름이 일러도 그늘에 가면 틀림없이 시원하다. 하지만 왜 요즘의 여치는 떼로 과수원을 돌진할까? 겨울철 호랑이 대신 인왕산을 내려왔다 용감한 소방대원의 총을 황급히 피해야 하는 멧돼지와 사정이 다를까? 잣나무 일색인 가평에서 유해조수로 등록된 청설모와 농약 범벅인 과수원에서 그물 뚫고 들어왔다 공기총 세례를 피해야 하는 까치의 신세와 다르지 않다.

　계절은 자연에 다양한 생태계를 만들었고 다양한 생태계는 다

　　　　　　　　　　　　　　　동물 인문학

채로운 생물을 낳았다. 그런 생태계에 가장 나중에 동참한 인간은 자연에 특허를 부여해 포박했다. 자연의 생물들은 생태계가 단순해질수록 혼란스럽다. 계절이 혼란스러울수록 세상의 바통을 제대로 넘기지 못하는데, 포박되는 자연은 늘어나기만 한다. 양봉장의 꿀벌과 실험실의 초파리만 특허의 족쇄를 뒤집어쓴 게 아니다. 우는 소리가 예쁘다며 귀뚜라미에 족쇄를 채운 인간은 머지않아 매미도 포박할지 모른다. 아무 소리도 내지 못하도록 유전자를 조작할지 모른다.

계절상품이 잘 팔린다? 그렇다면 계절을 지켜야 한다. 딸기는 늦은 봄이 제격이고 수박은 여름이다. 계절은 삼라만상의 생물에게 개성을 주었다. 여치도 매미도, 귀뚜라미와 사람도 마찬가지다. 개성이 최대로 존중될 때 사람도 생태계도 두루 건강하다. 여치와 매미와 귀뚜라미가 계절을 알리는 소리를 멈추지 않아 천만다행이다. 아직은 분명 그렇다.

호랑이 한 쌍이 살아가려면 400제곱킬로미터의 온전한 생태계가 필요하다고 전공학자는 주장한다. 지리산국립공원의 면적이 그 정도인데 지리산도 아스팔트로 여러 토막이 난 상태다. 예나 지금이나 우리 강산에 광활한 자연이 드물었기에 호랑이는 백두대간을 회랑으로 움직이며 사냥했을 테지만 서열이 낮은 녀석은 위험을 무릅쓰고 가축을 노리고 인가를 기웃거렸겠지. 인왕산은 요긴한 출입구의 하나였을 테고.

멧돼지가 나타나면 마취총을 든 소방대원이 긴급 출동하는 서울에 호랑이는커녕 늑대 한 마리 얼씬거리지 않지만 야생동물이 아예 없는 건 아니다. 몽둥이찜질을 당해도 기필코 내려오는 배고픈 멧돼지도 남았지만 양재천의 너구리 가족이 방송사의 집요한 카메라에 들키고 만다. 주말이면 인파로 뒤엉키는 월드컵공원에서 삵이, 난개발이 예고된 마곡유수지에서 고라니가 환경단체 활동가의 눈에 띈 적도 있다. 축적된 조사 결과가 없어 그렇지, 인적 드문 주변 산록에서 오소리와 족제비, 한북정맥을 타고 내려온 담비도 배고프면 주택가 쓰레기통을 뒤져 치킨 부스러기라도 찾을지 모른다. 땃쥐와 두더지도 적지 않겠지.

사람들은 덩치가 큰 포유동물을 먼저 떠올리는 경향이 있지만 박쥐와 들쥐, 청설모와 다람쥐도 분명히 포유류고, 포유류 이외에도 야생동물은 많다. 커다란 눈이 부리부리한 수리부엉이가 북한산을 지배하는 건 등줄쥐 같은 먹이동물이 거기 있기 때문이다. 수리부엉이 뿐이랴? 여의도 샛강 생태공원이나 뚝섬의 서울숲이 내려다보이는 아파트의 베란다에 말똥가리나 황조롱이가 이따금 둥지를 치는 형상도 마찬가지다. 화장품 냄새와 자동차 소음을 내뿜는 사람만 사는 서울이라면 자연의 이웃, 우리 야생동물이 기웃거릴 리 없다.

호랑이 없는 인왕산에 요즘 호랑지빠귀가 찾는다. 바이올린 G선을 짧게 잡고 활을 켜듯, 단순한 곡조의 휘파람처럼 적막하게 우는 호랑지빠귀는 외곽의 녹지가 인왕산 주위까지 이어지기에 저녁 무렵 소쩍새, 쏙독새와 더불어 찾을 것이다. 강한 여름 햇살에 지친 몸을 끌고 해질녘 집에 왔을 때 들리는 소쩍새 소리는 피로를 잊게 할 뿐 아니라 가족이 모여 세상에 얽힌 전설을 이야기하게 한다. 알 맡긴 둥지를 배회하며 여름 내내 우는 뻐꾸기도 빠질 수 없겠지. 노란 날개깃

동물 인문학

을 펄럭이며 숲으로 숨어드는 꾀꼬리의 싱그러운 소리는 청계산 입구부터 등산객의 땀을 식혀주고 도봉산 한가운데서 듣는 두견이의 처절한 울음은 이웃의 희로애락을 새삼 떠올리게 할지 모른다.

사람도 자연의 산물이기에 그런가? 위협하는 존재가 아니라면 본능적으로 주변에 깃드는 동물에 반가워한다. 속도와 경쟁에 지친 회색도시의 시민들은 위로를 받는다. 그래서 도봉산 계곡의 꼬리치레 도롱뇽과 우면산 작은 호수의 두꺼비를 보호하려 애쓰고, 오페라하우스가 예정되었던 노들섬과 아파트로 뒤덮인 은평구를 떠나지 않은 맹꽁이에게 대체서식지를 만들어주며 미안해했다. 시내 여기저기에 생태공원을 만들어 초대한 자연의 이웃들이 자유를 만끽하는 모습을 바라보며 많은 시민들은 행복해한다.

박물관들이 늘어선 미 워싱턴DC 국회의사당 앞 광장에는 청설모와 닮은 다람쥐가 관광객을 맞고, 독일 도심의 자투리 공원마다 지빠귀와 비슷한 붉은 부리의 검은 새가 교교히 울며 이방인을 반긴다. 이방인에게 독일 시민들은 친절하고, 한국에서 간 이방인은 거기가 도시라는 사실을 잠시 잊는다. 유럽의 유서 깊은 도시들은 도시의 30퍼센트 이상을 숲으로 조성하려 애쓴다. 도심의 가로와 세로 녹지축은 외곽의 생태계와 연결되고, 환상 녹지축이 동심원을 그리며 외곽의 녹지로 퍼지는 도시에서 5분 걸으면 자연의 이웃을 만날 수 있는 공원이 호수와 더불어 조성돼 있다.

회색도시의 건물 뒷골목에서 낯선 이와 눈길 마주치면 왠지 두렵지만, 녹지에서 만난다면 눈인사 나눠도 그리 어색하지 않다. 지리산 등산로에서 마주치는 이들이 마실 물을 서로 권하듯 도시의 공원을 집에서 5분 거리? 일터에서 10분 거리 이내에 만들어 가면 어떨까? 나무 사이로 직박구리가 날고 청설모가 오르내리는 공원에서 마음 열리는 시민들이 동네에 뿌리를 내린다면 투기가 사라지고 범죄도 줄어들 텐데.

북한산에서 멧돼지가 내려오면 불쾌한가? 마취총 들고 마주하기 미안해야 옳지 않을까? 백두대간에서 북한산으로 이어지는 녹지를 떠들썩한 등산로가 끊지 않았다면 굳이 위험한 시내를 기웃거리지 않을 것이다. 홍여새와 도마뱀의 출현은 반가운가? 그렇다면 그들이 찾는 녹지를 시내의 공원까지 이어주고 먹이 되는 동식물이 자연스럽게 서식할 수 있어야 한다. 매미가 시끄럽다고 나무를 자르지 말고 살충제나 제초제는 삼가자는 거다. 약수터에 물이 흐르면 버들치와 청개구리도, 노랑턱멧새와 흰눈썹황금새도 찾을 것이다.

한여름에 일하는 건 아무리 생각해도 자연스럽지 않다. 나이 들수록 낮아지는 면역력을 유지하고파 비타민C를 잊지 않지만, 한여름에 덥석 걸린 감기몸살에 적잖게 시달렸다. 어쩌면 냉방병인지 모른다. 출판사와 약속한 시간을 지키기 위해 노트북을 들고 나와 앉은 카페의 냉기는 사실 별 게 아니었다. 젊은이들이 냉방온도를 낮춰 달라 연실 요구해도 정중하게 거절하는 곳이므로. 자정 가깝게 원고를 정리

동물 인문학

하다 집으로 발길 옮기기에 앞서 들린 다른 성격의 카페도 공기가 차갑지 않았다. 차가운 맥주와 차디찬 실내는 어울리지 않는다고 믿는 주인의 고집이었는지 모르지만 더워야 할 여름이 내내 시원했고, 감기는 자연스러움을 거부하는 몸을 원고 다듬는 내내 떠나지 않았다.

많은 독자, 그리고 저자들은 긍정적인 이야기로 책을 마무리하길 희망한다. 이 책도 예외가 아니다. 글쓴이의 생각으로, 분명히 긍정적으로 마무리했다. 아니라고? 문제점만 잔뜩 늘어놓고 대안을 이야기하지 않는다고? 그 말 역시 맞을지 모르겠다. 사실 자신이 없다. 사람은 자신이 살아가는 관성을 여간해서 수정하려 들지 않는다. 가난했다기보다 과거의 경제적 박탈감을 잊지 못하는 이 땅의 시민, 신기루같은 경제성장을 돌이키고 싶지 않은 유권자들이 그렇다. 표를 구걸하는 정치인이 특히 그렇고, 정치인을 의식하는 정책결정자들이 그렇다. 정책결정자에 아부하고 싶은 개발업자들은 오죽하리오.

긍정적으로 책을 마무리하고 싶어도 그럴 수 없는 상황을 독자들이 이해해주길 바라며, 동물의 눈높이에서 이야기한 건지, 인문학적으로 동물의 처지를 이야기한 건지 모를 글들을 늘어놓았다. 물론 이 책이 언급한 동물이 인문학으로 이야기할 우리 동물의 전부일 리 없다. 무엇이 남았을까?

《동물 인문학》의 산실이 된 연수구의 카페에서

박병상